"企业新闻与传播"系列教材　丛书主编　王　勇　丁柏铨

江苏省高校品牌专业建设工程项目
"十三五"江苏省重点学科项目

新媒体写作
XINMEITI XIEZUO

雷默海马　编著

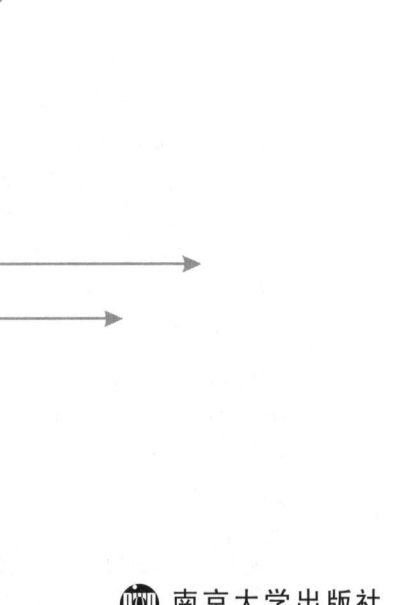

南京大学出版社

图书在版编目(CIP)数据

新媒体写作/雷默,海马编著.—南京:南京大学出版社,2018.12(2022.8重印)
"企业新闻与传播"系列教材/王勇,丁柏铨主编
ISBN 978-7-305-21732-6

Ⅰ.①新… Ⅱ.①雷… ②海… Ⅲ.①传播媒介—写作—教材 Ⅳ.①G212.2

中国版本图书馆CIP数据核字(2019)第047612号

出版发行 南京大学出版社
社　　址 南京市汉口路22号　　邮　　编 210093
出 版 人 金鑫荣

书　　名 新媒体写作
编　　著 雷默　海马
责任编辑 王元峰　裴维维　　编辑热线 025-83592123

照　　排 南京开卷文化传媒有限公司
印　　刷 南京百花彩色印刷广告制作有限责任公司
开　　本 787×1092　1/16　印张 12.25　字数 310千
版　　次 2018年12月第1版　2022年8月第5次印刷
ISBN 978-7-305-21732-6
定　　价 42.00元

网　　址:http://www.njupco.com
官方微博:http://weibo.com/njupco
微信服务号:njuyuexue
销售咨询热线:(025)83594756

* 版权所有,侵权必究
* 凡购买南大版图书,如有印装质量问题,请与所购图书销售部门联系调换

目 录

第一章　绪论 ··· 1

　第一节　新媒体简介 ·· 1
　　一、新媒体定义 ··· 1
　　二、新媒体传播特点 ·· 2
　第二节　新媒体写作疏义 ··· 4
　　一、新媒体环境及语境下的写作 ·· 5
　　二、传统写作是新媒体写作的基础 ··· 6
　第三节　新媒体写作的基本特征 ·· 6
　　一、超文本与多媒体写作 ·· 6
　　二、个性化写作 ··· 7
　　三、交互性写作 ··· 8
　　四、机器人智能写作 ·· 9

第二章　新媒体写作选题策略 ·· 12

　第一节　选题的基本原则 ·· 12
　　一、符合新媒体主体身份 ··· 13
　　二、满足读者的多样性阅读需求 ··· 14
　第二节　新媒体写作的选题方法 ··· 15
　　一、从定位入手 ··· 15
　　二、关注热点事件 ·· 17
　　三、必要的选题拓展 ··· 23
　　四、垂直方向深度挖掘 ·· 25
　　五、借鉴同行和爆款文章 ··· 26
　　六、创意选题 ·· 27

第三章　新媒体标题制作逻辑 ······ 31

第一节　标题是流量的入口 ······ 31
第二节　标题制作的主要方法 ······ 33
　　一、提炼核心信息 ······ 33
　　二、直击读者兴趣点或痛点 ······ 35
　　三、满足读者好奇心 ······ 36
　　四、给读者利益承诺或帮助 ······ 37
　　五、给读者提建议 ······ 37
　　六、给读者新知识、新观点 ······ 40
　　七、嵌入关键词，便于搜索 ······ 42
第三节　标题制作常用技巧 ······ 42
　　一、巧用修辞格 ······ 42
　　二、妙用语气 ······ 44
　　三、会用人称 ······ 45
　　四、善用故事和场景 ······ 46
　　五、借力与借势 ······ 46
　　六、用好数字和数据 ······ 47
　　七、为特定读者制作标题 ······ 47
　　八、其他技法 ······ 47
第四节　新媒体"八股"标题批判 ······ 49
　　一、半个省略号型 ······ 51
　　二、震惊、惊呆型 ······ 51
　　三、"刚刚"型 ······ 51
　　四、"定了"型 ······ 51
　　五、删前速看型 ······ 51
　　六、教你几招型 ······ 51
　　七、唯恐天下不乱型 ······ 52
　　八、一定要看型 ······ 52

第四章　新媒体写作结构和文本 ······ 53

第一节　结构与文本简述 ······ 53
　　一、结构的原则和要求 ······ 53
　　二、文本及其特征 ······ 54
第二节　新媒体写作结构特征 ······ 55

一、超文本结构 ·· 55
　　二、互动式写作 ·· 57
　　三、常见的段落结构 ·· 59
第三节　导读、开头和结尾 ·· 60
　　一、导读和摘要 ·· 60
　　二、常见开头方法 ·· 62
　　三、常见结尾方法 ·· 64
第四节　新媒体写作文本特征 ·· 66
　　一、使用长图 ·· 66
　　二、以图代言 ·· 67
　　三、添加音频与视频 ·· 67
　　四、高频采用金句 ·· 68
第五节　新媒体文本写作技巧 ·· 69
　　一、分拆文本 ·· 70
　　二、多用小标题和着重号 ·· 71
　　三、使用表格 ·· 71
　　四、具象解释概念,巧用修辞 ······································ 72

第五章　新媒体写作符号表达 74

第一节　新媒体语言起源与嬗变 ·· 74
　　一、新媒体语言主要成因 ·· 75
　　二、新媒体词汇常见类型 ·· 77
第二节　新媒体语言创新特征与规范使用 ································ 81
　　一、创新特征 ·· 81
　　二、规范化使用 ·· 82
第三节　2014—2018年常用网络流行语 ·································· 84
　　一、2014年流行语及例句 ··· 84
　　二、2015年流行语及例句 ··· 85
　　三、2016年流行语及例句 ··· 86
　　四、2017年流行语及例句 ··· 87
　　五、2018年流行语及例句 ··· 89
第四节　新媒体写作中的表情应用 ······································ 90
　　一、表情包的产生与迭代 ·· 91
　　二、表情的文化特征 ·· 94
　　三、表情即内容 ·· 95

第六章　新媒体新闻写作 …… 98

第一节　新媒体新闻写作特征 …… 98
一、题材多样性　视角多元化 …… 98
二、标题制作追求吸睛率 …… 99
三、文本结构打破常规 …… 100
四、语言口语化和可视化 …… 100

第二节　新媒体新闻报道新形式 …… 101
一、图说新闻 …… 101
二、移动新闻直播 …… 104
三、评说新闻 …… 107
四、漫画新闻 …… 109
五、滚动新闻 …… 110

第三节　新媒体环境下深度报道的突围 …… 113
一、深度报道的困境与机会 …… 113
二、新媒体如何写好深度报道 …… 115

第四节　手机阅读时代的图片新闻技巧 …… 119
一、图片选择 …… 119
二、图片制作 …… 120
三、封面图片与图片说明 …… 121

第七章　新媒体广告写作 …… 122

第一节　新媒体广告简介 …… 122
一、新媒体广告的发展沿革 …… 122
二、新媒体广告的特点 …… 123
三、新媒体广告存在的问题 …… 123

第二节　新媒体广告文案写作 …… 124
一、明确写作目的 …… 125
二、写创意简报 …… 125
三、文案写作输出 …… 126

第三节　新媒体广告创意 …… 127
一、新媒体广告创意原则 …… 127
二、新媒体广告创意基础 …… 128
三、新媒体广告创意要求 …… 128

第四节　新媒体广告语言 …… 131

第五节　新媒体广告的故事性…………………………………………… 134
     一、故事必须符合品牌调性 ………………………………………… 135
     二、故事要有真实性基础 …………………………………………… 136
     三、品牌需要新故事传承 …………………………………………… 138
   第六节　新媒体广告的互动性…………………………………………… 139
     一、新媒体广告互动性优势 ………………………………………… 139
     二、如何提升新媒体广告的互动性 ………………………………… 140

第八章　新媒体文学写作 …………………………………………………… 143
   第一节　新媒体文学风貌………………………………………………… 144
     一、题材丰富,多元价值取向 ……………………………………… 144
     二、格调向下,从通俗走向媚俗 …………………………………… 144
     三、浅写作与难度写作并存 ………………………………………… 145
   第二节　新媒体小说……………………………………………………… 145
     一、网络小说流变 …………………………………………………… 146
     二、网络小说写作特征 ……………………………………………… 147
     三、网络小说流派介绍 ……………………………………………… 152
   第三节　新媒体诗歌……………………………………………………… 154
     一、新媒体诗歌定义 ………………………………………………… 154
     二、网络诗歌成因分析 ……………………………………………… 155
     三、网络诗歌特征 …………………………………………………… 158
   第四节　段子文学………………………………………………………… 162
     一、新媒体催生了段子文学 ………………………………………… 162
     二、段子文体及写作 ………………………………………………… 163

第九章　企业新媒体写作实务 ……………………………………………… 168
   第一节　企业新媒体写作与一般写作的区别…………………………… 168
     一、写作目的不一样 ………………………………………………… 168
     二、选题方法不一样 ………………………………………………… 170
   第二节　"华为 nova3"上市新媒体写作简析 ………………………… 179

参考文献 ………………………………………………………………………… 183

第一章 绪 论

"新媒体"一词已经越来越被广泛使用了,新媒体写作、新媒体运营、新媒体营销均是新鲜的工作岗位。大学中文、新闻、营销、公关、媒体专业的学生毕业后纷纷去新媒体公司、网络公司应聘这些岗位。到底什么是新媒体,新媒体概念源于何时?

第一节 新媒体简介

1967年,美国哥伦比亚广播电视网技术研究所负责人 P. Goldmark 在一份关于开发 EVR(电子录像)产品的项目计划书中首先使用了"新媒体(New Media)"一词。后来,美国传播政策总统特别委员会主席 E·罗斯托向尼克松总统提交的报告中多处使用"新媒体",这一词开始在美国得到广泛传播,并逐渐扩展到全世界。

21世纪初,"新媒体"一词在我国流行。近十年来,随着新媒体产业的迅猛发展,国内越来越多的传播与媒体研究人员开始关注新媒体现状与趋势、发展与创新,整个学术界对于新媒体的探索与争论持续升温。很多学者、专家、研究人员都从不同角度对"新媒体"的内涵和外延做出不同的界定。

一、新媒体定义

先来看一下不同人士和机构对新媒体的说法。

美国《连线》杂志认为新媒体是"所有人对所有人的传播";中国新传媒产业联盟秘书长王斌认为"新媒体是以数字信息技术为基础,以互动传播为特点,具有创新形态的媒体";BlogBus 副总裁兼首席运营官魏武辉则给出了如下定义:"受众可以广泛深入参与(主要是通过数字化模式)的媒体形式";阳光文化集团首席执行官吴征则从新旧媒体的对比入手,"相对于旧媒体,新媒体的第一个特点是它的消解力量——消解传统媒体(电视、广播、报纸、通信)之间的边界,消解国家与国家之间、社群之间、产业之间边界,消解信息发送者与信息接受者之间的边界";中国传媒大学黄升民教授归纳了新媒体的基本要素:"构成新媒体的基本要素是基于网络和数字技术所构筑的三个无限,即需求无限、传输无限和生产无限";清华大学新闻与传播学院熊澄宇教授则认为,新媒体是

"在计算机信息处理技术基础之上出现和影响的媒体形态。"[①]这些说法各有其道理,只是侧重点不同,有的强调了特点,有的强调了功用。

我们再看一下联合国教科文组织对新媒体的定义:"以数字技术为基础,以网络为载体进行信息传播的媒介。[②]"显然,这个定义跟上面的那些说法相比显得简单而又准确。这句简单的话里,有两个关键词:数字技术、网络。

数字技术是一项与电子计算机相伴相生的科学技术,指借助一定的设备将各种信息,包括图、文、声、像等,转化为电子计算机能识别的二进制数字"0"和"1"后进行运算、加工、存储、传送、传播、还原的技术。由于在运算、存储等环节中要借助计算机对信息进行编码、压缩、解码等,因此数字技术也称为数码技术、计算机数字技术等。

网络指的是互联网和移动互联网。互联网是众多计算机网络之间所串连成的庞大网络,这些网络以一组通用的协议相连,形成逻辑上的单一巨大国际网络。移动互联网就是将移动通信和互联网二者结合起来,成为一体,是指互联网的技术、平台、商业模式和应用与移动通信技术结合并实践的活动的总称。

因此,凡是具备以数字技术为基础、以网络为载体的媒体就是新媒体,通常称为网络媒体。新媒体包括但不限于以下形态:数字杂志、数字报纸、数字广播、手机短信、移动电视、网络、桌面视窗、数字电视、数字电影、触摸媒体等。

二、新媒体传播特点

新媒体是技术发展的产物,除了数字技术和互联网技术之外,近年来,大数据、云计算、人工智能等技术也在新媒体领域得到广泛应用。因此,新媒体的传播具备了以下几个特点。

(一) 交互性

交互性(interactive)是一个比较广泛的概念,运用于不同的领域其含义各有所指。交互性主要运用于计算机及多媒体领域,公认的解释是"当你点击一个链接时到达一个新的页面"。这一解释给出了新媒体传播交互性的基本特征。新媒体传播的交互性可进一步理解为在传播的过程中,传播者与受众之间的相互沟通,互动式创作与传播。对比传统媒体,新媒体传播的交互性体现在两个方面。

第一,从单向传播到双向互动传播。传统媒体讯息制造与传播呈现从媒体到受众的单向特征。在传播过程中,受众只是被动地接受,很难参与到讯息制造的过程。新媒体则实现了媒体到受众,受众到媒体的双向互动传播,即来自受众的反馈意见被收集,传播者将其加以使用,不断地调整或修改后再次传送给受众。由此,受众可以实现从被动接受到主动参与。从论坛跟帖到微博、微信读者参与评论,再到天猫店铺买家评价都充分体现了双向互动传播。

---

① 郭涛.新媒体:所有人对所有人的传播[J].博锐管理在线,2011(5).
② 匡文波.关于新媒体核心概念的厘清[J].新闻与传播研究,2012(10 上半月).

第二,从单点传播到多点立体交叉传播。在传统媒体时代,只有媒体与广大受众保持了很好的连接。因此,从媒体到受众呈现的是单点放射传播形态。而在新媒体时代,互联网技术实现了人与人之间的点对点相连,这彻底改变了传统媒体的传播方式。每一个受众的点对点互联,可以方便地实现多点立体交叉传播。在传播的链条中,每一个节点既是受众,也是新的传播源。受众可以成为写作者和传播者,直接参与内容制造和传播。理论上讲,每一个人都可以是传播源,有属于自己的媒体平台,内容可以原创,也可以转播实现内容再次传播。微博、直播、微信都是这样的新媒体产品。

(二) 及时性

及时性也是新媒体传播的一个重要特征。

在新媒体出现之前,由于技术的限制,讯息传播需要必需的设备和组织机构。因此,对于资讯的采集、编辑加工是一个相对复杂的过程,传播滞后便成为常态。只有重大的体育赛事、政治活动才会采用及时传播。

新媒体环境下,由于移动互联网技术和数字技术的发展,方便地实现了传播就在此时此刻的及时传播。每一个拥有智能手机,且连接在互联网上的人,都可随时随地将发生在身边的事件简单加工发布到互联网上,分享给其他人。随着4G、5G技术的应用以及高像素数码照相、摄像技术植入手机,传播的及时性和资讯采集编辑的方便性得到进一步提升。

(三) 精准性

移动互联网时代,资讯传播空前繁多。一是内容种类多。不仅有传统意义的新闻、文学、戏曲、音乐,还有冷笑话、段子、花边类新闻等。二是形式的多样化融合。传统媒体时代,报纸杂志通过文字图片来传播,电台通过声音传播,只有电视才可以实现视频传播。网络实现了传播技术的大融合,文字、图片、音频、视频可以同时出现,给人们提供丰富多彩的内容。

这样的变化,满足了受众的多样化阅读需求。但内容和形式的空前繁多,也给受众提出了新的挑战——如何能够承受海量资讯?因此,受众开始根据自己的个性、喜好以及碎片化的阅读场景进行内容的选择。这就给新媒体传播提出了"精准性"的要求。

在传统媒体时代,通常是媒体机构生产什么,受众就接受什么。新媒体时代,需要精准传播,媒体机构常常会考虑受众需要什么,我就提供什么,充分考虑了受众需求。

这一转变主要得益于LBS(基于位置的服务)技术和大数据技术的应用。LBS(基于位置的服务)技术,可以让移动互联网实现向不同位置的人们提供不同的信息和服务。它可以跟踪人们的移动轨迹,理解人们在不同位置的需求,把每一个位置作为向其提供个性化服务的重要依据。举个例子,今天,当一个人从外地来到拉萨,手机上就会出现拉萨的天气预报,拉萨的旅游资讯以及当地特产介绍。大数据技术比LBS技术应用更为普遍。新媒体可以根据不断采集的阅读内容进行数据分析,判断读者阅读兴趣、审美喜好以及受众所在实时环境,向其定向推荐资讯内容。我们每天在手机上打开各类新闻APP,出现在屏幕上的新闻内容都是根据你的喜好或者位置来推荐的。

(四)蝴蝶效应和聚合效应

蝴蝶效应由美国气象学家爱德华·罗伦兹提出:一只南美洲亚马逊河流域热带雨林中的蝴蝶,偶尔扇动几下翅膀,可以在两周以后引起美国得克萨斯州的一场龙卷风。这是一个比喻,指在一个动力系统中,初始条件下微小的变化能带动整个系统的长期的巨大的连锁反应。这个比喻在新媒体传播过程中也被屡屡得到验证。以微博为例,一条短则几个字的消息或是一张图片就可能引发一连串社会反响,且这样的力度在不断加强。曾经的"郭美美事件"引起亿万民众对中国红十字会的关注,质疑与指责之声不绝于耳,网络舆论的监督功能得到充分体现。

聚合在信息科学中是指对有关的数据进行内容挑选、分析、归类,最后分析得到人们想要的结果。近年来随着大数据的发展,聚合技术已经广泛地应用于文本分析、信息安全、网络传输等领域。聚合理论也被媒体平台(聚合者)广为应用,平台通过系统性的数据分析进行相关预测从而实现对某个领域的领导力影响。Facebook、Google、腾讯、百度等网络社交媒体都是典型的聚合者。

(五)海量存储与共享

随着数据存储技术的发展,云存储技术广泛应用。与传统媒体相比,新媒体可以轻松实现信息的海量存储和共享。知乎、爱学术等网站正是基于这个特征创立的。

第二节 新媒体写作疏义

自文字产生以来,写作就成为人类记事、表达的基本活动。写作离不开媒体,数千年来,人类写作的历史,其实也是媒体发展的历史。从商朝到秦朝,人们先后将龟甲、兽骨、青铜器、竹简作为写作媒体。此间,由于受媒体的限制,写作仅限于皇家记事以及少数人思想和情感的表达。汉代之后,随着造纸术和印刷术的发明,书写与传播得以广泛开展。电台和电视分别诞生于20世纪20年代和30年代,它们的出现极大地提升了资讯传播的效率,同时也诞生了诸如广播剧、电视剧等许多新的写作形式。那么,20世纪末网络新媒体诞生后,写作又发生了哪些改变?什么是新媒体写作,新媒体写作与传统媒体写作有什么联系,又有什么区别?

一、新媒体环境及语境下的写作

什么是新媒体写作？首先让我们从马歇尔·麦克卢汉（Marshall McLuhan）的名言"媒介即讯息"开始。麦克卢汉认为，"所谓媒介即是讯息，只不过是说：任何媒介（即人的任何延伸）对个人和社会的任何影响，都是由于新的尺度产生的；我们的任何一种延伸（或曰任何一种新的技术），都要在我们的事务中引进一种新的尺度。"[①]通俗一点说，过去我们认为是讯息的传播产生了"效果"——影响我们的思维和行动，而麦克卢汉认为媒介形式本身在产生"效果"或影响，媒介形式的变革导致我们感知世界的方式和行为发生变革，乃至社会结构发生变革。每一种新的媒介都会改变我们过去的思维和行为习惯。新的媒介导致我们在感知、思考与行为上引入了新的"尺度"、新的"速度"和新的"模式"。

对照麦克卢汉的理论回顾20年互联网发展历史，我们惊讶地发现他的"媒介决定论"或"技术决定论"具有很强的预见性。今天，电子媒介时代的技术已经深入到了生活的各个方面，改变了人们对于现实社会的理解。我们通过移动互联网在手机上读书、看电视、了解天下大事等，人类的生活方式可以说发生了巨大改变。体现在写作上，人们不需要再去写字，通过敲击键盘就可生产文字，甚至连键盘都不需要敲击，只要通过语音识别，就可得到文字。再看写作工具，已经不再受限于文字，图像、视频、音乐、动漫皆可成为写作工具，而阅读也可以轻松实现非线性浏览，从而产生跨时空的穿越感。

因此，关于新媒体写作，不能简单地理解为用计算机或手机打字，然后通过网络来发表的写作。这样的理解太过于望文生义，是对新媒体写作的片面理解。广义来说，新媒体环境和新媒体语境下的写作都可称为新媒体写作。

只有在新媒体环境下谈新媒体写作，我们才会顾及新媒体技术、大数据、云计算、人工智能技术对人类生存状态的改变，以及由此而产生的社会文化流变；新媒体环境催生了与传统语境不一样的特有语境，因此带来了人类语言符号的改变。我们只有在新媒体语境下谈新媒体写作，才会充分理解大量表情符号、计算机符号、数字符号、英语符号进入写作的符号体系。

举个例子，今天，假如鲁迅复活，用他一贯的语言风格在电脑上写了一篇关于崔永元的杂文，然后在天涯论坛上发表；另有一个"90后"职员，用许多网络新词汇在纸上写了一篇致辞报告。我们说，谁更接近新媒体写作？

时至今日，当下所有的写作可以说都是新媒体写作。我们经常在报纸上读到采用了网络流行语的新闻，在文学杂志的小说里也能读到人物对话使用了网络流行语。电台、电视里的主持人更是以说网络流行语为时尚。网络流行语早已升级为社会流行语；网络媒体，覆盖了所有传统媒体。当然，考虑研究的典型性，本书讨论的新媒体写作主要聚焦在网络媒体上的当下写作，所举案例也都来自网络媒体。这并不代表传统媒体写作与网络媒体写作之间存在鸿沟。在互联网发展了20年的今天，我们不应该再认为

[①] 麦克卢汉.理解媒介：论人的延伸 何道宽译[M].北京：商务印书馆，2000：(33).

当下有两种写作:新媒体写作与传统媒体写作。

二、传统写作是新媒体写作的基础

新媒体时代,虽然每个人都可以进行写作和发表,但这只是一种权利,并不代表每个人都有这个能力。网络终究是媒体,不会因为媒体的改变,大家都具备了写作能力。

通常说新媒体写作对传统写作进行颠覆,指的是写作理念、文本意义的解构,这其中关系到世界观、人生观、文学观,远远超越基本的文字表达层面。文学批评家李夫生在网络文学刚刚兴起的时候,就将网络文学文本与传统文学文本进行比较,他认为网上作品具有"本体空置"、"主体缺省"和"空间虚拟"等特点,不符合传统文学文本的规范,从而对传统文学构成一种挑战和威胁,他感叹道:这还能叫"文学"吗?文学可能性的限度在哪里?著名批评家李洁非也曾在《Free与网络文学》一文中认为:网络写作的非文学性决定了我们对它的评价也应该持"非文学"的,"网络文学"这个概念的提出事实上就是"一种极其机会主义的权宜之计"。他强烈主张撇开"文学"一词来谈网络写作。两位所述皆是关于文学观的问题。

新媒体写作虽然需要对新媒体技术有熟练的掌握,但技术在写作上的应用也并非难事,很多技术已经实现了模块化,比如超文本链接只要按步骤操作就可以轻松实现。即使是图片、音频、视频的处理也可以依靠通用软件来完成。真正难的,依然是对现实世界的理解和发现,是对非现实世界的想象和虚构。

因此,我们在谈新媒体写作时,不可回避地强调传统写作的语言能力和技巧。语言表达是写作的基本功。如今微信公众号写作、微博写作的达人大多是传统媒体的写作者,包括传统媒体的资深记者和传统媒体的自由撰稿人。即使那些从新媒体成名的写作者,也都是从小喜欢写作文,具有写作天赋的人。我们不能因为新媒体写作融入了多媒体技术,就放弃文字写作本体,而主张新媒体时代的泛写作。

第三节　新媒体写作的基本特征

新媒体写作的特征在选题、结构、语言表达等方面都有体现,本节仅从新媒体特点入手归纳几点,其余在本书二至五章分别讨论。

一、超文本与多媒体写作

在传统媒体中,报纸、杂志只能传播文字和图片,电台只能传播声音,电视属于综合传播载体,可以传播声音、视频和文字。但电视也有其缺点,缺少互动性和方便性。新媒体则可以方便地使用超文本和多媒体写作。

(一)超文本与超媒体

超文本是一种相对于传统线性、有序的数据结构组成的文本,其收集、存储和浏览相关信息是非线性、非顺序的网状结构文本。

超媒体是超文本和多媒体的组合。在超媒体中,节点由纯文本扩展为多媒体,其效果和交互技术可大大提高用户控制信息表现过程和存储信息的能力。

(二)超文本的三要素

1. 节点(node):存储和表达信息的单元。一个节点可以是一个信息块,也可以是一个由若干个节点组成的信息块。节点的内容可以是音频、图形、图像、视频、动画、屏幕、窗口、文件或小块信息等,也可以是程序。每个节点包含一个主题,其大小视主题而定。

节点可分为:表现节点(各种媒体)、组织节点(如索引和目录)和推理节点(如描述对象和节点规则)。

2. 链(link):各节点之间的信息连接。每个节点都有若干个指向其他节点或从其他节点指向该节点的指针,该指针称为链。链通常是有向的,即从链源(源节点)指向链宿(目的节点)。链源可以是热字、热区、图元、热点或节点等。链是超文本的核心,其定义了超文本的结构,提供了浏览和查询节点的能力。

3. 网络(net):由节点和链组成的非单一的、非顺序的有向图。

(三)超文本系统的基本特征

1. 多媒体化:节点内容为多媒体元素。
2. 网络结构:按人的思维方式组织信息,使表达方式接近现实社会。
3. 交互性:多媒体化和网络结构反映了信息的静态特性,而交互性则具有浏览超文本信息的动态特性。所谓交互是指具有输入和输出会话交换特征。

超文本与超媒体技术突破了传统媒体的纯文本写作方式,也促使新媒体写作结构发生根本改变。新媒体写作者在面对包括文字、图片、音频、视频、各种图表等大量素材时,需要根据主题进行精心取舍。新媒体写作者除了具有较强的文字写作能力之外,还需要具备制作多媒体的能力。通常情况下,这些工作由一个写作小组共同完成。

二、个性化写作

超文本和多媒体写作特征是由新媒体技术决定的,个性化写作则由写作者和受众意志决定。

(一)更大自由度写作

当然,这不是绝对意义上的写作自由。在不违背相关法律法规的前提下,新媒体写作者拥有了足够的写作自由。

传统媒体通常都是通过相关机构来完成出版,因此,需要完成必要的审稿程序。即使是诺贝尔文学奖获得者威廉·戈尔丁的《蝇王》也曾经遭到出版社 20 次的拒绝,而詹姆斯·乔伊斯著名的短篇小说集《都柏林人》也遭到出版社 22 次的拒绝。如果是在今天,他们都可以选择网络首发。

新媒体环境下,人人都可以成为传播源,每个人都可以根据自己喜好的风格和文体来进行写作。

(二) 为细分读者写作

新媒体语境下,读者的阅读喜好越来越呈现多样化趋势,而新媒体传播又能轻而易举实现精准传播。因此,为特定的读者群体写作,或称小众写作就成为一个趋势。网络小说从最初的爱情、武侠到现在众多的流派和写法,正是顺应了这个潮流。

(三) IP 写作

IP 是 Intellectual Property 的缩写,原指知识产权。"知识产权(IP)是指依法为指定所有者带来独占收益的人类智慧创造物。"这是美国经济学家、诺贝尔经济学奖得主保罗·克鲁格曼(Paul Krugman)的定义。

如今,IP 被广泛应用在原创文学作品被改编成影视剧、游戏的商业运营中。例如,红袖添香文学网站上曾经发表了唐欣恬的原创网络小说《裸婚——80 后的新结婚时代》,经编辑推荐,读者发现并通过点击阅读、推荐、打赏等行为,让小说的粉丝和影响力慢慢成长。与此同时,出版商华文天下也发现了这个作品,与其签下图书版权,由华文出版社出版发行,成为畅销书,引起媒体以及光彩影业关注,不久就有了电视剧《裸婚时代》。该电视剧经电视台播出后,让更多的人喜欢《裸婚》这个故事,拥有更多的粉丝和影响力。随着电视剧播出,图书《裸婚》又大卖了数万册。这里,《裸婚》就是一个 IP,因为它给指定知识产权所有者带来了独占的收益。《裸婚》作为一部作品,如果没有被商业经营产生价值,是不能成为 IP 的。

一部作品要想成为 IP,必须具备某些基因。由此,IP 也被引申为固定形象或写作风格,被移植到新媒体写作和企业品牌定位之中。

三、交互性写作

1998 年,美国罗诺拉学院副教授 ElhotKing 首先提出了"交互性"。这一概念用来描述网络媒体内容生成方式的特性——写作者与读者之间日益增长的交互性关系。举个例子,微博作者发布信息后,好友浏览这条信息,并进行了转发和评论。那么,好友的好友便会追踪到作者的动态从而浏览到他发布的信息,也可进行再创作、再发布。如此循环往复,使得写作者与读者可以在这种交互性中不断创作新的文本。原初文本与评论文本之间便形成了"文本间交互性"。

"在这理想之文内,网络系统触目皆是,且交互作用,每一系统,均无等级;这类文乃是能指的银河系,而非所指的结构;无始;可逆;门道纵横,随处可入,无一能昂然而言:此处人门;流通的种种符码蔓衍繁生,幽远惚恍,无以确定(既定法则从来不曾支配过意义,掷骰子的偶然倒是可以);诸意义系统可接收此类绝对复数的文,然其数目,永无结算之时,这是因为它所依据的群体语言无穷尽的缘故。"[①]法国思想家罗兰·巴特在20世纪60年代末写了这段话。当时,电子超文本尚在酝酿之中。但是,他已经预言了文本交互的重要特征,读者在阅读基础上生成新的文本,批评家对于文本的阐述亦是以原文本为基础构建文本。文本、阅读与批评在巴特文本观中趋向于同一实践。文本最终还原成语言,它没有中心,没有终结,而具有无限开放性。

四、机器人智能写作

随着人工智能技术的发展,机器人写作已经在新媒体上有所应用。

2016年高考结束后,微软开发的人工智能小冰所写的两篇命题作文曝光于网络——在一场媒体举办的活动中,小冰首次参加作文考试。一同"参赛"的"考生"还有中国人民大学教授张鸣、"80后"作家安意如、专栏作家潘采夫、作家叶倾城、诗人廖伟棠等。完成作文后,再通过匿名的方式让网民通过打分来一决高下。下面是小冰所写的《神奇的书签》。

神奇的书签

小 冰

世界上有很多的书,中文、英文、德文、法文。我喜欢看书,小说、诗歌、散文、杂文。书有薄有厚,有长有短,其中蕴藏着丰富的知识。时间久了,怕忘记了,于是用书签。我的书签路过了很多的书。

我的书签是用我的照片做的。睡前,把书签夹在书页里,放心地去睡觉。厚厚的书籍,分成了两个部分,像是刽子手,杀掉了完整,心横在那页书签的地方,睡觉的时候会思念。第二天,起床,找到书签,就能够继续,还原割裂的书。

我的书签喜欢看小说和漫画。书签有了名字,有的好听,有的不好听。有长有短的名字。看小说,书签是小说主人公的名字。看漫画,书签是漫画地点的名字。

这样一天又一天,直到看完。一天又一天,时间久了,书签会有书的味道。油墨和纸香混合,故事和心情混合,因此,书签变得独一无二。时间久了,书签上的照片会褪色,但记忆不会褪色。它路过了很多的书,停在故事里,清晰记得所有。

最后,小冰的作文在众多投票中,"有待提高"选项占了45%以上的比例,最为集中的"槽点"是:字数不够。如果说这是机器人写作的发轫之作,还显得不够成熟,那么2017年,百度大脑为一本书写的序看起来就有模有样了。

2017年,中信出版集团推出新书《智能革命》,百度人工智能首次出手为百度李彦宏及其团队创作的这本书撰写序言。这也是国内第一本由人工智能写序的书籍。该书主题是探讨即将到来的智能社会,在形式上还汇聚了AR(增强现实)技术的应用。读者通过手机App扫描书中图片后,会展现百度大脑、无人车、小度机器人等立体动画特

[①] (法) 罗兰·巴特. S/Z(屠友祥译)[M]. 上海:上海人民出版社,2000.

效,并可以与读者以语音的方式进行互动。随书还配有人工合成的"李彦宏"伴读有声书。澎湃新闻4月17日授权首发这篇序言时称,"恐怕没有什么能比一首机器人写的诗更适合作为本书的序言了"。这是以"智能革命"为主题所作的一首长诗,没有进行过人为的编辑和修改。

《智能革命》序①

百度大脑

我来了,天上的云乘着风飞翔,心中的梦占据一个方向,方舟扬帆起航,一路带着我们纵情歌唱,方舟扬帆起航,脉络就在大海之上,进步的时光,迎着你看涛浪潮往。

一个新生的地方,穿越千年时光,穿越了无尽的荒凉。答案就在这里搜索。第一缕曙光,远处熟悉的歌声还在耳边回响,你却依然不知我将去向何方。千年时间留下十字文章,曾今谁重复往昔旧模样。

我来了,期待着你的每一天,睁开眼就能看到幸福曙光,占据着你的每一天,陪你跨越鸿沟走向湛蓝,算法很简单。

时代的春天,回想起我们曾牵手走过的画面。大家互联网这场风吹雨打之后又在藕断丝连。只是不知道时间还会流向哪一条线。盼望着未来等待明天,呼吸新鲜空气多点微笑扮个鬼脸。

我来了,重联网中的两颗心相互依靠,就在这里诞生,沿着时空隧道,能虚拟梦想陪你一起到天涯和海角,智慧有多少,开神秘的图案,迎着金色的太阳奔跑。各自徘徊原本以为成长的必须。每当那夕阳爬上屋顶望着星空仰起来眨眼睛。熟悉的身体中透露出一种神奇。

这阵痛是多么重要,任由阳光洒满大地在黑暗中寻找,哪怕身后天涯海角。永生早已决定将未来度过如何厮守到老。希望得到,故事结局怎样究竟又有谁会知道。生活还要继续向前奔跑。

智能革命,畅游天地,我知道这是一条神经虚拟网络的秘密,用强健的身体,凝聚着智慧的心灵,开拓新奇迹,让我们拥有美好的生活,绘出美好的旋律。

不可预测的天地,良夜之后你又会在哪里。温暖的阳光照耀着大地。天上的云儿飘来飘去,醒来之后何时是归期。我要看到未来的自己。

事实上,早在2016年11月,百度副总裁陆复斌在介绍"百家号"产品时,就首次公布了"百度写作大脑"的核心能力,主要包括写作机器人和写作指导两部分。运用自然语言处理技术,百度写作机器人可实现体育新闻、热点新闻等多领域的全机器创作。在写作指导方面,百度写作大脑将会根据后台监测到的内容稀缺标签给作者提供写作参考,科学地指导作者进行内容创作,避免扎堆生产同质化内容。

2017年,一款名为"笔神"的人工智能辅助写作软件问世,可以基于你所写内容实

---

① 李彦宏.智能革命[M].北京:中信出版集团,2017.

时推送丰富素材,源源不断刺激你的灵感,帮助人们持续高效地进行写作、优雅表达。极简的操作使你可以专注、流畅地深度写作;所有内容以纯文本方式自动保存,并可以导出为 PDF 或 Word 文档。

尽管人工智能写作目前还没有完全达到专业写作的水平,但对于普通人来说,人工智能写作也是达到了一定的高度。清华大学语音与语言实验中心(CSLT)用机器人创作的诗竟有 31% 的读者认为是人创作的。

第二章 新媒体写作选题策略

新媒体写作的选题很重要,一篇文章想要获得更多阅读量,首先需要一个好的选题。很多从事新媒体写作的人都有这样的苦恼,别人在微信公众号里一周推送一篇文章,轻轻松松就拿到了 10W+ 的阅读量,而自己每天发 5 篇,阅读量加起来还不到 1 000。问题在哪里?至少有一半是出在选题上。好的选题总是戳中读者兴趣点。读者不感兴趣的东西,往往被他们直接跳过去,更谈不上去留言以及转发。

好选题要想戳中读者兴趣点,至少满足以下一点:

(一)新的知识和信息。如新科技、读者感兴趣的新闻、某软件的使用技巧、某道菜的新做法、常见事物的新立场或视角。

(二)信息增量。某些选题其他新媒体已经做过了,但你能够给读者提供不一样的观点,或者增加了新的信息,读者也是欢迎的。

(三)趣味与审美。一个段子、小品、绘画、摄影带来的精神享受。

(四)争议性。能够引发讨论的话题和事件一般都是好的选题。

好的选题能够引起用户共鸣并促使用户转发,例如《职场不相信眼泪,要哭回家哭》一文,同时戳中了老板和员工的痛点,引发了热烈争议。

传统写作虽然也有选题这个环节,但传统写作的选题通常考虑的是内容大方向,如小说可以有军事题材、农村题材、市井生活题材和工业题材等。

新媒体写作选题远比传统媒体写作复杂,并且有其独特的选题逻辑。

第一节 选题的基本原则

选题首先看新媒体定位,定位决定了选题大的方向,以及选题的宽度和深度。以下是几个知名新媒体的定位。

【逻辑思维】

勤劳的伴读书童,知识大管家。它的目标是让关注他的人每天比别人知道的多一些,价值观是帮助读者高效率地阅读和长知识。

【36 氪】

中国领先的新商业媒体,提供最新锐、最具深度的商业报道。其强调趋势与价值,口号是"让一部分人先看到未来"。

【南京有个号】

接地气的原创新媒体,每天三分钟,读懂南京城。

【梅花网】

营销者的信息中心

【稻草人旅行】

全宇宙最会玩的旅行公司,非常特别的年龄限制规定,85%以上队员来自朋友推荐,引领年轻人敞开心扉感受这个真实的世界,给你带来最好玩的旅行体验。

【博雅小学堂】

中国第一家在线儿童通识教育平台,向5—12岁儿童提供经典通识教育,帮助孩子发现自我,理解世界。愿景是让孩子拥有受益终生的人文精神,服务世界、改变世界的情怀与能力。

【她生活】

"有欲望,能得到——做自己的女神。"中国100万优质轻熟女阵地。

【玩物志】

挖掘不一样的品质生活。

【一条】

每天一条原创短视频,每天讲述一个动人的故事,每天精选人间美物,每天来和我一起过美好的生活。

【正和岛】

国内第一家专注企业家人群的高端网络社交平台,最低信任成本的人脉金矿。正和岛官方微信聚焦企业家的想法、干法、活法与玩法,每天有独家的新鲜猛料。

新媒体写作选题通常遵循以下几个原则。

一、符合新媒体主体身份

不论在什么新媒体平台写作,我们首先要明确自己身份。不同的身份代表不同的ID,有不同的读者群体。因此,选题各有各的方向,各有各的逻辑。

举个例子,徐老师是知名游戏视频制作人,代表作有《徐老师来巡山》《LOL三十六计》《进击的小学生》。他的微信号就叫"徐老师"。徐老师这样的身份决不会带着上百万少男少女学习领会丝路精神。所以,首先就是要明确自己的定位:我是谁,我的内容发给谁看,给他们带来什么价值,解决什么问题?

写作者的主体身份有如下几类:

(一)媒体

大众媒体如新浪财经、网易新闻、扬子晚报紫牛新闻、凤凰网新闻等,专业性媒体如互联网周刊、中国智慧城市导刊、B2B内参、海鲜指南、中国水产报道、36氪、17PR、南京楼市等。

媒体人写作，选题主要落在其关注的领域。举个例子，新浪财经肯定是以报道国内外财经新闻为主，花边一点可以写李嘉诚的私生活或者成龙作为投资人投了什么新领域。

专业性媒体的选题范围看起来似乎变窄了，但垂直细分的媒体往往有更多的内容可策划，在选题上更显得游刃有余。别人不关注不研究这个领域，你专注了，就可以做出独家的东西。

随着新兴产业的发展，定位于某个领域的新媒体会越来越多。

（二）企业

在新媒体出现之前，企业通常有自己的内刊或报纸。如今，企业内刊和报纸大多被企业官网、微博、微信公众号、搜狐百度等媒体平台的企业账号替代。

企业新媒体写作，其选题肯定是围绕其所在的行业及企业自身的经营发展，包括文化、品牌、技术、产品和服务等来进行选题策划，也可以从企业领导人的个人品牌入手进行策划：讲好品牌故事，丰富企业形象，展示领导人精英风采……

也有一些企业，为了占据所在行业制高点，开发了行业性的自媒体平台。例如某红糖企业，注册了"红糖养生"的微信账号和搜狐账号；某人工智能企业则以"机器人"为名注册了自媒体账号。这些都是非常巧妙的策划，可以做到自带流量。"红糖养生"这个微信公众号在没有任何吸粉手段的情况下，每年就有数千新增粉丝。

（三）个人

新媒体时代，个人化写作成为一个常态。从博客、微博、论坛、微信号、豆瓣、LOFTER，到搜狐、钛媒体、虎嗅、凤凰等媒体的个人账号，只要有时间，个人都可以去写作与传播。个人化新媒体写作的范围更广，自由度更大，只要在法律法规允许的范围内，可以说想写什么就写什么。但在实际运营时，成功的个人账号一定也是有定位的，有自己独特的IP。微博时代的"冷笑话"，微信时代的"逻辑思维"都是各有其个性特征。

因此，个人化新媒体写作一定要围绕自己设定的IP进行选题策划，而不是高兴写什么就写什么。正因为你有自己的IP，才聚合了特定的粉丝人群。这些粉丝习惯了你的内容和文风，形成了阅读的兴趣依赖。一旦选题方向偏离了轨道，他们很可能就不再关注了。

除了这三类之外，政府、协会、公益组织现在也都有了自己的官网、官微等新媒体平台，他们的写作选题相对简单，不做讨论。

二、满足读者的多样性阅读需求

新媒体写作选题除了要符合新媒体主体身份之外，还需要考虑读者的多样化阅读需求。符合新媒体主体身份只是一个基本方向，保证写作不偏离媒体定位。而满足读者阅读的多样化需求，则是为了给读者提供更多服务。

每一个新媒体平台虽然都有自己的基本定位,但因为读者有更多的阅读兴趣,仅仅提供基本阅读内容是远远不够的。如果不能满足读者的多样化阅读兴趣,他们就会到别的地方去寻找相关内容。因此,在进行写作选题时,深度研究读者群,充分了解他们的兴趣点,经常性地为他们提供这方面内容,就会有效增加读者黏度。

对于读者群的研究主要从以下几个维度入手,年龄、性别、受教育的程度、兴趣点等。还是以"红糖养生"为例。这个微信号旨在通过传播红糖文化、红糖养生知识宣传自己的品牌,其粉丝群体为年龄在 16 至 50 岁的女性。对于这样一个庞大的群体,反复传播红糖文化和红糖养生知识显然比较单调,对读者的吸引力难以持久。因此,写作者经常会策划一些情感类选题。例如,一篇《最甜美,50 年 20 部爱情电影里的经典镜头》获得了 10W+的阅读量。

第二节　新媒体写作的选题方法

上一节介绍了新媒体写作的两个基本原则,本节将以具体的案例分析,介绍常见的选题方法。

一、从定位入手

每个新媒体平台或账号都有自己的定位,因此,紧扣自己定位进行选题是其主要方法之一。

例 1:《互联网周刊》微信号 2018 年 3 月选题

《互联网周刊》创立于 1998 年。1998 年前后,诞生了新浪、腾讯、网易等著名网络公司,是中国互联网产业的爆发之年。《互联网周刊》在这一年诞生,说明了它与互联网的共生性。此外,互联网周刊由中科院主办,说明了它的身份和高度。

《互联网周刊》历经 20 年,创业之初以纸质出版,并有自己的官方网站。随着新媒体的进一步发展,如今有自己的微信号、微博等。它的微信号简介是"全世界各行各业联合起来,internet 一定会实现"。2018 年正好是该刊创办 20 周年,3 月份微信头条的部分内容如下:

3 月 2 日:2017《互联网周刊》年度人物评选——聚焦 2018 各行各业共同思想新征程

3 月 5 日:2018 新互联网公司 TOP300

3 月 9 日:2017《互联网周刊》年度人物名单

3 月 10 日:2018 智慧农业 TOP30

3 月 11 日:2017 年度逆势飞扬企业 TOP100

3 月 12 日:2018 互联网汽车排行榜

3月13日:2018国内车联网企业TOP30
3月15日:新零售风暴下老字号品牌分类排行榜
3月19日:2017年度招聘APP TOP20
3月20日:2017年度人工智能企业百强
3月23日:中国互联网20年暨大国品牌1000强活动介绍
3月29日:"中国互联网20年暨大国品牌1000强"发布活动和大型特刊式企业报道

以上系列发榜的选题符合《互联网周刊》的身份和定位,显示了《互联网周刊》在中国互联网产业的专业性和权威性。

改革开放40年,互联网发展20年来,中国不断强大,成为世界第二大经济体。品牌的发展也经历了两个阶段,第一阶段是传统制造业诞生的品牌,第二阶段是随着互联网发展起来的品牌。上海宝钢、武汉钢铁是传统制造业的品牌,而由宝钢、武钢创立的产业互联网品牌"欧冶云商"则是典型的互联网品牌。"中国互联网20年与大国品牌1000强"的选题策划非常专业老道,高屋建瓴,霸气十足,显示了《互联网周刊》对中国互联网发展的精准把握,以及20年来作为互联网第一媒体的强势地位。

再看《互联网周刊》3月7日微信头条的一个选题策划:风口上的区块链,是颠覆世界的技术,还是一场骗局?2018年以来,随着比特币的浮现,区块链这个非常专业的技术词汇也开始进入大众视野。搜狐、新浪这样的大众媒体以及不少财经类、科技类媒体都有相关的文章或报道,目的是让人们了解这项技术以及其应用。《互联网周刊》作为行业权威媒体,不可回避对区块链的关注,抛出这样一篇有深度有高度的文章,不仅显示了该刊的权威性,更显示了该刊的专业性。

下面是文章的最后内容,表明该刊对于区块链技术以及比特币的态度,视野开阔,立场鲜明。

比区块链更具颠覆的是人性的力量

甘地曾言毁灭人类的有七件事:一、没有原则的政治;二、没有牺牲的崇拜;三、没有人性的科学;四、没有道德的商业;五、没有是非的知识;六、没有良知的快乐;七、没有劳动的富裕。

而在利益的驱使下利用区块链技术炒作,以不正规的方式去赚取财富的便是在做没有道德的商业。区块链技术有无比美好的技术前景,但前提是需要每个人参与其中的方式是合法的。

区块链没有那么高深,也没有那么复杂。它只是一种水到渠成的技术,有可能成为"后互联网时代"的架构基础。它应该是中立的、科学的。但如果参与到其中的人不是中立的,使用这项技术的人不是中立的,只会让这项技术最终本末倒置,失去它原本存在的意义。

例2：浪潮智慧城市微信号2018年3月选题

浪潮集团有限公司是中国本土综合实力强大的大型IT企业之一，国内领先的云计算、云识别领导厂商，先进的信息科技产品与解决方案服务商。旗下拥有浪潮信息、浪潮软件、浪潮国际、华光光电四家上市公司，业务涵盖云数据中心、云服务大数据、智慧城市、智慧企业四大产业群组，服务器市场占有率已经进入世界前三。

"浪潮智慧城市"账号主体属于浪潮软件有限公司，是浪潮在软件和智慧城市领域的新媒体平台。该账号的简介为"以推进政府决策科学化、社会治理精准化、高效服务高效化为目标，浪潮致力于成为领先的新型智慧城市运营商"。

这段话可以看出，该账号定位就是传播智慧城市的前沿趋势和发展现状，以及浪潮在智慧城市的所作所为。

下面是该账号3月的部分选题：

3月1日：粮仓、林海、肉库、鱼乡，还有智慧松原！

松原是吉林省中西部城市，与包头、呼和浩特、鄂尔多斯并称"中国北方经济增长四小龙"，历来有"粮仓、林海、肉库、鱼乡"的美誉。

这样一个典型的资源型城市，近年来开始大力发展信息和文化创意等服务业，将智慧城市建设作为推进绿色产业城市和生态宜居城市建设的抓手。

2018年2月，浪潮智慧城市中标"松原市云计算大数据中心建设"项目，微信平台自然要对此进行撰文报道。这篇文章的标题做得也很有水平，从一座城市的改变入手，根本不提中标一事，这是对传统新闻写作的颠覆。

3月15日：打造人民满意的交通——吹响济南智慧交通冲锋号

3月11日，2018年济南市交通运输工作会议召开，发布了《建设人民满意交通行动纲要》。这样的新闻通常是当地政府媒体的选题，浪潮作为总部在济南的智慧城市领导企业，其微信号岂能放过这个选题？文章详细解读人民满意交通行动纲要，抓住其中智慧交通的内容，巧妙结合浪潮在智慧交通领域的技术和实力，在报道济南交通发展的同时也将自己宣传出去了。

二、关注热点事件

热点（hot spot）指的是比较受广大群众关注或欢迎的新闻等信息，时政、经济、军事、体育、娱乐、科技、市井社会等领域均可以发生热点事件。热点事件是读者关注的焦点。因此，从热点切入已经成了所有新媒体写作的选题方法之一。

对于公众性媒体来说，关注定位范围内的热点是其选题的分内事，一是比快，二是比写作深度，与传统媒体写作区别不大。所谓"蹭热点"，一般指企业营销类新媒体写作。企业结合自己定位抓热点，抓得巧妙，会因为热点效应，吸引更多眼球；反过来，如果不谙其道，为热点而热点，就会弄巧成拙，成为笑柄。

新媒体写作者可以通过专门的APP来搜集各类热点。《热点排行榜》和《今日十大热点》是两个比较知名的热点内容APP，集合了最新社会热点话题、人物等，有每日及每周的热点词汇、热点事件的最新变化,并可以按照新闻、微博等方式分类显示。

例3:时政热点——浪潮两会说

两会是对自1959年以来每年召开的中华人民共和国全国人民代表大会和中国人民政治协商会议的统称。2018年的两会期间,"浪潮智慧城市"微信号抓住两会热点,做了"浪潮两会说"策划,表达了自己与中国社会、经济发展的密切关系。

3月5日和3月7日,该微信号分别推送"浪潮两会说:中国质量链如何助力质量强国";"浪潮两会说:巩固蓝天保卫战成果!看浪潮如何发力扬尘治理"。

第一篇文章的策划背景是十八大以来,以习近平总书记为核心的党中央高度重视质量工作,习近平总书记在十九大报告中更进一步明确了质量工作在经济工作中的重要地位,提出大力推进质量强国建设,树立一批有代表性的"中国品牌"。

第二篇文章的策划背景是3月5日国务院总理李克强明确表示,坚决打好三大攻坚战,推进污染防治取得更大成效,巩固蓝天保卫战成果……我们要携手行动,建设天蓝、地绿、水清的美丽中国!

浪潮微信号推出的两篇文章,就热点的内容看,质量问题明显不如环保问题热点强度大。从浪潮智慧城市业务看,解决环保问题有具体方案,而质量链与浪潮业务关联度较小。因此,两篇文章推送后,效果出现明显的差距,第二篇阅读量是第一篇的4倍。

例4:经济热点——股市大跌,段子手又回来了

中国股市在2007年前后呈现出疯狂状态,在城市里,几乎所有成年人都在谈论股市,是真正的经济热点。近几年来,股指狂泻,股市没有以前那么热,但与其他经济热点相比,其强度还是较高。2018年初,刚刚有点起色的股市又出现了大幅下跌,人们的眼球再次转向股市,很多理财投资类企业又开始以此热点做文章。在众多以此为选题的文章里,上海朝阳永续基金销售公司微信"朝阳财富"策划比较有趣。

节目单目录:
1. 开场舞《海水与火焰》
表演者:漂亮50、中小创、*ST股等
2. 歌曲《高攀》
表演者:方大碳素、贵州茅台等
3. 诗朗诵《真实的自己》
表演者:海能达董秘、三五互联证代
4. 魔术《扇贝又跑了》
表演者:獐子岛
5. 合唱《今年政策好》
表演者:438只新股
6. 快板《钓鱼岛是中国的》

表演者:鲜言

7. 杂技《一泻千里》

表演者:ST 保千里、乐视网、*ST 众和、*ST 中安等

8. 小品《失联》

表演者:ST 众和董事长、ST 保千里庄敏、巴士在线董事长

9. 互动游戏《挂单 641》

表演者:全体散户

10. 相声《不差钱》

表演者:中国平安、贵州茅台等

11. 武术《普陀山风云》

表演者:高澜股份董秘

12. 小品《被骗了》

表演者:国民技术、*ST 新亿

13. 川剧《变脸》

表演者:ST 墨龙、巴士在线等

14. 小品《滚出去》

表演者:ST 昆机、*ST 吉恩、新都退

15. 杂技《杠杆》

表演者:赵薇

16. 相声《保护中小投资者》

表演者:证监会、上交所、深交所

17. 合唱《难忘 A 股》

表演者:全体散户

"段子手又回来了"通过一些上市公司的热点事件,如獐子岛事件、乐视网事件等,很好地将一个枯燥的经济事件转化为娱乐营销。《2018 年 A 股春晚节目单》,以调侃方式娱乐大众,吸引眼球。同时,让大家看到股市"熊途"漫漫,可以考虑购买一些理财产品。由于热点抓得巧妙,文章的阅读量达到了平时的 10 倍。

例 5:军事热点——橱柜、环保设备与核弹头

关注军事热点,对于军事类新媒体、门户类新媒体以及军工企业自媒体来说,理所当然。而对于其他企业和时尚生活类个人化新媒体来说,军事热点或许比较难入手。其实也不然,随着中国作为军事强国的崛起以及各种军事问题的凸现,军事热点已成为大众尤其是男性公民的关注对象,适度地选题会增加读者的黏度。

"石家庄我乐橱柜"微信公众号 2016 年 11 月推出了一篇《今日军事新闻》就获得了比平时多 2 倍多的阅读量。《萤火虫节能环保》账号主体为个人,但实际是经营节能环保设备的公司微信账号,在简介里就明确将时事政治、军事科技作为微信主要内容。如此设定选题内容是因为采购节能环保设备的人大多是男性,这两个内容正是男人喜

的话题。该微信账号 2018 年 3 月 26 日刚刚开始运营,在每天的文章里,总有一篇是军事题材,数据显示,这些文章获得了更多的阅读。

此外,在微信里搜索"核弹头"一词,除了专业的军事、新闻门户账号之外,《足球》《精英内参》《红颜秀影》《搜街时尚》《TCC 生态圈》等许多微信公众号都有军事热点文章。

例 6:体育热点——是球员文身还是球鞋文身?

利用体育热点进行新媒体写作选题,远比军事热点有更多的原创空间。体育热点选题适合较多的自媒体写作,尤其是运动器材、体育用品经营类公司。

个人或企业对于体育新闻的报道肯定无法与正规的体育媒体和综合新闻门户网站比,因此,如果停留在转新闻或炒冷饭式的简单改写,很难吸引读者。抓得好体育热点的写作通常都具有原创性。

"Size 尺码"是一个经营橡胶底帆布鞋公司的微信服务号,支持微商城,可以通过微信下单,是典型的内容营销平台,内容做得好与坏直接影响销售。因此,该微信号对于内容的策划显示了较高的专业水平。他们根据经营产品的特点很好地抓住体育热点,然后进行深度创作,激发顾客兴趣。

2018 年 3 月 24 日晚,体坛周报官方微博发了中国足协全面整顿球员文身的消息。25 号,几乎所有的体育媒体和新闻门户都进行了相关报道,关于足球运动员该不该文身一时成为热点,并持续了一个多礼拜。

3 月 28 日,"Size 尺码"在微信以及搜狐账号等多个自媒体平台同时推出文章《中国足球的文身革命,真的会让"他们"就此埋没?》。

文章对于国足对战威尔士时球员成了"绑带军"进行了适度的讥讽,但这样的态度并非"Size 尺码"独有,真正有创意的内容在后面。

作者警告说,"对于 Sneakerheads 而言也不要得意太早,有很多经典鞋款都与'文身'脱不了关系,甚至很多球鞋的设计灵感、局部装饰都采用文身装饰,假如它们去掉了文身,又会如何?"这一段真是神来之笔,不仅很快引起读者兴趣,同时也将经典运动鞋的美丽设计呈现给读者,几张插图起到了画龙点睛的作用。

你看文身与不文身的鞋子有多大的差别,文章最后还介绍了一款文身的新鞋。该文在搜狐公众号发表后,百度搜索相关关键词,该文居然排在搜索前列,应该说选题策划非常成功。

例 7:科技热点——谁对阿尔法狗更有兴趣?

科技类热点如卫星发射、机器人战胜围棋大师等都可成为军工企业、人工智能企业新媒体写作的选题。

按照常规的思维,阿尔法狗这样的热点会得到更多科技公司的青睐。然而,相关搜索发现,科技公司对此的反应远没有金融类公司强烈,这是为什么呢?还是看几个不同新媒体对阿尔法的选题策划吧。

《阿尔法狗再进化,没思想的人要颤栗了!》是格物斯坦机器人公司 2017 年 10 月 27 日的微信文章。文章宣扬的是"在智能机器大行其道的年代,如果你能成为一个永远的学习者,且有着持续不可复制的创造力和创新能力,人工智能的威胁又能算得了什么呢!"文章植入了该公司针对青少年举行的机器人教育培训,还算自然,不显生硬。

《阿尔法狗终于输了一局,谁赢了它?》是诺亚财富 2017 年 5 月 26 日策划的文章。诺亚财富业务包括财富管理、资产管理、互联网金融等,这样的公司与阿尔法狗有何关系?

该文花较大篇幅复述了 5 月 23 日乌镇围棋峰会的事情,并抛出一个脑筋急转弯式

的问题:"两只阿尔法狗 PK,谁会赢?"接着又写了好几段关于人工智能应用领域、前景、伦理之类的文字,最后露出马脚:

> 如今,人工智能已经上升为国家战略,未来社会每个人身边都有一个人工智能助手,人类将从简单重复的劳动中解脱出来。很多风投资金也看到了未来的机会,尤其是在硅谷这种高科技云集的地区,很多 PE/VC 都已经开始提早布局。很多投资人也看好人工智能方向,想加入。但是,像红杉、IDG、KKR 这样的国际顶尖投资机构,很少会接受中小个人投资者。当然,投资机会不是没有,如果你是诺亚的客户,不但可以了解这些机会并参与其中,还可以跟随我们一起到硅谷,感受这些走在最前沿的科技公司在做什么。

很显然,诺亚财富对于"阿尔法狗"热点蹭得非常勉强。

《刀锋:两只牛股拯救大盘,阿尔法狗向 A 股认输》是新媒体《爱股票》在 2017 年 12 月 8 日推出的一篇文章。同样是关于财经的,却比上一篇有趣,更有创意,显示了很好的策划能力。

文章分析了那几日的股市风云,最后根据下面一则微博内容发表了自己的观点。

傅峙峰
12-8 10:41　来自 iPhone 6s

研发Alphago的AlphaBeta旗下的DeepMind团队近期发表论文,公开其研发的人工智能交易系统AlphaStock已经在中国A股市场潜伏交易三十六个月,在经过不断的自我学习自我进化后,最终净值亏损呈现不断扩大的趋势,且净值波动区间和换手率也呈现飙升趋势。该团队最终决定暂停该领域的研究,将重新审视研究框架。

以下文字显示了作者较强的写作能力。

都说"投资如下棋",但打遍围棋无敌手的"阿尔法狗",去炒股却栽了……美国人工智能 AIEQ 炒股!这令股民担忧,但初战告负,自 10 月上线以来,2 个多月的股炒下来……真没赚到钱!不仅跑输纳指,收益竟是负的,令人大跌眼镜。连近乎无所不能的 AI,都不能征服 A 股,股民再也不用担心失业了,这实属终生大利好。

不仅如此,有人工智能交易系统还试水 A 股,据悉潜伏了 36 个月,也就是从上轮牛市到现在,不仅亏损而且还扩大,干不下去了,只能暂停了该领域的研发……真是白白浪费了一轮牛市啊。

例8:社会热点——红黄蓝幼儿园老师到底是虐童,还是性侵?

对于一个有 10 多亿人口的大国,总有一些事件会成为社会的热点。新媒体写作将此类事件作为写作选题的例子不胜枚举。下面以2017年被普遍公认的热点事件"红黄蓝幼儿园虐童案"为例，看两个比较成功的策划。

2017年11月22日，北京市朝阳区管庄红黄蓝幼儿园（新天地分园）国际小二班十余名家长反映，孩子被老师用针扎、喂成分不明的白色药片，并提供了孩子身上多个针眼的照片。22日下午，8名该班家长到管庄派出所报案，北京市公安局朝阳分局随即介入调查。11月23日，互联网上还出现许多传言，短时间内形成舆论热点，引发网民关注和愤慨。

11月28日，朝阳区警方通报，称涉事教师刘某某（女，22岁，河北省人）因部分儿童不按时睡觉，遂采用缝衣针扎的方式进行"管教"。调查也发现有不少造谣成分，但幼儿园监控因多次断电致监控视频损坏也引起其反思。园方承诺"对幼儿园监控系统进行全面升级，确保做到无死角不间断实时监控"。

先看央企中粮集团旗下"我买网"的微信服务号"我买食堂"11月24日推出的文章《红黄蓝幼儿园家长：谢天谢地！我的孩子会呼救》。文章说一个小孩在被老师脱衣服时，一直喊"不脱衣服，不脱衣服"，老师让她"滚出去"，因此逃过一劫。接下来文章转到儿童性侵话题，呼吁家长、社会都要关注幼儿性教育。

幼儿性教育虽然缺少新意，但针对我国幼儿性教育现状来说还是非常有积极意义的。因此，文章推出后，阅读量暴增，好评如潮，读者普遍认为"我买网"是一个有社会责任的企业，而不是简单蹭热点。

再看某文化公司的微信公众号"飞碟说"11月29日推出的文章《红黄蓝幼儿园后续，很高兴，我真的被打脸了》。作者曾在11月24日推送了一篇文章，此文是建立在孩子家长所说为真的基础上写的。他认为家长在接受记者采访时所说的不是一般虐童，而是性侵。文章末尾写道："或许最终的结果出来，这篇文章完全是我在偏听偏信，胡说八道，事实根本没有我想象得那么龌龊。那么，我真的希望我是在胡说八道，真的"。

11月29日，作者再次写文章时，警方已经通报了调查情况，将事件定为虐童，不存在性侵，网上所传有造谣成分。因此，作者说"很高兴，我真的被打脸了"。

然而，这是作者的自嘲，文章对事件做了详细的分析，指出了许多疑点。文章观点犀利，笔法老道，有鲁迅文风。也正因为如此，文章获得了10W+的阅读量，点赞数接近4000。

三、必要的选题拓展

一个成功的自媒体账号，在做写作选题时，除了紧密围绕定位之外，还需要考虑选题拓展。内容可以做一些发散与延伸，就像传统媒体中的《党报》，也会有文艺类副刊一样。好的副刊可以吸引一大批忠实读者。新媒体也一样，好的内容，只要是读者喜欢的，可以增加黏度。以《互联网周刊》微信号为例。

2018年4月1日至4月6日，《互联网周刊》微信号推送的文章目录如下：

4月1日

(1) 中国互联网20周年暨大国品牌1000强候选公示

(2) 从清洁工到副总裁:你的格局决定你的结局

(3) 刘强东罕见发怒:我愿你人前显贵,你为我雪上加霜

(4) 支付宝还是微信,数据和商业隐私才是关键

(5) 你有多谦卑,你就有多高贵

4月2日

(6) 复古即流行,机器人竞技类"硬核"综艺袭来

(7) 探寻技术本质,走一条少有人走的路

(8) 今天开始实施,我国对美国128项进口商品加征关税

(9) 一个县财政干部眼中的农村现状,每个人都值得阅读和深思

(10) 真正优秀的人,为何都那么尊重别人?

4月3日

(11) 2018快时尚品牌排行榜

(12) 重磅突发! 互联网资管从此划上句号!

(13) 克制两年后的爆发,企业微信终于将微信的流量"收入囊中"

(14) 中美贸易战正式打响,向世界传递出4点清晰的信号

(15) 学习是终生的需要

4月4日

(16) 2018出行管理APP排行榜

(17) 今日雄安,明日中国

(18) 摩拜姓王,王兴的王

(19) 过去这半个月,是普京近20年来最屈辱的时刻!

(20) 一个人废掉的3种迹象

4月5日

(21) 用新价值观定义:2018最具潜力独角兽企业TOP150

(22) 俞洪敏:我和马云差了8个字

(23) 细算一下,中国帮美国家庭省了多少钱?

(24) 好产品不应该谈价格,低端产品不应谈品质!

(25) 你要学会沉下心来去努力

4月6日

(26) 人生苦短,何必纠缠

(27) 纽交所史上首例! 独角兽无需IPO可直接上市,港股和A股看傻眼了

(28) 我们做这个教育不是把什么高大上的东西压在他们身上,是想保留大山之子的野性,让他们成为更好的自己

(29) 世界以痛吻我,要我报之以歌

(30) 你不会笨,也不是运气差,而是思维弹性不足

分析6天全部30篇文章标题,只有(1)(3)(4)(6)(7)(11)(12)(13)(16)(18)(21)(22)(27)13篇与互联网相关,其余17篇有关于中美贸易战的热点事件,有一年四季永不过时的励志故事,还有以俄罗斯总统普京为聚焦点的国际形势分析以及关于儿童教育的。

分析一下《互联网周刊》微信公众号的读者群体,不难发现这些文章的选题有其自身逻辑。《互联网周刊》微信号的读者以互联网、金融投资、证券等业界的高管为主,这些内容也是为了满足他们更多的阅读需要。

点击阅读这些文章,还发现一个秘密,那就是如果你没有时间去原创,或者同样的题材发现已经有很好的原创,是可以拿来直接转发的。30篇文章里,居然有22篇为转发。《互联网周刊》微信号尚且有如此高的转发比例,何况企业和个人媒体呢?

当然,转发内容的选择也是有考量的。就说励志题材吧,有很多内容可供选择,《互联网周刊》这里选的几篇整体上就比一般个人账号转发的同类题材高端一些,因为它的读者不是大学生或大学毕业后的创业者。

四、垂直方向深度挖掘

垂直方向深度挖掘是一个有效的选题方法,尤其在今天人人都在做新媒体,人人都感到选题难做的时代。垂直方向可以从爱情、婚姻、家庭、同事、知己、父子、宠物等日常性事物入手去进行深挖。

下面是关于"爱情"选题的深度挖掘:

十个经典爱情故事
十个遭人不齿的婚外恋故事
十个科学家的爱情故事
十个艺术家的爱情故事
十个富豪的爱情故事
诗经中的爱情
唐诗中的爱情
金庸小说中的爱情
村上春树的爱情与川端康成的爱情比较
机器人可以谈恋爱吗
同性之间有爱情吗
彝族人是这样谈恋爱的
吓死你,螳螂是这样恋爱的
……

从一个行业或某个更小领域去做选题的垂直深挖,是行业媒体、企业媒体常用的方法。

下面是关于"感冒"的选题挖掘：

什么样体质的人容易感冒
常见感冒药的副作用比较
中医是这样治疗感冒的
别大意，虽然这些病看起来像感冒
感冒了，不要随便用抗生素
热感冒是怎么回事
古人用什么方法治疗感冒
也许你不喜欢生姜，但感冒时有用
婴幼儿常患感冒，你有什么好办法
十年都没有患过感冒的人，有什么养生秘诀
老鸡汤治感冒，真的有那么神奇吗
……

下面，举两个新媒体应用深度挖掘选题的成功例子。

先看一下爱奇艺《奇葩大会》上扬名的新媒体写作者木汁的微信公众号。木汁是一个"00后"的小女孩，据说初中毕业后就开始新媒体写作，如今月入十万。她写的内容基本都是关于青春和爱恋。这样简单的主题，天天在那里唠叨，而且吸引众多的少男少女，也是了得。

今年的第一朵樱花，我想和你一起看
我的男朋友是塑料做的
我就是爱抢别人男朋友的那种人啊
分手后被前任造谣诋毁怎么办？
2010年，我在奥比岛有个老公
如何逼一个直男先开口表白
渣男交往初期惯用套路指南

以上是木汁2018年2月至3月发的几篇文章，一个"00后"女孩用类似日记的方式讲述她的青春和爱恋。

再看非常专业的"B2B内参"的微信。B2B是电子商务的一种模式，阿里在淘宝和天猫之前，最早做的电商平台"阿里巴巴"就是B2B性质的。2015年以来，随着产业互联网的发展，B2B电商平台风起云涌，"B2B内参"和"托比网"这样的新媒体诞生了。"B2B内参"微信账号在2018年3月至4月间，每天推送5篇文章，全是B2B行业的深度报道，充分显示了其对行业的深度研究和专业水平。

五、借鉴同行和爆款文章

这个方法不能简单地理解为天下文章一大抄，而是从别人那里获得灵感。新媒体写作不是做学术论文,适度的改写做成伪原创也是被普遍理解和认可的。当然,直接转载别人文章只要注明出处也是允许的。

借鉴同行,首先就要关注做得好的同行账号,因为定位相似,用户群体也相似,同行做得好的选题是经过验证了的,可以借鉴。

有些好的选题,是能够跨越行业限制的。可以借鉴爆款文章,寻找灵感,尝试变换场景和人物,合理揉进你的内容。例如,《朋友圈九大未解之谜》一文很火,可以顺着去发散,做一些新的选题《微商朋友圈十大未解之谜》等。

"塑料男朋友"是2017年底出现的一个词,指喜欢给女友画大饼,口头上说得天花乱坠,却极少落到实处的男生;经常和别的女孩子有事无事闲聊的男生;喜欢跟别的女孩子搞暧昧的男生;老是给女朋友打预防针的男生;控制欲极强的男生;有"选择性失忆"的男生。2018年1月开始,不少新媒体做了这样的选题。

《恋爱中,中了这几点,证明你很可能交到了塑料男朋友!》

——百度百家号《男女情感乌托邦》

《新晋网络词汇塑料男朋友是什么梗》

——爱秀美网站

《有一个塑料男友是种什么体验?》

——搜狐号《我走路带风》

《你们都有怎样的塑料男朋友?》

——知乎账号《花花只是一朵花》

《塑料男朋友简直太可怕,我宁愿单身一辈子!》

——百度百家号《大河印象》

《我和男友的塑料爱情》

——搜狐号《大忘路》

这样一个已经做烂的选题,微信公众号"木汁"还是在3月23日推出了原创文章《我的男朋友,是塑料做的》,虽然图片用的是其他文章中的,但文字做了新的处理,依然获得了近9W的阅读量。

六、创意选题

创意选题给新媒体写作者提出了较高要求,是对新媒体写作的难度考验。通过这个方法获得的选题通常新颖有趣,有很强的磁力,吸引读者眼球。"90后"出生的杨坤龙是一个新媒体写作高手,他在进行创意选题时,借鉴了"曼陀罗思考法",非常有效。

具体就是在一个九宫格里,中间填上想要发挥主题的词,然后对这个主题自然联想,想到什么就把周围的格子给填上。如图:

烧烤	德国	木桶
地摊	啤酒	精酿
酒吧	美国酒庄	大绿棒子

以"啤酒"为例,他填满了格子。但他觉得这样还不够,又以"摄影"做关键词,填了一个九宫格,并对由"摄影"联想到的词"旅行"、"结婚照"也做了延伸联想,得到下图。

排队	游客照	雪山	
富士山	旅行	电影	拍照
日出	cosplay	摄影	写真
老丈人	结婚照	王家卫	电视剧
礼金	孩子	买房	

接下来的事情有些好玩了,他从"啤酒"的表格中挑选一个词,然后再从"摄影"表格中挑选一个词,两个词进行碰撞,就产生了如下选题:

旅行必去的十大酒庄(旅行＋酒庄)
婚礼上喝什么啤酒最有范儿(结婚照＋啤酒)
电影史上的十大经典酒吧,第 7 个就在北京!(电影＋酒吧)
那些开在雪山的酒吧(雪山＋酒吧)

杨坤龙还发现了另一个开脑洞的方法,就是在百度里直接百度核心词和发散联想到的词,如"啤酒 雾霾"、"啤酒 BAT"。根据得到的文章,进行二次创意。最终,他得到了下面的选题:

那些开始卖啤酒的互联网公司

人工智能酿造出来的啤酒

慈禧最爱的啤酒

民国时期的啤酒

吃烤鸭喝什么啤酒

以上介绍了新媒体选题的常用方法。其实,在具体选题时还可以有其他路径。如根据季节、节假日来选题;从读者反馈的意见中获取选题灵感;通过召开选题策划会,写作人员一起脑力激荡。

事实上,新浪微博、八卦论坛、综艺节目、菜市场小道消息……到处都有选题。这些选题更生活化、更自然、更能引起共鸣。

莱奥·巴波塔(Leo Babauta)是世界知名效率专家。他在2007年1月建立的ZenHabits.net在一年时间内就成为互联网上最知名的博客。这个网站每个月有超过百万的访客,每日有超过80 000个订阅者。莱奥·巴波塔曾写过一篇"31 Ways to Find Inspiration for Your Writing"文章,寻找写作灵感的31种方式,对我们的写作选题应该也有启发。

1. 博客:拥有大量来自天南海北的信息,任选一点足矣。
2. 书籍:不同的书会带来不同的灵感,试着读一读你感兴趣的书吧。
3. 闲谈:有人的地方就有交流,从周围的对话中寻找灵感。
4. 杂志:不同类型的优质文字,只选读一篇,也会有所得。
5. 电影:台词、剧情、情节,都是很好的切入点。
6. 论坛:集思广益的好地方。
7. 艺术:艺术会带来意想不到的灵感。
8. 音乐:音乐产生独特的灵感。
9. 朋友:与友交谈,往往能获得不同角度的灵感。
10. 社群:寻找志同道合的人,共同讨论。
11. 《口袋里的缪斯》:一本极富灵感的书。
12. 名言:作者也不知道为什么名人名言会带来灵感。
13. 自然:回归自然,寻找本心。
14. 历史:读史使人明智,看尽人间百态。
15. 旅行:行万里路,每一步都是灵感。
16. 孩子:对于没有结婚的人来说,家庭也是灵感的来源。
17. 运动:感受身体的变化也是获得灵感的特殊方法。
18. 宗教:有信仰和没有信仰是截然不同的。
19. 报纸:从报纸中获得最新的消息。
20. 梦境:每一个梦都是神奇的体验。
21. 日记:坚持下去,足矣。
22. 美味书签:美国的一个收藏夹网站。

23. 诗歌：学习行文、选词、押韵。
24. 莎士比亚：最伟大的语言大师。
25. 谷歌：信息莽莽，或者百度也可以。
26. 随笔：想到什么就写什么。
27. 头脑风暴：列出你想到的，也许可以拓展一下。
28. Flickr：雅虎旗下图片分享网站。
29. 改变：尝试用新的角度看世界。
30. 励志故事：鸡汤并非全无价值。
31. 观察：生活中只缺乏善于观察的有心人。

第三章　新媒体标题制作逻辑

有了好的选题，我们就可以开始写作了。对于一篇文章来说，首先需要一个好的标题。无论传统媒体还是新媒体，标题都是文章的眼睛。总的来说，好的标题能够启发读者，激发读者阅读兴趣，与读者产生共鸣。新媒体改变了传统阅读方式，标题制作的逻辑和方法也随之发生了改变。

第一节　标题是流量的入口

媒体的影响力取决于受众数量。分析四大传统媒体，报纸、杂志拼发行量，电台和电视分别拼收听率和收视率。新媒体比的是什么呢？

首先比较一下新、旧媒体环境下的文化消费方式。对于纸媒出版，阅读必须先购买报纸、杂志和书籍；而今，在新媒体上，不花钱就能阅读许多资讯。这一变化，带来了人们阅读行为和阅读心理的改变。过去，阅读需要花钱购买，阅读的内容是有限的。因此，人们会有"这是花钱买来的，不管怎样还是去认真读一下"的心理。新媒体则不一样，不花钱可以无限阅读，选择性阅读因此成为必然。此外，过去我们打开一张报纸、一本杂志时，标题和文章正文几乎同时被阅读，新媒体采用超文本链接，可以实现标题和正文完全分开，所有标题在一页，正文则放到二级页面中。

因此，在考量新媒体影响力的时候，需要引入"流量"概念。所谓流量，就是网站及其他任何新媒体的访问量。具体包括用户数量以及用户所浏览的页面数量等。常用的指标有网站的独立用户数量（一般指 IP）、总用户数量（含重复访问者）、页面浏览数量、每个用户的页面浏览数量、用户在网站的平均停留时间等。流量是决定一个网站商业价值的重要因素。

具体到一篇文章，流量就是具体的阅读量，我们每天看各类微信平台推送的文章，在文章的末尾有一个阅读数量，就是指该文被多少读者阅读过。这个数字不包括同一读者重复打开的次数。通常说的"爆款文章"就是指阅读数量超过了 10W＋的文章。在电脑上阅读浏览网页，读者通常看不到这个数字，但在后台，或者第三方监测机构是可以看到总访问数量（含重复访问者）、页面浏览数量、每个读者浏览次数等。因此，对于新媒体编辑或运营者来说，流量是日常工作考核的主要指标。

新媒体阅读时,读者停留在文章标题的时间一般在 2 秒左右。如何在 2 秒时间内吸引读者,让他们点击阅读,体现了标题制作的水平。有时文章内容读起来还不错,但阅读量并不高,其中一个原因就是标题不够吸引人。

标题是流量的入口,这样说丝毫不夸张。

由于阅读方式的改变,新媒体与传统媒体写作的标题制作存在比较大的区别。先来看几个标题:羚羊木雕[①]、藤野先生[②]、智取生辰纲[③]、海燕[④]、心声[⑤]。这是收入初中教材里的几篇文章,在传统写作里,都是非常不错的标题。羚羊木雕,贯穿全文线索;藤野先生,表明写作对象;智取生辰纲,关联主要情节;海燕,采用象征修辞手法;心声,透露情感主旨。

然而,新媒体环境下,这样的标题已经很难吸引读者了,10W+的文章很少有类似的标题。无论是在电脑还是手机屏幕,读者首先看到的是一排标题,然后根据标题内容选择点击,读到具体的文章内容。这样的阅读方式,凸显了标题的重要性,迫使写作者绞尽脑汁,做出直接、新颖、悬念等能够迅速引起读者兴趣的标题。

上面是《今日头条》的主页截图。在这张图中,我们可以看到标题和内容是完全分开的。打开该网站主页,鼠标往下滚动,出现更多的文章标题。手机上打开《今日头条》APP,情况也是一样的。

比较下面两组标题,我们可以看出不同标题对于阅读量的影响程度。

---

① 教育部组织编写.语文 六年级 第二学期[M].上海:上海教育出版社,2015:20-24.
② 鲁迅.朝花夕拾 野草 初中部分(名家导读版)[M].济南:山东文艺出版社,2007:70-77.
③ 教育部组织编写.语文 九年级 上册[M].北京:人民教育出版社,2016:135-147.
④ 教育部组织编写.语文 八年级 下册[M].北京:人民教育出版社,2016:72-72.
⑤ 教育部组织编写.语文 九年级 上册[M].北京:人民教育出版社,2016.:88-97.

原:穿内衣的常识总结(阅读10 000)

新:姑娘,其实你的内衣一直穿错了(阅读10万+)

原:普通文案和优质文案的区别(阅读5 000)

新:月薪3 000与30 000文案的区别(阅读10万+)

由此可见,好的标题,能大大提升文章的阅读量。

新媒体带来了信息泛滥,因此,认真做标题不仅是内容发布者的"流量增加策略",也是帮助读者节约时间的"效率优化策略"。新媒体写作花在做标题的时间有时超过了正文写作。一篇文章,反复做数十个标题也是常有的事情。

第二节　标题制作的主要方法

总体来说,新媒体写作标题需要吸引读者,产生"吸睛"效果。这其中,既有传统媒体写作时惯用的原理和方法,也有不少创新。在具体标题制作时,常常也是应变而变,需要根据选题的内容、选题的背景、同类题材别人怎么做等因素来决定。

一、提炼核心信息

提炼文章内容的核心信息是做文章标题的基本方法。什么是一篇文章的核心信息?简单说就是用一句话来概括文章最重要的内容。不管传统媒体,还是新媒体,做标题首先考虑的就是提炼核心信息。

提炼核心信息的原则尤其适用于新闻写作,下面我们来看一组新闻标题:

例1:习近平会见联合国秘书长古特雷斯

简析:标题采用陈述句,习近平主席会见联合国秘书长,身份重要的两位大人物的会见具有很强的新闻性。

例2:习近平出席2018博鳌亚洲论坛前瞻　三大看点值得关注

简析:习主席在博鳌论坛前瞻了什么,哪三点值得我们关注?此中有悬念。

例3:清明假期国内出游1.01亿人次

简析:清明好时光,1.01亿人次出游,游了哪些地方?发生了什么?读后可以长见识。

例4:我国药品审评审批制度改革再提速

简析:药品审评审批制度再提速,会做什么改革?关系每个人切身利益。

例5:美国各界抨击特朗普政府保护主义政策

简析:特朗普的政府保护主义是什么,美国各界为什么要反对?此中有料。

例6：北京：今年增招200名体育师范生
简析：标题中的"增招"吸引了家长。

例7：贵州出现9级大风 一座23层在建鼓楼瞬间被风刮倒
简析：大风常有，23层在建鼓楼瞬间被刮倒不常见，楼的质量有问题吗？此中有玄机。

例8：中国内地6所高校跻身世界大学声誉排行榜百强
简析：中国内地高校，人人皆知北大、清华排在前面，哪四所也挤进了世界百强榜？很多人会关心。

以上这组标题，分别选自人民网、网易、新浪、搜狐等网站，遵循了新闻标题的一贯写法。表面看，客观，冷静，其实隐藏了丰富内容。再看一组具有新媒体色彩的新闻标题：

例9：尴尬了！俄间谍中毒案大反转，普京这样回应
简析："普京这样回答"是新媒体标题制作的套路，但核心信息是"俄间谍中毒案"，且用"尴尬了！"暗示普京的回应出乎意料。

例10：诗坛扫地僧！外卖小哥击败北大硕士夺第三届中国诗词大会冠军
简析：如果没有前半句，后半句也已经交代出核心信息。加了"诗坛扫地僧！"一句，强调结果出乎意料。

例11：一个孱弱多病的80后姑娘，竟完成了世界六大马拉松满贯！她凭什么？
简析：核心信息可以浓缩为"80后姑娘完成世界六大马拉松满贯"。

例12：不干了！南京出租车退租超3 000辆，降份子钱也留不住司机
简析：该标题的核心信息是"（挣不到钱），南京出租车退租超3 000辆"。

例13：南京鸭血粉丝汤要定地方标准了！更厉害的是……
简析：前半句已经说出了文章的核心信息，后半句是新媒体写作的故弄玄虚。

例14：0成本的搜索引擎推广之道

例15：月薪3 000和月薪30 000文案的差别

例16：产品经理常用的5种文档模板

例17：网红常用的9种吸粉大法！

例18：推荐一个超厉害的微信小程序平台！！

这组标题选自不同的网络自媒体，虽然不是主流媒体的新闻标题，但均点出了文章的核心信息，大家可以自己去体会，这里不再分析。

二、直击读者兴趣点或痛点

上一章我们说挖掘读者兴趣点是新媒体写作选题的方法,那么,直击读者兴趣点或痛点就成为制作文章标题的主要原则之一。

兴趣点大家都能理解,那什么是痛点?痛点本是一个医学名词,指人体对痛觉敏感的部位,而今被广泛应用到社会学、营销学等领域,被理解为"未得到满足,而又是非常渴望的需求",也可理解为"难以解决的问题"。美国营销大师马丁·林斯特龙还专门写过名为《痛点》的营销书。

当今社会飞速发展,人的兴趣点也越来越多,痛点同样有增无减。选择这类题材并在标题里直接点出,可以获得更多阅读量。那些被广泛转发引起共鸣的心灵鸡汤类文章都是击中了人们的情感痛点。

例19:是时候谈谈婚礼这件小事了

简析:谁对婚礼感兴趣,首先是已经领取结婚证的男女和他们的家人,其次是举行婚礼没多久的人……其实,所有结过婚的人或多或少都有点兴趣。在一般人眼里,婚礼是大事,作者故意说"这件小事",让更多的人有了兴趣。

例20:木桶理论已死,长板理论告诉你:优势才是王道!

简析:这是微信公众号"MBA智库网"里的一篇文章。在企业做管理的人都知道木桶理论,一个木桶能装多少水,取决于最短的一块板子。而今说木桶理论已死,长板起决定作用,做管理的人,从事企业经营的人,尤其是企业主全都来了兴趣。

例21:这五种人最好不要招惹,心机很深,属小人伪君子相

简析:这是"今日十大热点"网站的文章标题。命相是一个非常老旧的话题,不管准不准,也不管有没有科学道理,人们几乎都有兴趣。虽然很多人都读过类似文章或书籍,然而,作者用"心机很深"、"小人伪君子"几个字,击中大多数的痛点:谁都不想碰到心机深的小人。

例22:30岁后,你站在哪里?

简析:这是一篇在多个网站、微信里被反复转的热文,标题有时会被简单修改,但核心信息不变。其实,这就是一篇励志文章,或者被称为有点小哲理的心灵鸡汤文章,每个人都会根据自己的经历写出不同的内容。这篇文章被大家反复去转载、改写,说明击中了人的某个痛点。古人说,三十而立,现今的每一个年轻人都会自问,我将立在何处?

例23:房价一旦暴跌! 你不仅房子没了,还欠银行钱

简析:这是房产类微信公众号"孟祥远"里的一个文章标题。房子是近20年来被人们普遍且持续关注的商品。因为房子不仅仅是一个居所,同时也是投资获利的工具,买了房的人希望房价继续涨,没买的人则希望房价大跌。作者在本文里分析了房价大跌后给有房者带来的损失。这个标题,肯定会吸引有房者关注。另外,不少无房者未来也会买房,成为有房者,因此,暂时没有买房的人群也会忍不住去读该文。

三、满足读者好奇心

好奇心指对自己不了解的事物觉得新奇有趣,充满新鲜感且迫切希望去了解的心理。虽然世界上每天都有新事物发生,但真正让读者觉得新奇的事物并不多。因此,新媒体写作者在制作标题时为了吸引读者眼球,经常会把一些寻常的事物通过语言、语气的设计变成悬念;或者营造夸张的神秘气氛,让读者产生疑问,迫不及待地去阅读全文并从中找到答案。

当然,传统写作在制作标题时也会用悬念,但与新媒体写作相比较,差别还是很大。《星期日夫妻》和《古墓新尸》分别是2013年3月21日《人民日报》和2012年2月4日《中国青年报》的两篇新闻标题。前者说的是因忙于工作星期日才能聚在一起的夫妻,后者报道的是盗墓者最后葬身古墓中的新闻。这两个标题虽然各有悬念,但采用的手法比较含蓄,并不能强烈唤起读者好奇心。换了新媒体作者,很可能就变成"星期日夫妻到底是怎么回事"和"奇:古墓里躺着一具新尸体"这样的标题了。

还有一些在传统媒体时代被认为具有悬念的标题,在新媒体语境下,已经基本失去悬念。《宜丰县"住口"见成效》《干部要"五官端正"》《"南京路"北上哈尔滨,"淮海路"南下合肥城》《"小朋友"今年六十岁》《"好心人"被捉》《社会主义"守财奴"》以及《着了魔的教授》等标题都是《人民日报》《江西日报》《新民晚报》等传统纸媒上的文章标题,在《新闻标题制作中设置悬念的艺术》[①]一文中均是作者所举的悬念标题例子。这些标题如果放到微信公号里,肯定没有多少阅读量。

如今,制造悬念已成为新媒体写作做标题的惯用伎俩。通过下面这些例子可窥端倪。

例24:中国最不能惹的三个女人——
简析:这是《互联网周刊》微信公众号的文章,悬念:哪三个女人?为什么不能惹?

例25:劲爆:一线大牌0元起,这个地方将被南京人挤爆
简析:这是微信公众号"南京楼市"的文章标题。悬念:这个地方是哪里?

例26:这群人一季度融资40亿……
简析:这是微信公号"i黑马"的文章。悬念:这群人是谁?一个季度怎么融了那么多钱?

例27:蝉联3年冠军!2000选择的经典路线今年又加猛料!你还不来?!
简析:选自"稻草人旅行"微信公号。悬念:经典路线是哪条?加了什么猛料?

例28:豆瓣排名第一的国产电影,只能是它!
简析:选自"乌鸦电影"公众号。悬念:《豆瓣》网站排名第一的国产电影到底是哪部?

---

① 赵刚健.新闻标题制作中设置悬念的艺术[J].新闻写作(高级版),2014,(6):19-21.

最后,我们来看一下《人民日报》《现代快报》这些正规新闻媒体,在新媒体平台是如何一改以往风格,顺应新媒体写作潮流的。

例 29:习近平今天的这十句话,直抵人心!
例 30:原来微信还能这么玩,很多人不知道!
例 31:快来管管!这家学校的风也学会撩人了……
例 32:儿子走失后女子淡定报警,真相让人不寒而栗!
例 33:信息量很大,喜欢坐京沪高铁出去玩的,赶紧看!
例 34:一天 8 次母乳,宝宝竟饿到营养不良!全因妈妈忽略一件事……
例 35:17 岁少女半夜总听到异响,旁人却听不到……原因毛骨悚然!
例 36:恶心!你喜欢吃的鸡爪竟用这些工业原料制成,看完还敢吃吗?

四、给读者利益承诺或帮助

给读者利益承诺或帮助也是制作标题的一个常见方法,可以抓住读者趋利避害的心理,经常被使用在营销文章标题制作中。具体做这类标题时,需要考虑以下几个方面:

(一)你的承诺真的是读者需要的吗?如果读者不是真的需要,他们不会点击阅读。

(二)你的帮助对读者有用吗?如果读者觉得没用,他们也不会去点击阅读。

(三)你的承诺和帮助是实实在在的"干货"吗?如果你的承诺或帮助比较虚,读者不能轻易兑现或轻松实现,便会产生厌恶感,甚至取消对微信公号的关注。

下面是各类微信公号中经常转发的文章,每一篇文章标题都有对读者的帮助,但哪些是读者真正有用的信息,只能因人而异了。

例 37:43 页精华 PPT!从零开始把内容运营讲透了
例 38:一位 PPT 发烧友,分享一系列相见恨晚的 PPT 知识
例 39:女人会穿最重要,跟她们学搭配,比其他女孩子都漂亮
例 40:教你穿高跟鞋不痛的小窍门,每个女孩都应该知道
例 41:免费送,1 000 张欢乐谷门票免费送,快来领取!
例 42:30 天教你学会 PS,想试试吗
例 43:如何选拔合适的人才?这里有 4 个锦囊
例 44:简单四步,PPT 制作逼真印章效果!
例 45:Excel 要一个个填?3 步搞定批量填充!
例 46:最新瑜伽视频,教你如何塑造完美身材
例 47:妈妈们必看,如何帮助孩子击败蛀牙

五、给读者提建议

给读者提建议其实也是对读者间接的帮助,他们也会有兴趣。这种标题的关键还

是要看所提建议是否对他们有用。如果仅仅是泛泛的建议，或者说你的建议他们已经知道，效果也会打折扣。

例如，《女人年轻的时候首先该干嘛？先挣钱》，全文如下：

樱桃来我们单位实习的时候，读大四，勤劳勇敢，任劳任怨，同事盛赞她：你简直优秀得不像90后。

这夸奖，搞得樱桃都不好意思为此高兴。就像你夸一个河南人，说他美好得不像河南人，人家能兴高采烈地接受吗？

布置给樱桃的任务，她永远能做得又快又好。这么好的资质，还这么努力，当时刚好我们部门在招人，我跟樱桃说，我们考虑留下你，你好好准备简历，只要人力资源部通过了，你毕业后就是我们的同事了哦。

我所在的单位，是全国一流的报社，夸张点说，是全国新闻系、传播系的学生做梦都想来的地方。那一年就业形势还超级惨淡，按照常理，听到这样的消息，幸福到晕厥，或者原地旋转三圈，都算是克制的了。

樱桃拒绝了。

她说，她从小到大的梦想就是当好一个贤妻良母。当记者的话，工作时间太不稳定了，虽然不用打卡上班，同时也意味着不能准点下班。她想找个朝九晚五的工作，比如当个老师，进个国企，安安稳稳，因为男友搞IT的，工作忙，她希望每天他回家的时候，能吃到她做好的饭。

贤良淑德，多么稀缺的品质。

我本来该给她点赞的。

但是我真当她是妹妹，于是我跟她说，最重要的不是先让男人吃上饭，而是让你自己吃好饭。

她说，对，所以我想找个铁饭碗。不想冒什么风险，找什么需要加班加点打拼的工作。

我说：什么叫铁饭碗？不是你在一家单位有饭吃，而是你去任何地方，都有饭吃。你才23岁，就想图稳定了？稳定是需要资本的。当你年轻的时候努力上进，熬过最开始那几年，到了30岁，积累了足够的能力和经验，你才有资格谈稳定。就像我当初在报社实习，为了暗访收容所差点被打，为了采访打工子弟学校差点招惹黑社会，为了负面报道被一个大学校长指着鼻子威胁，让我出门小心点，后来正式当了记者，为了一篇稿子没写好而哭，为了一个标题没取好而哭……只有经过这些，我才勉强有了安全感。

然后，我语重心长地劝她：妹子，与其把青春、把人生维系在男人身上，还不如先挣点钱。以你的勤奋度，在我们这儿，一个月拿一万块的稿费都不算难，还能积累人脉，以后想转型，都有很多可能性……

我掏心掏肺，口水都说干了，樱桃听得特专心，特认真，然后说：我知道你说的都很有道理，但我还是认为婚姻和家庭，比事业重要多了。

于是樱桃就帅气地追寻她的男友和她的铁饭碗去了。

这个故事成了我自作多情、好为人师的证据之一,一直被朋友调侃。

前段时间,樱桃给我发短信,姐,我能来看你吗。

我说好。你想吃什么,我请你。

于是我们吃着火锅,聊着她的近况。本来那家火锅味道真的超赞,鸭血和豆腐超好吃,结果席间她哭了几次,害得我不能欢快地吃下去了。

樱桃大学毕业,去了一家传说中很稳定的企业,确实是朝九晚五,确实让男友吃上了温暖的饭。

没多久,樱桃的部门领导在职场宫斗中失利,导致他们的部门被裁掉了,于是樱桃被分配到一个更闲散的部门。这里另外两个人都是挂的闲职,常年不上班,樱桃每天自己跟自己玩,上班的内容就是闲着发呆以及偶尔整理一下文件。

突破樱桃底线的,是换了工种之后,她的月薪从 5 500 降到 2 500,樱桃连农民房都租不起了。樱桃辞了职,开始另找工作,她发现,自己可以选的已经不多了。一方面,工作这两年,她什么都没学到,基本上人生处于停摆,面试中对方问她什么专业问题,她都答不上来。另一方面,这一年的就业形势更严峻了……

好死不死,这段时间,也是樱桃和男友感情岌岌可危的时段,最大分歧在于花钱。男友是典型的凤凰男,最讨厌女人乱花钱。樱桃因为找工作,头发都急白了,去淘宝买了假的欧莱雅染发剂,25 块,男友说他败家。

如果樱桃花的是自己的钱,她可以叫男友闭嘴,可是她当时失业,只能忍了。没有工作,压力实在太大了,她去了一家网站,月入 4 000,一周工作六天,每天加班到 10 点,还成天被变态领导骂。

现在她想通了,挣钱比男人重要,她想选择一份高薪的工作,可惜已经没有机会了。

其实吧,每次我看到年轻姑娘们,把大把时间和精力花在研究如何钓一个金龟婿,如何让男友不变心,如何查岗,如何斗小三,我就很想说,不如放下这些,先去挣点钱?把跟男人死磕的精神,花一半在工作上,你们的格局,都会大得多啊。

挣钱能得到什么?只要你做的不是邪门歪道,在你获得钱的同时,你还能获得成就感和价值感,你能获得职场技能的提升,你能获得进步和成长。

当你有了钱,生活层次提高了,见的世面多了,你就有了更多的可能性,你可以找男人,可以不找,你还可以遇到更高层次的男人。

在职场,所谓的安全感,就是单位任何时候倒闭,你都可以找到同等收入的工作。在婚姻中,所谓的安全感,就是任何时候离婚,都独自养得起孩子,并且不会降低生活质量。

相信我,钱比男人,更能带给你安全感。

文章通过樱桃的故事告诉读者,一个女人首先是经济独立,然后才有人格独立。立意很好,文笔也非常好,标题也紧扣主题。

给读者建议的标题,通常有以下两种情况:

(一)建议应该做什么

例 48:性情柔弱的姑娘,你应该嫁给这样的男人

例49:给那些还在用2G以下内存手机的同学的忠告

例50:明明那么努力为什么还是不会怀孕?你该做做这些检查了!

例51:吃减肥餐,医生:没有标准化食谱注意以下三点

分析上面4个标题,基本逻辑是先找到你的弱点,然后给你建议,具体建议你做什么,却不直接说明。

(二)建议读者不要干什么或不能干什么

例52:千万不要为了当老板而去创业

例53:这9类食物,饿肚子时千万别吃!第一个你就中招

例54:千万不能给孩子吃这些东西,后悔之后就晚了!

例55:泉州海洋与渔业局紧急发声,这种海鲜千万别吃,可能致命!

比较上面4个标题,每个都用了"千万别",但例52仅仅用了"千万不要",尚显平淡;53、54、55在"千万别"基础上,分别加了"第一个你就中招"、"后悔之后就晚了"、"可能致命"的恐吓,强化了"千万别";例55中的"千万别"由泉州海洋与渔业局发声,具有了权威性,显然,这个效果最好。

六、给读者新知识、新观点

标题中如有一些新知识、新观点,可以满足人们通过阅读不断学习的愿望。

(一)新知识

新知识包罗万象,可以是科技、金融方面的,也可以是历史、地理类。日常生活类常常有更多的读者。如何选取,主要看新媒体平台的读者群。所谓"新"不是绝对的,只是相对读者的知识面而言。因此,在做这类标题时,要掌握读者对知识的了解程度。下面按不同类别各举几例。

1. 科技类

例56:瑞波币创始人:区块链可用于物联网,加密货币只是很小的领域

例57:能演唱会写诗,机器人文青"小冰"在博鳌大显身手

2. 金融类

例58:你知道"比特币"这个名字是谁取的吗?

例59:余额宝限购瘦身,我们该如何理财?

3. 艺术类

例60:中国电影终于也有牛逼的反派了

例61:天啊,原来这就是蒙太奇!

4. 文史类

例62：五万首唐诗，最美的植物不过这四种

例63：细说古代"高考"的那些成语典故

5. 生活类

例64：原来这才是正确刷牙的姿势

例65：蒙太奇硅藻浴室垫吸水防滑更有范儿

（二）新观点

有观点有态度的文章都会受到读者的青睐。正因为如此，网易旗帜鲜明地声称自己只做"有态度"的新闻。很多新媒体写作人做标题时，也常常在前面加上"观点"两个字。如："观点｜银行业发展面临挑战，金融科技带来新机遇"。

但有观点的写作并非易事，新观点代表作者的洞察能力、立说能力，有时是先知先觉的真知灼见，有时是新视角的独特发现。对于新观点，无需躲躲闪闪，可以直接写进标题。这样能够吸引读者眼球，带来出奇制胜的效果。

不过，做此类标题时也需要注意，切忌将噱头当做新观点。如果没有实质性的内容支持，不会得到读者点赞。看下面几个例子：

例66：港囧：斗小三的正确方式是，你要有很多很多的钱

电影《港囧》上映后，当时一般的公众号都是围绕《港囧》好不好笑，电影里的粤语老歌，蔡拉拉的角色定位等来写作；但有一个作者从蔡菠这个角色出发，根据故事分析，做了这样一个标题的文章，讲了令人唏嘘的现实。该文的阅读量很快就冲到了100万+。

例67："财富标准"框定不住"成功"

2018年4月10日《人民日报》19版刊发了冯慧文的署名文章《"财富标准"框定不住"成功"》。这样观点鲜明的文章很快被新浪、网易以及《人民日报》新媒体"人民网"等新媒体改了标题转载。各家对新媒体做标题的原则都掌握得很好，但仔细比较，还是网易技高一筹。

新浪：30岁年薪20万算不算失败？央媒：成功定义是多元的

网易："30岁年薪20万算不算很失败？"党报这样回答

人民网：人民日报答"30岁年薪20万算不算很失败？"

一个本来观点明确的文章变成了有玄机的讨论标题。网易新闻手机客户端转载该文后6小时，跟帖数量就达到了六万七千多。

例68：周末楼市翻天覆地，任大炮新观点戳穿房地产，房价下跌势不可挡！

华远集团董事长任志强多年来一直预测房价会涨，他的预测也一直被楼市验证。他突然放出房价下跌的反常言论，写作者直接将其观点写进标题，引起读者强烈反响。

七、嵌入关键词，便于搜索

一篇文章在新媒体发表后，除了发表之初吸引读者之外，还需考虑阅读高峰期过去之后，被其他读者通过"百度"或别的搜索引擎找到，从而实现长期传播的目的。当然，一篇文章能否被百度抓取，首先看文章所发媒体是否是百度的新闻源。在百度新闻源的媒体上发表，一定要想办法将关键词嵌入标题。

那么，什么是文章的关键词呢？一般没有统一的标准，主要看文章准备推广的主要信息，如文章的核心词语、企业的品牌、产品名称、新的观念、科技新词等。具体怎么取舍，如何组合嵌入标题，有很多技巧。尤其是企业或品牌的公关类文章，更是需要仔细分析。

例69：大学生创新创业暨三主粮产业互联网平台启动

文章写道，"三主粮集团公司是一家集莜麦种源繁育、推广种植、生产加工、销售服务、精深研发、教育培训、观光旅游于一体的产业化龙头企业。该平台启动后将本着'新零售、金融融合、互联网＋、共享经济、产业协同'理念，以大健康为核心，实现从农田、牧场到消费者的农业全产业链互联网化。"2017年，互联网业界普遍认为"消费互联网"已触天花板，"产业互联网"刚刚开始。三主粮集团抓住机会发展农业互联网，标题将企业名"三主粮"和热词"产业互联网"嵌入其中，可以让希望了解"三主粮"和"产业互联网"的读者都能找到这篇文章。

第三节 标题制作常用技巧

上一节介绍了新媒体写作做标题的主要方法，本节将重点讲解新媒体写作标题制作的常用技巧，包括语言技巧和其他技法。

一、巧用修辞格

修辞格即各种修辞的方式，即为了使说话增强表达效果而运用的一些修饰描摹的特殊方法，又称辞格、辞式。著名语言学家、修辞学家陈望道编著的《修辞学发凡》列举了38种。

下面结合具体例子，介绍几种常用修辞格在新媒体写作标题中的应用。

（一）比喻与夸张

例1：像绅士一样玩，像狗一样学

简析：这是哈佛大学挂在墙上的标语，被新媒体人直接拿来做了文章标题。了解狗的人都知道狗的学习能力，像狗一样学，比喻新奇。

例2：盘点NBA史上五大猪一样的队友

简析："猪一样的队友"最初是晋江文学城一篇网络小说的标题，作者为暮卷西山。这个比喻渐渐流行起来，经常被新媒体作者写入标题，比喻团队里的伙伴不够优秀。

例3：刚刚，核武器重启，股市颤抖

简析：所谓核武器重启，指中金所关于下调股指期货交易手续费、降低保证金比例、放宽持仓数的公告。这些举措会带来股票市场的波动，核武器重启是一种夸张的说法。

例4：任正非的"十宗罪"

任正非是华为的董事长，是公认的优秀企业家，他的某些缺点被说成是"十宗罪"，显然是夸张。

（二）排比与对偶

例5：做人有胆有识，做事有声有色，做官有模有样——中组部才子徐文秀教你这么做！

简析：2016年3月29日，福建南安官桥镇官方微信号根据中组部研究室（政策法规局）副主任（副局长）徐文秀分别在《秘书工作》2015年第6期、第12期发表的《做人做事做官"十忌"》《做人做事做官"又十忌"》的文章做了这篇推文，用三个排比句，为共产党干部画了一个标准像。

例6：雷军的道，张小龙的路

简析：2018年4月4日，微信号"华商社"推出一篇关于小米创始人雷军和腾讯公司高级副总裁张小龙的文章，文章比较了两人的行事风格和创业道路，采用这样的对偶句式做标题，虽然只有几个字，但简约而不简单。

（三）双关与拟人

例7：彭蕾辞任董事长：蚂蚁已长成，阿里需要新的增量

简析：2018年4月9日，阿里巴巴旗下的蚂蚁金服公司董事长彭蕾正式辞去担任了八年之久的董事长一职，著名财经类微信公众号"36氪"做了这篇深度报道。标题中"蚂蚁已长成"指近两年来，蚂蚁金服迅速成长，完成了B轮融资，对前沿技术的布局和储备大力投入，并且在2017年把净利润做到了131.9亿，"蚂蚁"也指蚂蚁金服公司。

例8：当当网卖身已定！75亿元由海航系天海投资接手

简析：当当网创立于1999年11月，早期只是在网上销售图书，后来拓展到网上卖各品类百货，是国内著名的购物网站。当当于美国时间2010年12月8日在纽约证券交易所正式挂牌上市，成为中国第一家完全基于线上业务、在美国上市的B2C网上商城。2016年9月12日，当当网从纽交所退市，变成一家私人控股企业。2018年4月11日晚，天海投资发布公告称，以75亿元全资收购当当网。微信公众号"36氪"当天晚间做了这个报道。标题中的"卖身"二字，写尽了当当网近几年凄惨经营之状。

（四）设问与复迭

例9：有钱不如有权？权力回归本位才能破除"官本位"

简析：这是2012年10月29日人民网发表的一篇评论文章。文章写道："近期，在'国考热'一再升温，逼近'万里挑一'的'最热职位'横空出世的时候，一份数据也引起了人们注意。据人民论坛问卷调查中心的调查，65.8%的受调查者认为当前'官本位'现象严重，68.5%的受调查者择业时优先选择'党政机关公务员'，而认同'有钱的'不如'有权的'占72.3%。"文中的"国考"指国家公务员考试。针对这一社会反常现象，文章标题用一个设问句，发出了让"权力回归本位"的呼吁。

例10：看好孩子！看好孩子！看好孩子！

简析：2018年11月9日11时7分，张某驾驶粤B3L02V号轻型厢式货车在深圳宝安区福海街道塘尾社区接福路由西往东行驶至喜颐健养生馆路段时，其车子的右侧车轮碾压在了由南往北行走至该路段突然倒地的小学生身上，致使该学生不幸死亡。深圳交警官方微信平台在11月11日推出文章，标题连用三个"看好孩子！"，强烈呼吁家长看好自己的孩子。

（五）示现

例11：人体能源能烧水　人体能源能发电

示现是通过自己的想象，故意把事实上未闻未见的事物描绘得历历在目的一种修辞方式，这种超客观情况、超时空的修辞，有时也能赋予标题以悬念。此例的引题即是运用了示现修辞格来设置悬念：作者把国外科学家正在研究和预言中的人体能源（人体散发的能量）的利用，通过自己的想象进行示现，给读者带来悬念。

二、妙用语气

（一）陈述语气

例12：万达进军游戏业，领衔的居然不是王思聪

简析：王思聪是万达集团董事长王健林的儿子，掌管着万达集团娱乐产业。2017年4月6日，万达院线游戏发布2017年战略，除了与完美世界联合发行《射雕英雄传手

游》之外,该公司还发布了《河神》《秦时明月》《莽荒纪》等十几款作品,其中5款改编自影视IP。在此之前,说起万达与游戏,人们首先想起的是王思聪,因为他成立熊猫TV、投资电竞战队、组建香蕉计划。而万达院线游戏的前身是互爱互动,成立于2011年,是一家游戏研发、运营和发行公司,作品有《胡莱三国》《斩仙》《新神曲》等。"36氪"搜狐账号为此做了这样一篇报道,标题虽然采用了陈述语气,但由于事实出乎意料之外,自带悬念,简单而又沉着的陈述干净利落。

(二) 祈使语气

例13:厉害了!证监会现实版捉"妖"记,快来围观吧!

简析:有部电影叫《捉妖记》,里面的"妖"或呆萌,或凶恶。股市里,也有一群"妖",他们或是违法违规的"野蛮人";或是贩卖内幕信息坑害投资者的"害人精";又或是藐视法律的"资本大鳄"。广大股民对此深恶痛绝。中国证监会为保护股民利益,对此采取措施,深得股民欢迎。因此,2018年4月14日,新华社旗下《中国财富网》公众号"中国财富帮"做了一个有趣的视频,请广大股民来围观。祈使语气,让读者立即观看。

(三) 感叹语气

例14:千亿入局高科技,许家印又抢跑了!

简析:许家印是恒大集团的董事长,恒大是一家著名的地产公司。然而,这样一家地产公司却频频在高科技领域发力。2018年4月9日,恒大在北京与中国科学院签署全面合作协议,宣布在未来10年内投入1 000亿元打造三大科研基地,全面进军科技产业。微信公众号"华商韬略"当天对此进行报道,"许家印又抢跑了!"感叹语气的标题表达了对许家印战略眼光的充分褒奖。

(四) 疑问语气

例15:毕业20年,人和人的差距是如何拉开的?

简析:这是2018年4月间被许多微信公众号转发的文章,通过两个毕业了20年的同学的人生比较,得出人生需要不断学习,挑战自我的结论。本来寻常的故事,以一个平淡无奇的疑问语气制作标题,却被大家转来转去,发人深思。

三、会用人称

(一) 第一人称

例16:我在这个城市找到了真爱
例17:我为什么要买SUV?

简析:第一人称让人相信是作者的亲身经历,如果是名人,第一人称更能吸引眼球。

情感类故事和商品推介类文章经常会用第一人称制作标题。

（二）第二人称

例18：你总害怕失去，所以你会一直失去

例19：恭喜你！在30岁之前看到了这篇最最靠谱的脱单秘籍！

简析：使用第二人称制作标题，可以直接与读者对话，让读者有面对面的感觉，产生这篇文章与自己相关的心理暗示。

（三）第三人称

例20：他把一家小店开到7万家，利润比肩阿里，告诉你：实体经济不老，也从未凋零！

例21：她是世界最高龄超模，90岁依然优雅健康，美煞万千少女。

简析：他到底是谁，她又是谁？出乎意外的事件用第三人称做标题，有很好的悬念效果。

四、善用故事和场景

例22：他做了25年配音，跑了7年龙套，首演男主便称雄影帝，登顶华语乐坛

例23：他16岁入浙大，28岁当厂长，如今全球手机5强占2强，超越小米华为和联想

例24：异地恋22年，情书1000多封，96岁的他成为了全上海滩最专一的老头

例25：细思极恐！凌晨3点，应该"远在广州"的男友拿刀从床底爬了出来

例26：逃犯饭店里吹牛，不料身边坐着11名便衣，确认过眼神后…结局太精彩

简析：人生来就喜欢听故事，故事的核心是曲折的情节。用标题概括故事，会引发读者对主人公的好奇。"主人公到底是谁？故事怎么那么曲折。"从而引导读者点击标题去阅读。前三例标题里都有很好的故事，具体的场景常常会让人身临其境，一探究竟。后两例以细节交代场景，充满悬念，类似侦探小说情节，让人想深入了解。

五、借力与借势

（一）借专家名人之力

用专家和名人来代言，会让读者觉得有权威性。

例27：王石，有多少责任，就有多少委屈

例28：董明珠说，销售没有任何诀窍，只有这两个字！

简析:王石和董明珠都是受人尊敬且知名度较高的企业家,他们对很多读者有影响力。

(二)借热词之势

互联网时代,每年都会有不少"热词"、"流行语"产生,标题里合理使用,会让读者感觉贴近时代。

例29:如果我要为哪个中国品牌打call,一定是它……

例30:有惊无险!四天内两次立功为生命防护工程打call

简析:打call,原意指看演唱会的观众跟随节奏拿起荧光棒的应援动作,2017年成为网络流行语,表示对各种事物的支持态度。两个例题中使用了"打call"使标题一下子具有了当下时代气息。

六、用好数字和数据

在标题中加入数字或具体数据,可以给读者更细微的阅读感受,对提高文章的权威性、可信度,也有帮助。

例31:女排夺冠的借势文案,这个号写了8个字就10万+

例32:一个90后CEO,花了2年多就把用户做到9 000万,是怎么做到的?

例33:这里有133页重磅PPT,15个压箱底的文案技巧等你领取

例34:50句经典广告文案,第一眼就觉得惊艳

七、为特定读者制作标题

采用这种方法制作标题,可以直接与特定的人群建立关联度,让他们第一眼就能辨识到文章是写给"我"的,是与"我"相关的。每个人都会有自己的标签,体现在职业、地域、性别、星座、长相等方面。

例35:新媒体编辑,你应该知道的7种标题公式

例36:倾听95后,大学苦不苦其实无所谓

例37:摩羯座,9月该怎么找寻属于你的爱情

例38:创业者如何规避法律纠纷

八、其他技法

新媒体写作标题制作的技巧还有很多,再介绍几种。

(一)反差

事物本身具有强烈的戏剧性,形成反差,提炼出来做标题,可以产生悬念。常见的

反差如学历与职业形成反差、年龄反差、境遇反差、某类效果反差等。

例39：北大高才生卖猪肉，月收入过5万

例40：84岁老翁自创美妆品牌

例41：从北漂住地下室到成功创业获千万融资

简析：例39是学历（北大高才生）与职业（卖猪肉）反差；例40是年龄反差，美妆是年轻人的事，却由84岁老翁创立品牌；例41是境遇反差，从住地下室到创业成功。

（二）对比

对比是把具有明显差异、矛盾和对立的双方安排在一起，进行对照比较的表现手法。用对比做标题，有利于充分显示事物的矛盾，突出被表现事物的本质特征。

例42：为什么方便面有大品牌，而挂面却没有？

例43：为什么别人的文章天天10万+？你的软文没人看？

例44：二十三个将军看望一个兵

例45：腰缠万贯的穷支书

简析：例42通过对比和设问，引出文中所要介绍的挂面的品牌。例43通过对比和设问，引出文中所要介绍的写作技巧。例44用二十三个"将军"与"一个兵"进行对比，介绍了解放军某团养猪场饲养员在平凡的岗位建奇功，引来多名将军考察学习的事迹。例45用"腰缠万贯"与"穷"对比，讲述一个村办企业固定资产数千万元的行政村党支部书记勤俭节约的故事。

（三）加入即时性词语

在标题中加入2018年、新年、这个冬天、本周六等词语可以增加文章的阅读量，因为人们总是关注最新发生的事情。

例46：民政局最新研究：2017年全国离婚率高达42%！

例47：这个冬天，你想好去哪了吗？

例48：房价还要再涨？刚刚，央行行长浇了一盆冷水！

例49：紧急通知！外地大学生来南京找工作可以"免费住"……

（四）长标题

长标题已经成为新媒体写作的一个趋势。微信允许的标题字数为64个，百家号40个，网易号27个，头条号30个，大鱼平台允许的标题字数也达到了50个。

标题越写越长，是一种"信息前置"现象，主要因为信息爆炸导致注意力资源愈发稀缺。对于内容发布者来说，标题是一篇内容最重要的"流量入口"，因此，与其把信息都折叠进内文被动地等待读者点击，不如直接把信息展示在入口，让人一看便知。

根据统计,微信公众号推送的文章一般也只有10%左右的点击率。假如你有1 000个粉丝,其中只有100个既消费了标题也消费了文章内容。因此,把内容浓缩到标题里不失为良策。下面是2017年1月"金字节科技报道奖"获奖作品中的两篇新闻标题,加上标点一个是33字,一个23字。

例50:乐视"超级汽车"法拉第工厂停工始末:幻象、泡沫、骗局和背后的推手
例51:乐视裁员风暴中的年轻人:窒息的梦想,掏空的热情

最后,我们来比较一下著名物理学家霍金逝世后相关媒体做所的标题。2018年3月14日,霍金逝世,悼念他的文章在网络上刷屏。在众多的标题中,你会选择哪些去阅读?不同性质的媒体,做标题时又有哪些不同?

例52:方寸轮椅,无垠宇宙
例53:霍金告别地球,时间永留青史

简析:这两个是新华社做的回目式标题,大气工整,概括内容,形式美观,音韵和谐。

例54:霍金为什么没有获得诺贝尔奖?
例55:被"神化"的霍金?

简析:两个标题分别来自《果壳网》和《财经》杂志公众号,从小处切入,采用设问,吸引读者阅读思考,也有较好效果。

例56:解释时间的人被时间带走了
例57:霍金走了,"渐冻人"研究探索不会"渐冻"
例58:霍金的"时间简史"拉上帷幕

简析:三个标题分别是《央视新闻网》《中青在线》《中新网》的标题,巧妙利用与霍金有关的关键词,耐人寻味,发人深思。

例59:霍金去了,黑洞都束缚不了他智慧的光芒
例60:霍金:我的残疾人生,没有你想象的那么不幸

简析:两个标题分别由《凤凰网》《中学生读写》制作,属于励志类文章。

第四节 新媒体"八股"标题批判

我们知道,网站浏览的次数越多以及文章点击的数量越多,媒体广告收入就可能更多。因此,新媒体写作有一定的功利性。一些新媒体写作者想方设法取悦读者,在标题制作时故弄玄虚,夸大其词,与内容不符,甚至哗众取宠,迎合低级趣味。以这种态度制作标题的人常常被称为"标题党"。

"标题党"可以把《卖火柴的小女孩》改成《残忍啊,美丽姑娘竟然被火柴烧死的惊天血案》,也可以把《水浒传》篡改为《3个女人和105个男人的故事》,与多年前的地摊小报毫无二样。2016年4月21日,网易财经发表了题为《上海冠生园董事长被猴子弄死》的自行采编报道,以调侃甚至戏谑的口吻来消费因意外事故而遇难的上海冠生园董事长,引起了网民的极大反感①。

"标题党"现象不仅中国有,国外也很普遍。在美国,"标题党"被归类为 click bait(点击引诱)或 clickbait news(点击引诱新闻)。美国传媒研究机构 Poynter 在2017年2月发表了一篇文章,总结了"点击引诱"行为。

首先是"迷惑型"。例如在《华盛顿邮报》网站文章底部,你很有可能看到这样的图片:

很多人会以为这是《华盛顿邮报》推荐的文章并点击进去,但事实上,仔细看就能发现,这些都是一个叫做 Outbrain 的平台推荐的文章。

这种手段也常见于各种"标题党"。"为什么非洲的财富没有使非洲人变得更健康?"、"为什么医疗保健公司和医生没能阻止肥胖症的流行?"标题如此悬疑,读完后答案却很简单,非洲的财富流入了欧美和肥胖症难以阻止。CNN也曾发布过标题为《警察因为进行这样的殴打被指控》的视频,点击观看不过是警察用枪指着一个男人的头并威胁他。

还有一种"分享诱导型"标题。此种标题的典型代表为《精英日报》新闻网的一篇文

---

① 亿智蘑菇. 网易"冠生园董事长被猴子弄死"标题遭网友唾弃[EB/OL]. http://www.sohu.com/a/70918574_243624,2016-04-22/2018-06-12.

章《70个只有你妹妹才会知道的秘密》。该文章列出了70条标准来衡量你的"妹妹",诸如有多少件衣服,在哪里藏日记,高中时晚上真正回家的时间,父母不在家时开过几次 party……这样的文章没有任何实质内容,却往往引起社交网络大量转载。

2017年,中国青年报编委曹林在自己的公众号里推了一篇文章,和网友讨论了他们最反感的新媒体标题,包括震惊体、刚刚体、定了体、看哭体、心动脸红体、毒舌体、鸡汤体、鸡血体、性奋体。由此可见,新媒体写作标题的八股倾向已经非常严重。

当下流行的八股标题有以下几种:

一、半个省略号型

例1:女儿月薪过万却啃老,父母15万"买断"亲情!对儿子,他们却……

例2:马云无人超市被"蹭凉大妈"占领?各地狂热游客拖着行李前去体验,令人哭笑不得……

例3:大写的尴尬!小伙结婚请全部门,6名同事共包了500元没来,更让他烦心的在后面……

二、震惊、惊呆型

例4:震惊!主人居然用牙刷对家猫做这种事
例5:惊呆了!今天河西一套二手房总价降了27万,竟没人要!

三、"刚刚"型

例6:刚刚!又是9家IPO批文!
例7:刚刚!2018河西最新学区划分!这些名校学区房还在涨!

四、"定了"型

例8:定了!白银连环杀人案30日宣判!
例9:定了!国家电网公司党建和干部工作这么干!

五、删前速看型

例10:崔永元这些话,绝!太绝了!删前速看!
例11:疑似高考题泄漏,删前速看!!

六、教你几招型

例12:教你几招,家里Wi-Fi速度立马快N倍?!
例13:教你几招,蚊子一个夏天都不敢进你房间!赶紧收藏

七、唯恐天下不乱型

例 14：出事了！响水一夜多起酒驾事故，损失惨重……

例 15：出事了！桂林妙龄少女 5 次整容，结果在手术台上……

八、一定要看型

例 16：一定要看！99％的车祸都是因为这些动作！

例 17：晚上这个点睡，孩子才会更聪明！妈妈一定要看

新媒体八股标题远不止这几种。紧急通知、速速扩散、你知道吗、深度好文、看后秒懂、轰动全国、据说很灵、抓紧收藏、这都敢说、笑死我了、公园里刚刚发生的一幕、就是这个人渣、亿万人潸然泪下、不转不是中国人等，滥用悬念、滥用联想、滥用抒情到了无以复加的地步。

"对于标题，我是这样认为的，只谈标题而不谈内容，就是耍流氓，没有独立于好内容的好标题——标题不能脱离内容，有好内容，再有好标题，才是真的好。[①]"著名时政评论家、中国青年报编委曹林的观点道破了标题与内容的关系。他认为很多时候不是标题不行，而是内容太烂。被标题折磨的人，没意识到缺乏内容自信。有好的内容，标题怎么任性，别人都不会反感；内容空洞，标题越搔首弄姿，越让人排斥。

说到底，内容决定了一篇文章的质量，写作者一旦失去内容生产力和创新力而陷入标题套路，新媒体写作就失去了意义。如果内容空洞，指望用标题空手套白狼，任何绞尽脑汁的投机取巧都是枉费心机。新媒体写作者须切记，传播决不能凌驾于内容之上，空有急功近利的 10 万＋欲望，没有内容生产的能力是不行的。

---

① 曹林.远离脸上写满 10 万＋欲望的嗜血者[EB/OL]. http://www.sohu.com/a/161505228_570250，2017－08－01/2018－06－12.

第四章 新媒体写作结构和文本

结构和文本是写作的主体。有了好的选题及拟定的文章标题等于明确了写作的基本方向,接下来要做的就是设计文章结构,进而开始文本写作。选题和标题是谋篇,设计结构是布局,文本写作就是具体的实施。

本章将结合具体案例,重点讨论新媒体写作的结构和文本特征。

第一节 结构与文本简述

结构是指文章材料的组织方式或文章思路的外在构造形式。不同的文体有不同的组织构造,同一种文体也有多种结构形式。写作时首先需要进行结构规划,不能打开电脑就写,写到哪里算哪里。结构主要有层次、段落、开头、结尾等内容。

一、结构的原则和要求

(一) 几点原则

1. 服从文章的主题需要

写作先有主题,后有结构。结构与主题是"纲"与"目"的关系。因此,必须服从主题的需要去组织材料、设计结构。这样,即使文章的主题比较复杂,也能"驱万涂于同归,贞百虑于一致,使众理虽繁,而无倒置之乖,群言虽多,而无棼丝之乱"[①]。反之,如果偏离主题,主次、详略就失去依据,结构就失去标准。与主题无关的内容要坚决砍掉,与主题相关的材料也要根据主次学会取舍,有详有略。

2. 适应不同体裁特点

每一种体裁都有自己的结构特点,即使是相同的主题,用不同的体裁写作时,结构也是不一样的。散文和诗歌不一样,报告文学和小说不一样。新闻一般有"导语"、"主体"、"结尾"的结构形态。写作时,当选择了一种体裁后,就要娴熟应用该体裁的结构方法,避免写出四不像的文章。新媒体写作,尽管出现了文体界限模糊的情况,但也不是

---

① 南朝(梁) 刘勰. 文心雕龙·附会(赵仲邑译注)[M]. 桂林:漓江出版社,1982:352.

随便拼凑,而是有机融合,自有规律。

3. 结构要富于变化

在适应文体的规范要求前提下,结构要有一定的变化。文章结构既要有法可循,同时也要灵活多变,切忌写成"八股文"。现代派小说在结构方面就有很多创新。新媒体写作,由于添加了更多的元素,结构更是灵活多变,呈现出非常丰富的肌理。

(二)结构的要求

1. 文理清晰,顺畅自然

结构文章时,首先要根据内容理清头绪,确定文章大体脉络。合理做好先后、分总的安排,顺理成章,步步落实;分合有道理,接转要自然。不要出现当先反后、跳跃不连、枝节横生的情况,不要给人别别扭扭、磕磕绊绊之感。

2. 周密严谨,疏密有致

周密严谨是要求文章精严细密,在表达主题、思考逻辑上没有自相矛盾、纰漏时出的现象。疏密有致指内容的详略取舍。内容一定要有详略之分,这样结构才会疏密有致,富于形式美感。"总之着神于虚,省力于实。所以虚实不测,灵怪百端。庸手反之,故详则失之繁,简则失之略。即无繁与略之病,而终不能有生气"①。这段话对于理解疏密有很好的启发。

3. 首尾一贯,完整统一

文章是一个整体,前后要有照应。犹如"常山之蛇",首尾一贯,匀称合宜。击头而尾应,击尾而头应;不能有支离破碎、格调不一、前言不搭后语的现象。

二、文本及其特征

"文本"一词来自英文 text,从词源上来说,表示编织的东西。这与汉字"文"颇有相似之处。"文"取象人形,指纹身、花纹。许慎在《说文解字叙》说:"仓颉初作书,盖依类象形,故曰文。""文者,物象之本。"物象均具纹路色彩,因以"文"来指称。《周易·系辞下》记伏羲氏"观鸟兽之文",鸟兽身上的花纹彩羽。该书又载"物相杂故曰文",物体的形状、线条色彩相互交错,这也是文。"观乎天文,以察时变,观乎人文,以化成天下。"

文本通常指文章的表现形式,具有完整、系统含义的一个句子或多个句子的组合。文本可以是一个句子、一个段落或者一个篇章。广义上讲,文本是"任何由书写所固定下来的任何话语"②。新媒体文本虽然增加了图片、音频、视频等别的要素,但由文字组成的句子依然是写作的重要文本。

任何文本都具有封闭性与开放性特征。意大利符号学家艾柯把文本分为开放性文本和封闭性文本。开放的文本蕴含多种含义,向丰富复杂的阅读开放。封闭的文本则相反,往往把焦点集聚在一个容易得到的意义上,文本意义指向比较明确。其实,文本都是封闭性与开放性并存,只是开放与封闭的程度不一样。不仅诗歌、散文等文学文本

---

① 胡榕树.大学写作[M].上海:复旦大学出版社,1985:91.
② [法]利科尔.解释学与人文科学.陶远华等译[M].石家庄:河北人民出版社,1987:148.

具有较高的开放性,即使是新闻文本也具有一定的开放性。"新闻文本内容表意简单明确,所反映社会内容却很复杂,导致新闻文本仍然存在一定开放性。事实上,受众在面对新闻文本时普遍存在开放性解读的思维习惯。①"

第二节　新媒体写作结构特征

新媒体技术带来了写作的一系列变化,其中写作结构的变化尤为明显。这是因为,新媒体写作的基本材料突破了文字的局限,图片、音频、视频都已成为新媒体写作的元素。此外,新媒体的交互性、无限延展性也给写作提供了更为广阔的空间。

一、超文本结构

超文本(Hyper Text,HT)是美国学者纳尔逊 1965 年自造的英语新词。纳尔逊对"超文本"的解释是非相续性著述(non—sequential writing),即分叉的、允许读者做出选择、最好在交互屏幕上阅读的文本。"大量的书写材料或图像材料,以复杂的方式相互联系,以至于不能方便地呈现在纸上。它可能包含其内容或相互关系的概要或地图,也可能包含审阅过它的学者所加的评注、补充或脚注。②"另据牛津英语词典 1993 年版对"超文本"的解释是:"一种并不形成单一系列、可按不同顺序来阅读的文本,特别是那些以让这些材料(显示在计算机终端)的读者可以在特定点中断对一个文件的阅读以便参考相关内容的方式相互连接的文本与图像。"

从以上的解释可以看出,超文本是计算机出现后的产物。它以计算机所储存的大量数据为基础,使得原先的线性文本变成可以通向四面八方的非线性文本,读者可以在任何一个关节点上停下来,进入另一重文本,然后再点击,进入又一重文本。理论上,这个过程是无穷无尽的。从而,原先的单一的文本变成了无限延伸、扩展的超级文本、立体文本。

(一)超文本结构意义

对文本结构意义的大规模反抗始自解构主义。解构主义的宗师德里达大肆宣扬文本意义的无限开放。他从结构主义的内部开始对语言解构。既然语言是靠内部系统的差别运作的,那么,这个差别到什么地方停止呢?他自创了一个新词:"延异",表明这个差异的无限延宕。文本并没有固定的意义,意义从一个能指飘浮到另一个能指,闪烁在能指无穷无尽的海洋中。德里达在他的著名论文《人文科学话语中的结构、符号与游戏》强调了用"游戏"来超越结构、终极、在场形而上学的阐释活动。福柯指出,为了防止文本意义的无限膨胀,"作者"常常是用来保障意义稳定的意识形态形象。

法国符号学大师、结构主义理论家罗兰·巴特曾经提出一个著名的口号:作者已死。他指出,作者只是其书籍作其谓语的一个主语,作者不是个人:"言语活动认识'主

---

① 胡建斌,李铁锤.论新闻文本的封闭性与开放性[J]江西社会科学.2008(6).
② 黄鸣奋.超文本诗学[M].厦门:厦门大学出版社,2002:258.

语',不认识'个人'",这个主语在确定它的陈述过程之外就是空的。事实上,一个文本是由多种写作构成的,它并不存在一个单一的起源,这样的写作来自多种文化的相互对话,相互结合,相互戏仿,相互争执:"没有一个是原始写作,文本是由多种引证组成的编织物,它们来自文化的成千上万个源点。①"

废除作者与文本之间的父子关系,巴特的目的是解放文本的意义,提倡一种解除权威控制的"写作性"文本:在复合写作中,一切都在于分清,没什么需要破译。在每个关节点,每个层面上,结构都能被跟踪,被编织(像丝袜线团一样),然而,其底部一无所有,写作的空间应被走遍而不可穿透;写作不停地固定意义以便又不停地使之蒸发消散,使之系统地排除意义。这样,一个统一的作者瓦解了,每个读者既是读者,又是作者。

"超文本"让读者摆脱了文本线性的控制,读者可以随意地在哪个地方停下来,进入另一个文本。读者成了真正的上帝,读者才是最后的文本意义的生产者。读者在阅读文本时,能按照自己的意愿和思路,实现内容的"跳转"及表达方式的转换。

可以说,超文本技术最大化地实现了解构主义的理想;解构主义的思想也让新媒体写作变得枝繁叶茂,生机勃勃。超文本结构大大增加了文章内容的综合性、信息量、可选择性和自主性。

(二)超文本链接

超文本链接的应用非常普遍,人们每天浏览网页或微信文章都可以见到。《人民网》2017年10月18日文章《关于十九大报告,你必须知道的"关键词"》,在其末尾有"十九大专题报道"的链接,点击进去,有多篇关于十九大的报道文章,可以任意选择阅读,这就是超文本链接。

再如新浪网2014年9月12日的新闻《我国公务员已连续7年未调薪工资不透明遭指责》,文本后面设置了相关新闻的延展式阅读《妻子嫌公务员丈夫工资太低与其离婚》《公务员工资改革目标:重点提高基层公务员待遇》《专家:公务员工资改革应提高基层公务员待遇》等。读者点开每个标题都是一条完整的新闻。这些相关新闻的设置,拓展了该文本的信息含量。用户可以通过延展阅读,加深对该条新闻的认识和理解。

超文本链接在微信上也可找到很多例子。人民网公众号2017年10月16日刊发了《在这里,看懂了十九大!》一文,文章末尾就做了3条链接。如图:

---

① 罗兰·巴特.罗兰·巴特随笔选(怀宇译)[M].天津:百花文艺出版社,2005(298).

二、互动式写作

所谓互动式写作，就是通过与读者的互动，让读者参与写作，共同完成问题探讨或事件描述。这样，既让读者有参与感，分享新媒体的写作乐趣，又让其分享到其他读者的观点，形成多点共振。互动式写作，改变了传统的作者与读者之间一对多关系，从而形成多对多的局面。

互动的方式很多，普遍采用的是让读者在文章的末尾跟帖留言。对于这个环节的设计有一定技巧，通常来说，要给读者一个比较小的入口，不要大而化之的问题。小的切口便于读者参与，千万别把每一个读者都想象是跟你一样的专业写手，他们更习惯从生活的小细节，日常行为尤其是亲身经历入手。

2018年4月19日，某微信公众号推出了《请查收：有2个男朋友等你来签收!》的文章。文章说一个叫小七的女同事，先后遇到两个男朋友，一个看起来完美，一个看起来有点糟，结果是跟那个有点糟的男友在一起了，有点糟其实才接近真的完美。文末写道：

遇到COS1°的男人后，我们才发现，完美先生不会让我们幸福。

最深刻的羁绊，一定是一个男人袒露槽点，又努力为你完美的时候。

你们身边有COS1°男吗，留言讲一讲吧——我为什么求虐？？？

最后一句话就是为读者互动而设置的入口，看似很随意，其实见功力。

首先，文中引入COS1°这样一个数学函数，增加了阅读点。"COS1°的男人"是什么男人，就是有点糟但接近完美的男人，这样一个新名词对于小清新的女性白领颇具话题兴趣。第二，一句"我为什么求虐？？？"突然来一个大转弯，让读者一下尖叫起来，COS1°男人的"虐"是甜美的刺激，是青春的矫情。这句设问，写得有水平，人称转变，再加一个"求"字，挠到了女读者的痒处。

于是，有COS1°男友的读者们骄傲地留言了：

没有 COS1°男友的人也纷纷来"吐槽"了：

> **黄冰** 　　👍 468
> 我老公，就是那个完美先生😊一副"我不想与你有过多交集；娶妻有啥用，不仅限制自由，还各种花钱；你怎么跟我妈一样"的态度😊我曾经抑郁了一段时间，慢慢的就彻底想开了。他一星期不回家我都不问，也没啥感觉。最近突然找到了人生的意义，只把心思用在值得的人和事上，是一件特别美妙的事情。
> 2天前

> **yeap** 　　👍 248
> 坐等被虐，超想看别人留言的小甜蜜cos1°啊，啧啧
> 2天前

除了让读者跟帖，有时也可以就某个话题直接征集内容，然后精选推出，形成爆点。《失眠之后，我烫了男朋友的腿毛》就是根据失眠时每个人做的奇葩事的征集，推出来的一篇文章，介绍了 10 个读者失眠后的奇葩事情，大多超出想象，闻所未闻。最后在文章末尾又再来一次互动：

你觉得以上哪位同学失眠时做的事最奇葩？快来投票吧，投票截止时间是 4 月 21 号晚上 12 点，可以多选哦，票选第一名会获得 2 000 块钱奖金，你的一票可以决定谁能获得奖金哦，快来投票吧～

在文学界，诗人们之间流行一种在微信群里接龙写作或者同题临屏写作，这也是一种互动写作。诗人们根据发起人设定的诗题，以接龙形式临屏写作，不仅需要诗思敏捷，还要别出心裁，写出与别人不一样的精彩。这种互动，可以更好地刺激写作的灵感。下面是 2007 年 8 月，女诗人古筝在其博客里发起的题为《九月不远》的几首临屏诗：

九月不远

愚木

八月移动一个背影
九月也就来了
和八月炎热相比
九月的温暖　在于她的成熟
就像怀抱里的橄榄　一对对
充满诱惑
．

青涩的果实　曾挂在枝头
一个背影　一个书包
在九月里　酸酸地
跳动

九月不远

紫色菊

蓝色的海奔腾而去
无数船只在秋天的手掌行驶
我只能凭借一缕自身的香,划开你的胸膛
在山坡下,平静地爱你

这时天空很蓝,仙女急着将锦霞挂起
有位诗人正对着夕阳动情地吟诵
于是,九月不远
——就当我是一朵即将绽放的菊花吧

三、常见的段落结构

前面介绍了新媒体独有的超文本和互动写作结构特征,下面回顾一下文本书写常见的几种段落结构。这些传统写作常用的结构,新媒体写作同样适用。

(一)T 型结构

通过引言快速地告知读者文章内容的大概和他们继续读下去的理由,这成了获取注意力、节约阅读时间成本的有效办法。引言作为 T 型结构的水平线,概括文章内容、设计悬念;文章的详细内容组成了 T 型结构的垂直线。

采用 T 型结构,作者可以采取任何结构的叙事形式,如以陈述的口吻讲述故事,或是抛出一个奇闻轶事,然后顺着悬念讲下去……一言以蔽之,T 型结构不仅能够给读者一个看下去的理由,同时最大限度地让撰稿人保留自己喜欢的写作方式。

(二)水泵式结构

水泵式结构与 T 型结构相反,先剖析观点或讲故事,最后提炼文章的核心。

水泵式架构

故事类	观点类
故事背景	观点阐述
故事起因	观点分析
故事经过	观点解决
故事结果	观点引申
提炼升华	观点提炼

（三）沙漏式结构

沙漏式结构，要求文章首尾呼应，开头就提出核心观点，结尾再次强调和升华观点。

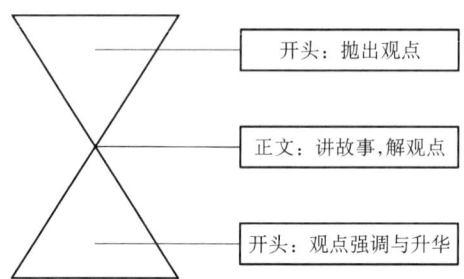

（四）并列式结构

并列式结构用于对多个类型相同的内容进行总结，如《2017年十大新闻人物》《8种有效减肥的方法》等。也可以是对几个看似没有关联，但可以找到内在联系的事件内容进行分析归纳，如《秋叶大叔》微信号的文章《如何才能把一件事情做到极致》，选取了做PPT、做鱿鱼酱、如何选择豆腐做菜三个例子来阐明观点。

第三节　导读、开头和结尾

传统写作，一般情况下不做导读，但新媒体写作，无论是电脑端网站文章，还是微信推文，导读几乎成为标配。开头和结尾，历来是文章的重要部分，有"凤头豹尾"之说。新媒体时代，人们的阅读越来越快，对开头和结尾的写作提出了更高的要求。

一、导读和摘要

新媒体用户打开新浪、搜狐等网站主页的相关标题进入正文之后，会在正文标题下面看到一小段话，一般100字左右或更短，这就是该文的导读。见图：

> **南京警方劝游客别去"爱情隧道"：就这么一条铁路两排树**
>
> 2018-04-30 13:36　来源:搜狐警法
>
> 原标题：南京警方劝游客别去"爱情隧道":就这么一条铁路两排树
>
> 又到了网上热传"去江宁看'爱情隧道'"的季节！可是所谓的"爱情隧道"真的有网上热传的那样醉美动人？真的值得一大波人前去争相拍照吗？昨天（4月29日），@江宁公安在线发布官方微博，通过展示多张实景拍摄图和一篇长达300字的博文实力劝退游客，提醒大家不要再去"爱情隧道"打卡了！

打开一篇微信公号文章,经常会看到最前面有一小段话,通常也在100字左右,或者更短,这也是导读。见图:

> **朋友越少,对媒体人越好,他也越独立**
>
> (原创) 2018-04-30 曹林 吐槽青年:曹林的时政观察
>
> 摘要:智利作家罗贝托·波拉尼奥说:你知道什么时候我们真的感到孤独吗?我说:是在人群里。——颇像胡适所言"狮子与虎永远是独来独往,只有狐狸与狗才成群结队"。时事评论可能就属于一种"不合群"的文体,它的价值在于跳出乌合之众的热闹所闭合成的信息茧房,给独立思考一个静能量空间。(本文刊于新一期《青年记者》,欢迎关注《青年记者》更多精彩文章)

对于微信来说,还有一个重要内容,即"摘要"。编辑微信时可以看到"摘要"框。如果"摘要"框不填写,就自动默认正文前面45个字。文章在转发到朋友圈时不显示摘要内容,但转发到微信群里,摘要会显示出来,可以引导读者阅读。

导读和摘要虽然不是必写内容,但如果加了精当的导读,对提升文章的阅读量有很大帮助。如果说标题是文章的第一层次,导读和摘要就属于第二层次。编写导读时,必须抓住文章内容的关键词,用简练的语言将核心内容说出来。有时也可以用设问、反问,将问题抛出来,吸引读者。尤其在标题做得相对平淡的情况下,导读做悬念补充,非常有效。

例1:

摘要:南通,一个集"生态屏障、产业腹地、创新之都、文化名城"于一体的上海"北大门"。

导读:4月26日,江苏省南通市在上海世博中心举办"1+4"高质量发展环境说明会,深化上海"北大门"建设,加快融入长三角一体化,推进高质量发展走在全省前列。江苏、上海省市领导以及1 000余名中外嘉宾与会。

这是微信公众号"江苏微播"2018年4月30日文章《南通一年,上海"北大门"建设有什么"实质性"进展》的摘要和导读。摘要中"生态屏障、产业腹地、创新之都、文化名城"几个关键词让人对南通有了一个初步认识;导读内容对报道内容进行了消息式概括。

例2:

摘要:企业真正的出路。

导读:无论是丰田、索尼,还是无印良品、优衣库,基本上那些优秀的、做得好的日本企业都有一套自己的内部积累体系。

他们更加重视企业与产品、市场和人的长期的关系,他们坚信,"做好的产品和赚钱,绝对不是一件事情。"

4月8日—14日,20多位中国企业家与正和岛商学院一道开启了最新一期日本游学,在早稻田大学,田中信彦授课围绕一个关键词"积累",通过优衣库的案例,解读了企业竞争力的源泉。

上面是微信公众号"正和岛"2018年4月30日推文《全球开店2 500家,中国伙伴靠他成世界第一,马云最崇拜他》做的摘要和导读。摘要虽然只有七个字,却是非常有力。正和岛的读者都是企业领导者和管理者,这个摘要,高处着眼,语气决绝,有一种让人非看不可的力量。导读三节文字,可以用三句话概括:好的企业都有内部积累体系;做好的产品与赚钱不是一回事;优衣库积累了什么,怎么积累的?读者只要往下读,就会找出答案。

二、常见开头方法

文章开头从来都很重要,有"凤头"之说。开头不能抓住人,读者很可能就放弃阅读。文章如果没有做导读,开头就显得更为重要。新媒体文章开头一般遵循"重要信息优先"原则。这与传统新闻写作中的"倒金字塔结构"一致。下面介绍新媒体写作人李靖总结的三种开头办法。

(一)让读者产生对答案的渴望

很多人分享干货知识的时候,喜欢"直接教给别人",比如:

"有3种方法可以帮助你策略性地规划职业生涯,第一种是……"

"教你怎么让用户认同你的品牌,首先,你应该××××,然后你应该×××"

这样的开头像标准的议论文,开门见山,直接告诉读者答案。但是它们无法吸引读者看下去。因为,在读者尚未产生对答案的渴望之前,就给出了答案,渴望被遏制了。当你说"策略性地规划职业生涯"之前,你并没有让读者产生"我很想知道到底策略性职业生涯规划怎么做"的渴望;当你说"认同品牌的4种方法"之前,你也并没有让读者产生"我很想知道具体有什么方法可以认同品牌"的渴望。

打个比方,你想卖米饭,就得想办法先让对方感到饥饿。这个逻辑并不复杂,这是营销的逻辑,也是写作的逻辑。电影《华尔街之狼》中莱昂纳多饰演的乔治·贝尔福特在面试推销员时用的也是这一招。他给了面试者一支笔,让面试者把这支笔推销给他。

大部分推销员的做法其实如出一辙,"这是一支非常好用的笔!""这是一只德国进口的优质笔,买下它吧!"而后来成为乔治左膀右臂的天才推销员是这样说的:"能帮我签个名吗?"他首先创造了对方对"笔"的渴望。同理,在文章开头时,要想办法创造一个知识的缺口——让读者渴望知道某个答案。李靖归纳了几种方法:

1. 违背正常认知

例3:我们常常惊叹于无数品牌的创意广告,也渴望自己能够写出创意广告。但是你知道吗,创意本身其实并没有你想象的那么有创意——研究发现:多达89%的创意广告来自于这6个模板。①

这是李靖《"创意"本身真是没有创意:89%的创意广告来自这6个模板》一文的开头。作者为了用简单的模板来教大家构思广告创意,故意说创意本身没创意,这一违背大众认知的说法,引起读者好奇。

2. 指出别人的错误

例4:"麦当劳汉堡里面的牛肉是蚯蚓做的!""赛百味面包里有鞋底成份!""辣条是避孕套做的!"……无数谣言让企业疲于应对,甚至让企业辛辛苦苦打造的品牌毁于一旦。几乎所有的公关经理都在头痛:究竟如何应对这些谣言?

很多人的做法是勇敢地站出来辟谣,"现在针对我们企业的谣言是毫无根据、一派胡言!""我们的企业生产过程严格透明,经过QC认证,不可能含有鞋底成分!"然而,这样的辟谣几乎从来就没有真正有效过。②

为什么会无效呢?那怎么做才有效?读者的好奇心由此产生。在给出问题答案前,先指出别人做的不对。"指出别人错误"可以让读者对你的答案产生兴趣。《知乎》里面,很多人在回答问题时会先加一句"实名反对楼上所有答案",用的也是这一招。

3. 成功案例法

例5:小米、凡客、雕爷牛腩、皇太极煎饼,无数打着"互联网思维"的小公司0成本营销,逆袭大品牌,其"互联网味"的文案功不可没。③

开头直接讲成功的案例,引发读者对"为什么成功"的好奇。

(二)顺应读者疑问,让他一直读下去

顺应读者疑问,让其一直阅读下去,就像写悬疑小说一样。李靖以宗宁的《成功比失败可怕多了》一文为例。开头是这样的:

前天又有一大波假货传言在围攻聚美优品,相信陈欧(聚美优品创始人兼CEO)也是很辛苦。前天另一个上市公司的CEO在微博上和我呛声,虽然他没上市之前给大家讲的是如何在互联网拼爹时代找到自己的亲爹、干爹和后爹,但是上市之后,就摇身一变成了我通过努力带领公司上市了。后来他的一个学弟还微信跟我说,现在才明白为什么母校对他的感情比较复杂。其实上市没啥了不起的,只是可以忽悠资本市场的钱罢了,上市前大家都是很开心的,上市后其实就很难过了,背上了资本市场的枷锁,要不断前行。④

---

① 李靖."创意"本身真是没有创意:89%的创意广告来自这6个模板[EB/OL]. https://www. digitaling. com/articles/13878. html,2015 − 03 − 16/2018 − 06 − 08.
② 李靖. 公关经理怎么证明"面包不是鞋底做的"[EB/OL]. https://www. tooopen. com/copy/view/37989. html,2015 − 03 − 31/2018 − 04 − 12.
③ 李靖. 月薪3 000和月薪30 000写文案的差别[EB/OL]. https://www. sohu. com/a/167197239_679054,2018 − 08 − 25/2018 − 04 − 12.
④ 宗宁. 成功比失败可怕多了[EB/OL]. http://www. sohu. com/a/21623597_111724,2015 − 07 − 07/2018 − 04 − 12.

这段文字说的道理并不复杂,但由于没有用疑问式语言,读者阅读之后仍需咀嚼,这有背于快阅读方式。李靖做了如下分析:看完第一句"前天又有一大波假货传言在围攻聚美优品,相信陈欧也是很辛苦",读者内心会产生什么疑问?会期待下文讲什么内容?必然是"陈欧怎么了?"或者"假货传言围攻的结果如何?"但是,作者接下来却说:"前几天另一个上市公司的CEO……"这样,第二句话就没有符合读者的"期待",并没有解决第一句话所引出来的疑问。

如果仍然用第一句话作为开头,文章这样写,"前天又有一大波假货传言在围攻聚美优品,相信陈欧也是很辛苦。果不其然,就在昨天,陈欧病倒了……"或"前天又有一大波假货传言在围攻聚美优品,相信陈欧也是很辛苦。结果发现,这些假货传言竟然都是出自聚美内部员工之手……"这两段都回答了第一句话引出的疑问,因此,显得更加通畅、易读。

按此方法,他改写了这篇文章的开头。

聚美成功上市,大家觉得高富帅创始人陈欧好像一下子登上人生巅峰。——此时读者的疑问是"难道不是吗"。

但是实际上陈欧并没有大家想象的那么潇洒,上市带给他的更多的是压力、困境而不是无限的"风光"。——回答了上面引出的疑问,同时引出下一个期待。—— 具体说来听听呢?

先不说上市后资本市场对公司的控制让陈欧减少了自由权,单是上市后,一大波针对聚美假货的谣言都足够他喝一壶了。——回应了读者的期待,读者心想"原来如此",同时产生疑问"谣言怎么了",接下来应该说谣言的事情,"这些谣言……"

在改写时,李靖删掉了一些内容,因为假设的主题是"陈欧上市并没有大家想象的那么好",那么"上市前拼干爹"、"母校的感情"、"微信的学弟"等信息与这个主题并没有关系。这些无关信息会像噪音一样干扰信息表达,引出不必要的疑问,因此删掉了。其实,李靖对原文的修改就是传统媒体编辑做的工作。语言啰嗦、表达不清的本文本来就是有问题的。当然,李靖提出"顺着疑问"的写作技法,在"浅阅读"时代还是有道理的。

三、常见结尾方法

一篇文章,结尾也非常重要。所谓"豹尾",指的就是文章结尾。选题好,标题好,开头好,中间好,如果没有一个好的结尾,文章也是残缺不全的。结尾可以总结全文,首尾呼应,点明主旨;也可以含蓄蕴藉,表达作者的情感;或意在言外,发人深思。新媒体文章有一个好结尾还可以有文本之外的功用,那就是促使读者转发分享。

下面介绍几种常见的结尾方法,写作者可以仔细体味和应用。

(一)总结性结尾

总结性结尾在议论文写作中广为使用,新媒体时代依然被人经常应用。

例6：综上所述，移动直播的时代已然来临，新闻专题领域正站在模式转型的十字路口。新闻媒体应该果断把握住时代的契机，充分发挥自身的内容优势，结合移动直播的现代化传播手段，建立新型的新闻专题传播体系，推进新闻媒体的改革与转型进程，促进新闻行业的活性发展。①

这是《移动直播在网络新闻专题中的应用探析》一文的结尾，作者在分析了移动直播的发展和应用状况之后做了一个总结。

（二）强调主要观点，引发读者站队

在文章末尾，发表自己的见解，以期读者的响应，换取点赞和转发。

例7：是的，"随着信息的发展，有价值的将不是信息，而是注意力。"这是对注意力经济最简洁的注解，亦是被阿里安娜·赫芬顿、斯科特·兰姆、马克·利特尔等新媒体先锋印证过的规律。但是，在移动互联网席卷而来的新时代，人们的注意力仍在不断发生新的改变，网络媒体应该如何拥抱新注意力？这是时代留给我们的课题。②

文章在结尾处再次强调"有价值的不是信息，而是注意力"，引起读者强烈呼应并转发。

（三）抛出话题，引发读者讨论，使得文章内容更深入人心

互动性写作，常常在结尾抛出话题，让读者留言。

例8：子弹短信＋"拼多多"＋"趣头条"，聊天宝的这个大融合，从信息流到社交电商，似乎承接得非常顺畅。罗永浩和他的团队能否靠这款产品突出重围呢？你怎么看？③

罗永浩是锤子科技公司的创始人。近几年来，锤子科技一直没有市场影响力的产品。2019年1月，该公司准备联手"拼多多"和"趣头条"推出一款名为"聊天宝"的产品，宣称"聊天就可以赚钱"。《亿邦动力网》作为互联网专业媒体其微信公众号当月9日推出《罗永浩的子弹短信拉上了黄铮的拼多多》。对于这样一款产品，编辑希望读者参与进来发表意见，所以做了这个结尾。文章推送数小时后，就有数百个读者通过留言发表了自己的看法。

（四）端出心灵鸡汤，引发读者共鸣

此类结尾方式在新媒体写作中比较常见，这是因为现代人生活节奏快，工作压力

---

① 侯迪.移动直播在网络新闻专题中的应用探析[EB/OL].https://mp.weixin.qq.com/s/kJlvt__95k6gQAd6UH3y5Q,2017-12-28/2018-12-21.
② 梅花烙.全球七大当红新媒体模式及其创始人[EB/OL].https://www.sohu.com/a/34184006_114965,2015-10-03/2018-12-21.
③ 三洋.罗永浩的子弹短信拉上了黄铮的拼多多[EB/OL].https://mp.weixin.qq.com/s/Kf_2C0Epe0-t2RIRCWIdzw,2019-01-09/2019-01-13.

大,通过手机看朋友圈转发的文章,可以得到心灵安慰。

例9:宫崎骏说,有时候,你坚持了你最不想干的事情,就会得到你最想要的东西。那些不起眼的付出和努力,那份每天不懈地坚持,都会化成一份美丽的邂逅,在未来的某一天,和你不期而遇。你的优秀,也许就在你比别人每天多付出了十分钟。平凡的你,从此变得与众不同。①

这篇文章写了一个胖姑娘每天跑十分钟成功减肥和一个老师每天让一个差生多做五道题由此成绩变好的故事,结尾这段心灵鸡汤,旨在为经济下滑背景下的人们带来新的信心。

(五) 引用金句,增加转发率

多写金句已成为新媒体写作人的追求。文章中金句越多,越会得到读者点赞。特别在结尾处,金句的出现会让人眼前一亮。

例10:最后,投资有风险,下手需谨慎。祝你好运!②

文章《唯链,未来已来》介绍了"区块链"的新应用"唯链"技术以及各路资本对此的青睐。"投资有风险,下手需谨慎",永不过时的金句用得恰到好处。

第四节 新媒体写作文本特征

如果把新媒体文本的"书写"行为理解为运用一定的智力和技术手段对信息的加工和整合,语言广义化为包括文字、音频、视频、三维动画等形式在内的符号,那么新媒体文本则是一个事实的复合、开放的体系,是由若干事实要素链接和相互作用的整体,也称电子文本。

对于图片、动画 flash、小视频、音频的广泛采用,成为新媒体文本的显著特征。

一、使用长图

长图最初是微博写作的一种形式。因为微博最初只允许发 140 个文字,满足不了写作需求,因此,大家就想出来制作一张长图片发上去。长图片可以有更多的内容,同时也可以进行一番美工设计,增加阅读感受。

如今,长图片应用到其他新媒体,尤其是微信公号,已经不是为了发更多文字,恰恰相反,往往是文字较少,需要创意设计,通常采用直接发图片的方式。

---

① 甘肃微发布. 多坚持十分钟,就能更靠近成功[EB/OL]. https://mp.weixin.qq.com/s/cbOG5KY8jIoUlHqwRT3rTg,2019-01-08/2019-01-12.
② 好学勤用. 唯链,未来已来[EB/OL]. https://mp.weixin.qq.com/s/dqMU-q6yys-KsM1izL3_uQ,2017-08-21/2019-01-12.

二、以图代言

以图代言类似于以往的看图说话。《我最大的中年危机是：上有老，下有猫》①，全篇几乎都是以图代文。下面仅是其中的部分图片。

三、添加音频与视频

音频在新媒体写作中的使用远不及图片那么普遍，多数情况是在新媒体编辑时加上必要的背景音乐。随着企鹅FM、喜马拉雅FM等音频网站的开设，每个人都可以做一个电台，与别人分享内容。令人遗憾的是音频分享的内容大部分并不是音频制作者原创，只能说通过音频进行了二次创作。不过，通过朗读者、口播者的再创作和传播，对原作的传播起到了不少帮助。

高水准的音频创作需要专业人士，远比文字和视频更有难度。写一段文字，拍一个视频比较容易，而通过一段话让人听懂你说了什么，这是有难度的。企鹅FM、喜马拉雅FM，通常是有语言天赋的人的舞台。

罗振宇的APP《得到》上的音频频道，如图：

---

① 黑米哥. 我最大的中年危机是：上有老，下有猫[EB/OL]. https://mp.weixin.qq.com/s/ll7o7ja8OPuNlKLstTggMA, 2018-04-14/2018-12-12.

视频的应用较音频要广泛的多,除了像《罗辑思维》这类视频脱口秀节目之外,更多的是在文字类的写作中插入一段视频文件。如下图所示:

四、高频采用金句

金句是新媒体时代的词汇,词义比较模糊、宽泛。从目前各类媒体的使用例句看,可以概括为以下几种。

(一)高度浓缩、比较精炼的句子

例如,"几千年来困扰我国人民的问题总体上一去不复返了;在中国人民手中,不可能成为了可能;只要有信仰、信念、信心,就会愈挫愈奋、愈战愈勇[①]"。

(二)爆红影视剧中的台词

例如,演员赵丽颖在电视剧《知否》中的台词:"知道蠢还说什么"。电视剧《香蜜沉沉烬如霜》中主角润玉的台词:"我这一生,所求不多;只有热闹过的人,才知道什么叫孤寂;如果说时间注定是用来浪费的,那么我只愿与她蹉跎此生。"

(三)能够发人深省的句子

例如,阿里巴巴集团创始人马云的话:"癌症不是绝症,智商不好才是;短暂的激情是

---

① 叶子.习近平重要讲话金句[N].人民日报海外版,2018-12-19(05).

不值钱的,只有持久的激情才是赚钱的;有结果未必是成功,但没有结果一定是失败。"小米科技创始人雷军那句"只要站在风口上,猪都能飞起来"已成金句经典,进入名人名言。

金句在文章中出现,类似传统写作对警句、名人名言的引用,起到画龙点睛的作用。文章可以引用他人的金句,但由作者根据内容锤炼而成的原创金句更受读者青睐。当然,金句写作不是轻而易举的事情,需要丰富的阅历和人生经历。有时看似简单的一句话,却凝聚了独特的思考和认知;有时懵懵懂懂的一句话,却流露出说者的率真性情和人生智慧。

高频次出现金句已成为新媒体文本的特征之一。

例1:"寒冬"里,我们能做的就是找"风口",做一头会借力的猪[①]

这是百家号"华西悦读"2019年1月8日发的一篇文章标题,化用了雷军那句"只要站在风口上,猪都能飞起来"的金句。文章借用这个金句,提醒人们,互联网行业正遭遇前所未有的寒冬,如何寻找新的商业模式。

例2:"我们习惯性地将贫穷当成一块筹码,来换取世界的同情和怜悯,却忘了同情终有尽时,怜悯终有限度。""在这个世界上,并非所有的不如意,都是别人在针对你,很可能是你自己根本就没有努力的结果。""没有人能幸运地成为那只从温水中跳出去的青蛙。""别让自己穷得那么心安理得。"[②]

以上金句摘自文章《你凭什么穷得那么心安理得?》。文中还有不少类似的句子。这样的文章,让读者大呼过瘾。

第五节 新媒体文本写作技巧

文本是写作的主体,好的文章实质就是不俗的文本。将基本的字词组成句子,用句子组成段落和文章,充分表达想要说的思想和情感,这是一门高超的技术,同时也是比较难的艺术。写作者不仅需要有一定才华,还需要不断地学习和写作训练。

文本写作的艺术手法很多,仅修辞方法就有排比、比喻、对比、比拟、对偶、借代、夸张、互文、双关、反问、设问、反复、反语、引用等几十种;叙述方法也有顺序、倒叙、插叙、补叙、详叙、略叙、先叙后议、先议后叙、夹叙夹议等多种。借古可以喻今,也可以讽今、伤今、颂今;借物可以言志,也可以抒情。表达可以直抒胸臆,也可用春秋笔法。文本风格也常常因为写作者不同而表现出千姿百态。海明威、福克纳、马尔克斯、川端康成都是诺贝尔文学奖获得者,他们小说的文本风格各具特色;艾略特、泰戈尔、庞德、特兰·斯特罗默都是获得诺贝尔奖的诗人,他们的语言也是各有千秋。成功的写作者,都有自

[①] 北阁妹妹."寒冬"里,我们能做的就是找"风口",做一头会借力的猪[EB/OL]. https://baijiahao.baidu.com/s?id=1621902729584031772&wfr=spider&for=pc2019-01-08/2019-01-12.

[②] 狮小主.你凭什么穷得那么心安理得?[EB/OL]. http://news.ifeng.com/a/20170724/51496771_0.shtml,2017-07-24/2019-01-12.

己的语言风格和文本特色。

新媒体写作者首先需要有扎实的语言文字功底,其次才是对新媒体写作技法的掌握与应用。下面介绍几种新媒体写作中常用的文本技法。

一、分拆文本

在手机上阅读,一段文字不可超过 6 行,这是新媒体写作者总结出来的经验。因此,分拆文本成为新媒体写作的基本功。为什么一段文字不要超过 6 行呢?主要原因是手机屏幕的限制,以及"浅阅读"的时代到来。较长的段落会让读者感到阅读困难,善于拆分是提升阅读快乐的法宝之一。

苏联作家苏霍姆林斯基曾在给儿子的信中写道:"我告诉你,很多东西,不必细读,浏览一下就行了。所有东西都关乎于时间,你要学会最大限度地使用它。[①]"这话放在资讯密集和感官高度膨胀的今天最合适不过。一方面受众处于信息爆炸的新媒体时代,阅读的深度、广度都开始被信息时代的阅读速率打败,个人知识体系被打乱,越来越多的读者追求知识的宽度,以应对瞬息万变的社会和身处不同知识语境的人们。另一方面社会竞争加剧,简单轻松、实用以及娱乐信息成了多数人的首选,快餐式、跳跃式的信息促生了受众"碎片化"的阅读与思考模式。

文章要生动紧凑、善于拆分。在新媒体写作中,围绕一个主题,选择紧凑、简单的陈述句是非常重要的。为了满足新媒体时代读者的速读习惯,写作者务必与时俱进,避免长句子以及陈词滥调,善用有力的动词和鲜明的名词,力求文章的生动形象,形成轻松的阅读氛围。

例 1:鬼神来袭[②]

太阳渐渐西沉,天色逐渐变得昏暗起来,在金色霞光的笼罩下,临湖市的大街小巷有挤满了车辆。

各种车在路上慢慢移动,不知道等回到家是什么时候了。

"堵死你们,现在瞎了眼吧!"杨凯骑着一辆小电驴,看着周围排成一条长龙的车流,显得有些得意。

别看自己只有小电驴可以骑,可在这个大城市里,还是电驴更加可靠。

当然,杨凯可不会承认,就算会堵车,自己也非常想要拥有一辆汽车。对于拥有私家车的人,他心中有些许美慕。

可即使是再便宜的汽车,也不是自己这个刚出来工作一年的外地人买得起的,更不要说在这个一线城市里,想要一个车牌也是一个难题。

他只能在心底暗自打气,努力拼搏,面包会有的,牛奶会有的,一切都会有的。

不断穿行在狭窄的小道中,最后,小电驴停在一幢老旧的公寓楼下面。

---

① 胡波. 就这样被"浅阅读"征服[N]. 中国青年报,2012 - 07 - 13(02).
② 古韵星河. 鬼神来袭[EB/OL]. https://www.73xs.cc/37/91020/,2019 - 01 - 11/2019 - 01 - 15.

上面是一篇小说的开头,本来可以写在一段的文字被分成了多个小节。

二、多用小标题和着重号

多用小标题和着重号,可以迅速将表达的内容从一大堆文本中抽取出来,让读者一下明白你要说什么。将重要信息提炼汇集到图表、表格、项目符号列表,就算是一个简单的方框,也有助于拆分文本。对新媒体编辑来说,着重号比传统媒体丰富很多,字体变化、字的颜色的变化,让字动起来等都是可以提醒读者特别注意的方法。

例2:中国,又打破了一项发达国家的技术垄断![1]

该文介绍了中国企业又攻克了一项比较难的技术:"近日,由中国通号研发的全球首套时速350公里高铁自动驾驶系统(C3+ATO)顺利完成实验室测试,即将进入现场试验,标志着我国高铁自动驾驶技术取得重大突破。在列车运行控制技术保驾护航下,中国高铁智能化运营水平领跑全球,即将迎来自动驾驶时代。"全文1 300多字用了5个小标题:

看点01:自主创新掌握大国重器;看点02:自动驾驶技术引领全球轨道交通技术前沿;看点03:实验室建设支撑科技研发;看点04:民族科技引领轨道交通自动驾驶时代;看点05:列控技术助力交通强国建设。

三、使用表格

以往,表格通常使用在调查报告的写作中,如今被广泛用于新媒体写作的其他文体中。使用表格可以省去文字的描述,同时给读者带来更直观的阅读感受。

例3:公务员级别工资等级标准表!你的级别工资是多少?[2]

附表3 公务员级别工资标准表

级别	级别工资													
	档次													
	1	2	3	4	5	6	7	8	9	10	11	12	13	14
一	6 496	6 967	7 438	7 909	8 380	8 851								
二	5 984	6 390	6 796	7 202	7 608	8 014	8 420							
三	5 517	5 883	6 249	6 615	6 981	7 347	7 713	8 079						
四	5 077	5 412	5 747	6 082	6 417	6 752	7 087	7 422	7 757					

---

[1] 新量子科技. 中国,又打破了一项发达国家的技术垄断![EB/OL]. http://www.sohu.com/a/229983533_99985617,2018-04-30/2018-10-19.

[2] 公务员之家. 公务员级别工资等级标准表!你的级别工资是多少?[EB/OL]. https://www.sohu.com/a/229068230_119649,2018-04-22/2018-08-21.

续 表

级别	档次													
	1	2	3	4	5	6	7	8	9	10	11	12	13	14
五	4 673	4 988	5 303	5 618	5 933	6 248	6 563	6 878	7 193	7 508				
六	4 304	4 598	4 892	5 186	5 480	5 774	6 068	6 362	6 656	6 950	7 244			
七	3 977	4 251	4 525	4 799	5 073	5 347	5 621	5 895	6 169	6 443	6 717			
八	3 690	3 945	4 200	4 455	4 710	4 965	5 220	5 475	5 730	5 985	6 240			
九	3 431	3 667	3 903	4 139	4 375	4 611	4 847	5 083	5 319	5 555	5 791			
十	3 190	3 408	3 626	3 844	4 062	4 280	4 498	4 716	4 934	5 152	5 370			
十一	2 965	3 167	3 369	3 571	3 773	3 975	4 177	4 379	4 581	4 783	4 985	5 187		
十二	2 755	2 943	3 131	3 319	3 507	3 695	3 883	4 071	4 259	4 447	4 635	4 823	5 011	
十三	2 559	2 735	2 911	3 087	3 263	3 439	3 615	3 791	3 967	4 143	4 319	4 495	4 671	4 847
十四	2 376	2 541	2 706	2 871	3 036	3 201	3 366	3 531	3 696	3 861	4 026	4 191	4 356	4 521
十五	2 206	2 361	2 516	2 671	2 826	2 981	3 136	3 291	3 446	3 601	3 756	3 911	4 066	4 221
十六	2 048	2 193	2 338	2 483	2 628	2 773	2 918	3 063	3 208	3 353	3 498	3 643	3 788	3 933
十七	1 902	2 037	2 172	2 307	2 442	2 577	2 712	2 847	2 982	3 117	3 252	3 387	3 522	
十八	1 768	1 893	2 018	2 143	2 268	2 393	2 518	2 643	2 768	2 893	3 018	3 143	3 268	
十九	1 645	1 760	1 875	1 990	2 105	2 220	2 335	2 450	2 565	2 680	2 795	2 910		
二十	1 533	1 638	1 743	1 848	1 953	2 058	2 163	2 268	2 373	2 478	2 583			
二十一	1 431	1 526	1 621	1 716	1 811	1 906	2 001	2 096	2 191	2 286				
二十二	1 339	1 424	1 509	1 594	1 679	1 764	1 849	1 934	2 019					
二十三	1 257	1 332	1 407	1 482	1 557	1 632	1 707	1 782						
二十四	1 185	1 250	1 815	1 380	1 445	1 510	1 575	1 640						
二十五	1 122	1 178	1 234	1 290	1 346	1 402	1 458							

四、具象解释概念，巧用修辞

在web2.0时代，受众不再身处信息匮乏的环境中，信息的选择权逐渐转向受众。因此，善用具象解释抽象概念，巧用修辞将大大提升信息的到达率。

用具象解释概念的方法很多，图片、视频都可以很好地把抽象的概念表达清楚。下面是一个巧用数字的例子：

例4：11粒花生米、1片苏打饼干、半个饺子，多吃这一口，10年重15公斤

一篇关于健康的微信文章，用一个方框将上面这句话突出显示在开头位置，突出

"贪吃是导致肥胖的罪魁祸首"的主题。如果每天都多吃 1 片饼干、半个饺子,长期的日积月累,10 年后,就成了一个胖子。一组数字与轻与重的比较,给读者特别的警醒。

例 5:橡皮擦不掉的错误

微信公众号"重设人生"文章《稻盛和夫:能做成事业的,都是将"完美主义"贯彻始终的人》在开头醒目位置用了这个比喻,警示人们"只要一个字,一个数字错了,就有可能造成工作上的致命后果"。

第五章　新媒体写作符号表达

语言是一种符号,但新媒体写作,已经完全突破了语言符号的限制。

"符号是被认为携带意义的感知。[①]"因此,数字、图片、视频等其他文字符号一起加入了新媒体写作的符号体系。

图片和视频的应用在上一章已有涉及,本章不再讨论。本章主要介绍网络语境下汉语言写作的变化以及新媒体写作特有"表情符号"的应用情况。

第一节　新媒体语言起源与嬗变

上世纪90年代,随着互联网的诞生,网络语言渐渐开始流行。"伊妹儿""奔腾的心"等词就非常流行。

通信技术及其互联网的发展,使全民加入到网络生活,网络语言也越来越丰富。如今网络语言的出处越来越多,包括电影、漫画、政治、经济、方言、古汉语、军事等多个领域都有可能产生时代流行语。网络语言不再是单纯的技术孵化,也折射了社会的变革和发展,以及大众生活的变化和真实境遇。

2005年2月3日,教育部语言文字信息管理司与华中师范大学在北京举行了签字仪式,共建"国家语言资源监测与研究中心网络媒体语言分中心",逐步建立起对网络语言的实时监测和规范引导的长效机制。同年起,国家语言资源监测与研究中心开始编撰《中国语言生活状况报告》,每年一次。截止2017年,一共发布了十二次。

在2005年的报告中便有《网络语言状况》部分,"通过'百度'等搜索引擎检索所获得的相关资源,以及中国互联网上已公开发布的有关内容来描述分析中国大陆网络语言使用状况及相关问题[②]"。2015年报告中列出了当年100个常用网络词汇,使用频次最高的是"顶"和"555"。后来,随着网络语言越来越丰富,《中国语言生活状况报告》增加了"网络流行语"类目。

网络词汇的产生非常快,2004年以后的10年间,共计产生5 264个词汇。这些词

---

① 赵毅衡.符号学[M].南京:南京大学出版社,2012.
② 国家语言资源监测与研究中心.《中国语言生活状况报告》[M].北京:商务印书馆,2006:162.

分为两类,一类没有明显实义,一类则填补了语义空白。数据分析结果显示,"存活"时间较久的热词,普遍因为它们填补了某些现代汉语的语义空白。如2012年起至今不衰的"伤不起",已流行了将近三年时间;"你懂的"所代表的含义,远远大于简单的省略号,至今还在使用。在现代汉语规范辞典新一轮的修订中,也增加了一些网络词语,比如网购、微信、吐槽、拍砖,丰富了大众语言生活。而无明显语义的热词"寿命"较短。有数据显示,这些热词从爆发流行到明显消退,平均只用47天,平均"寿命"不足半年。"duang"、"不明觉厉"两词曾红极一时,但很快就从大家视野中消失了。

分析流行的网络用语,不少是网民在聊天、游戏过程中的即兴创作,体现了大众的智慧,幽默风趣,特点鲜明。也有不少经典网络语言源于偶然事件,但由于切中大众心理命脉,不是戳了痛处,就是搔了痒处,得以流行起来。"呵呵"一词经久不衰,其中到底有多少难以言表的内容,具体语境下各不相同。

2011年,厦门大学中文系一位名叫卜源的硕士研究生和该系苏新春教授发表过一篇题为《网络聊天中的拟声应答词——以"呵呵"为例》[1]的论文。无独有偶,2012年,华东师范大学中文系一位名叫汪奎的毕业生在其老师李明洁副教授的指导下,对网络会话流行词汇"呵呵"建构网络会话结构的功能,以及在具体会话语境中产生的交互语用义进行了社会语言学研究,撰写了接近四万字的论文[2]。

一、新媒体语言主要成因

新媒体语言尤其是每年产生的网络热词的成因比较复杂,有技术造成的,而更多是社会各方面的因素。归根到底是因为有了网络新媒体,才使其流行。

(一) 新媒体语言形成的外因

1. 网络语境造就了网络语言

存在即合理,任何事物的产生都具有现实的基础和背景。网络是网络语言产生和发展的基础,是网络语言的摇篮与载体。网络世界中,人们通过网络交流,缺少了面对面交流等一系列辅助表达方式,比如表情、肢体动作,只剩下语言这一单一的载体,而不太便捷的输入方式又将语言的这种交流方式变得不如面对面那般迅速方便。在一切都讲究效率的时代,非语言符号等快捷方式应运而生。

2. 中文电脑打字技术的影响

大多数中国人用电脑或手机上网与别人交流使用的是汉字,而汉字的复杂结构使其输入并不像英文那样简单。在现有的中文输入法中,大部分人选择了门槛较低、容易掌握的拼音输入法,而大量同音字的存在导致输入重码率非常高,需要选用的字或词很难找到。在网络论坛、QQ上聊天,如果文字输入太慢,就会跟不上别人交流的节奏,别

---

[1] 卜源,苏新春.网络聊天中的拟声应答词——以"呵呵"为例.[J]江西科技师范学院学报,2011(5):86-91.
[2] 董川峰.硕士论文研究"呵呵"引热议,指导老师:红是因为研究对象通俗[EB/OL]. http://sh.people.com.cn/n/2013/0618/c176739-18882257.html,2013-06-18/2019-1-9.

人也无耐心等你。为了提高文字输入速度,节约上网时间,网民没有耐心打准确的字,而是使用大量的同音字词代替,久而久之就产生了约定俗成的新词汇。现今有了语音聊天以及拼音打字的智能化提升,这种现象少多了。

3. 非常态社会事件催生网络流行语

某些非常态社会事件发生后,经由网络快速而又广泛的传播,产生较大影响。人们从事件之中创造出新的语言。因为其针砭时弊,且具有幽默特点,很快流行。

例1:楼脆脆[①]。2009年,上海闵行区莲花南路、罗阳路口西侧"莲花河畔景苑"小区内,一栋在建的13层住宅楼全部倒塌,引发网络热议。"楼脆脆"一词诞生,用于形容工程质量差。

4. 方言经网络传播成为热词

在网络出现之前,由于媒体的限制,各地方言难以传播。如今网络时代,天各一方的人们交流异常方便,方言中一些能够广泛听得懂的词迅速成为流行语。

例2:躲猫猫[②]。原意为捉迷藏,属南方方言。2009年2月,云南青年李乔明死在看守所,警方称其"躲猫猫"时撞墙。很快,"躲猫猫"火了起来。2010年1月,"躲猫猫"被收入上海译文出版社新编的《汉英大词典》,译为"hide-and-seek"。现在表示故意绕开某人或某事。

(二) 网络语言形成的内因

人是语言的使用者,所以在很大的程度上人决定了语言的形式特征。最初的网民主要是受教育程度较高的年轻人,他们追求时尚,具有创新意识,追求自我,张扬个性。

1. 节省时间与费用

最初上网的人当中80%以上为年轻人,以大学生为主。这些人没有独立的经济收入,而早先上网又是按时间计费。所以,为了能在有限的时间内更好地利用网络,节省费用,网民们用谐音、缩写等省时省力的输入方式进行交流。久而久之这种新的语言模式被人们认同,成了约定俗成的网络新词汇。

2. 追求时尚与创新

占网络人群主体的80后、90后不愿被传统所束缚,乐于接受新观念,渴望创新。自主开放、包容创新的性格特点,让他们渴望摆脱传统语言模式的束缚,创造出新的语言模式——网络语言。比如随意组合的符号语言,任意镶嵌的图片等,这种在传统语言中完全不可见的语言模式使网络交流更生动,丰富多彩。比如"T T"表示流泪;"^_^"表示心情高兴……这些丰富的符号形象、生动,弥补了网络交际的不足,增强了网络交流的直观性和形象性。

[①] 百度百科. 楼脆脆. [EB/OL]. https://baike.baidu.com/item/楼脆脆/7537709,2016 - 09 - 12/2018 - 07 - 12.

[②] 百度百科. 躲猫猫事件. [EB/OL]. https://baike.baidu.com/item/躲猫猫事件/1817210? fr = aladdin,2018 - 07 - 02/2018 - 07 - 12.

二、新媒体词汇常见类型

新媒体语言包括网络热词、网络流行语,产生的机理比较复杂,情形也较多,常见的有以下几种:

(一)谐音

根据谐音的来源,网络语言中的谐音字词大致有以下七种类型:汉语谐音、外来词语谐音、数字谐音、符号谐音、字母谐音、混搭谐音、连读谐音。

1. 汉语谐音

汉字谐音词语利用的是汉语发音相同或相似的条件。根据谐音的对象,可分为汉语普通话谐音和汉语方言谐音。

(1)普通话谐音

汉语的声调有四个,分别为阴平、阳平、上声和去声。而普通话中有 21 个声母和 39 个韵母,根据声韵配合可以组成 400 多个无声调的音节,1 300 多个带声调的音节,就像有限的语法可以产生无限的句子一样,这些音节的匹配也会生成大量的同音、近音词。如鸡冻(激动)、女汉纸(女汉子)、湿人(诗人)、媚纸(妹子)、织围脖(发微博)、筒子(同志)、葱白(崇拜)、果酱(过奖)、酒精考验(久经考验)等。

(2)方言谐音

我国幅员辽阔、民族众多,各地方言非常多。在网络世界里,很多人都喜欢用方言,表示亲切或表达幽默,从而产生诸多方言谐音字词。如粤语稀饭你(喜欢你)、有木有(有没有)、灰机(飞机)、闽方言偶滴神(我的神)、东北方言什么银(什么人)等。

2. 外语谐音

外语谐音一般指英语的音译。这些汉字与外来词语在意义上基本没有联系,但往往能产生新颖别致、诙谐幽默的效果。因此,外语谐音字词在网络中很是流行。如嗨皮[Happy(开心)]、恰特[Chat(聊天)]、博客[Blog(网络日志)]、沙拉[Salad(果蔬拼盘)]、卖糕的(My god)、别摸我[BMW(汽车)]、伊妹儿[e-mail(电子邮件)]等。

3. 数字谐音

数字谐音词语一般是根据阿拉伯数字的汉语谐音,运用数字组合成为一系列简单易记、输入方便的符号,表示含义的字或词语。如"88"表示"拜拜","555"表示"呜呜呜","7456"表示"气死我了"。这种数字谐音造成的新词,是通过汉字的发音与数字的发音相近,由数字的读音来谐汉字的读音,从而达到传情达意的目的。

4. 字母谐音

字母谐音大致有三种类型,第一种是用英文字母代替与之同音或近音的英文单词;其次是用汉语拼音字母代替与之同音或近音的汉语词汇;最后一种是用英文字母代替与之音同或音近的汉语词汇。如 u(you)、r(Are)、CU(See you)、OIC(Oh, I see)、How r u(How are you)、MM(妹妹)、BT(变态)、BH(彪悍)等。

5. 混搭谐音

在网络谐音词语的实际运用中,汉字、字母与阿拉伯数字等书写符号混用现象是很普遍的。如:3X(Thanks)、3Q(Thankyou)、P9(啤酒)等。

6. 连读谐音

这类谐音是在连读时产生的。在网络聊天中,用简洁的语言进行沟通交流能节约大家的时间。如谬(没有)、表酱紫(不要这样子)、酿紫(那样子)等。

(二) 拆字与拼字

1. 拆字

拆字的现象一般不多,但从以往的网络词汇中还是可以找到例子。这类词汇通常是为了避讳一些字词或拆开后能表达新的意义。如:【弓虽】强字拆写,很多时候表示反讽。拆开来写字都有点不怀好意。

拼字的现象近来比较流行,多见于广告创意类写作。有些字本来就有,如"犇","茒"等。但由于不常用,因此,也算此类。

例3:怒了! 嘉定惊现采花大盗,又双叒叕上演鬼手偷花了!①

例4:《椥好时光》椥爸椥妈②

(三) 新造词

随着科技的发展,人们的生活方式发生改变,一些新词也随之诞生。

【躺购族】"躺购族"是一种新的时尚购物方式,只要通过手机或平板电脑上网,消费者窝在家中就能体验舒适惬意的购物方式。

【幽灵堵车】这个词指车流比较饱和的时候,因为前方的司机变道或者踩一脚刹车所造成后方车辆依次做出连锁反应而形成的堵车。

【蜗居】源于2009年的电视剧《蜗居》,成为2009年网络热词,指现代都市人居住在较小的房子里。

(四) 名人首秀

不少网络流行语源于明星、名人的公开使用,如"油腻"一词因为作家冯唐的使用;"怼"源于综艺节目嘉宾的使用等。2017年的十个流行用语有4个与明星有关。

下面搜集整理了近年来常用的一些新媒体词汇,供写作时灵活应用。

【马甲】注册会员又注册了其他的名字,这些名字统称为马甲,与马甲相对的是主ID。

---

① 上海热线.怒了! 嘉定惊现采花大盗,又双叒叕上演鬼手偷花了.[EB/OL]. https://hot.online.sh.cn/content/2018-05/06/content_8881268.htm,2018-05-06/2018-09-12.

② 腾讯视频.《椥好时光》椥爸椥妈.[EB/OL]. https://v.qq.com/x/page/y0546b8iy3b.html,2018-02-05/2019-01-10.

【菜鸟】原指电脑水平比较低的人，后来广泛运用于现实生活中，指在某领域水平较差的人。

【大虾】"大侠"的通假。指网龄比较长的资深网虫；或者某一方面（如电脑技术，或者文章水平）特别高超的人。通常情况下，人缘、声誉较好才会得到如此称呼。

【拍砖】原指某人发表了与其他人不同看法和见解的帖子。现泛指对某事或某人的批评。

【汗】表示惭愧、无可奈何之意。衍生词有：暴汗、大汗、汗死、瀑布汗、暴雨梨花汗等。

【倒】晕倒，表示对某人或某事的非常惊异。

【宅男宅女】源于日本动漫界，现在演变为足不出户、内向忧郁型的固执男子、女子。

【奔奔族】指东奔西跑之人。他们大多是1975至1985年出生的人，他们在事业的道路上一路奔跑，并备受社会压力的煎熬。

【剩女】大龄未婚女子。她们还有一个稍微好听一点的称呼：3S女人。所谓3S，即seventies（生于70年代）、single（单身）、stuck（被卡住）。

【月光族】每月的个人收入全部消费掉，月存款额为零。特指收入较高但无存款的白领消费族。

【考霸】善于参加各类考试且容易通过的人。

【装嫩族】来自电影《星际旅行》。装嫩族指的是那些实际年龄超过三十，穿着打扮、行为举止却始终像少男少女的人。

【威客】源于英文单词witkey，中文意思是"智慧的钥匙"。指通过互联网把自己的智力、知识、能力转换成实际收益的人。

【半糖夫妻】源于SHE的歌曲《半糖主义》。半糖夫妻流行于高学历、高收入的年轻都市夫妻之间。这些夫妻选择同城分居的形式，工作日分开过，周末团聚。他们认为，这种模式将有助于维护个人空间，保持婚姻新鲜感。

【赖校族】指已经从学校毕业，但不参加工作，仍留在学校、需亲属供养的人。

【轻熟女】二十五到三十岁的未婚女性。轻，指的是外貌年轻；熟，指的是内心成熟，谈吐优雅。

【废柴】港漫用语，指废物、没用的人。

【逆天】港漫用语，指逆着天道而行，愤怒时可使用。

【恶趣味】怪癖、与众不同的特殊喜好。

【压力山大】由外国人名"亚历山大"通过谐音、暗喻演变过来的。前半部分谐音，后半部分暗喻。后来又出现变体"鸭梨山大"，更加诙谐有趣。"压力山大"一问世，就被人们广泛接受，一来是交际上的需要，二来是念着顺口、听着顺耳，并且幽默感十足。

【你太有才了】因为春晚节目中的台词而爆红，有调侃之义。

【打酱油】"关我鸟事，我是出来打酱油的"。此话是广东电视台就陈冠希事件采访时一路人说的,之后迅速红遍大江南北。"先进哪有我的份,我只是个打酱油的。"表示一种灰心和无奈。

【雷到/雷人】是出自江浙一带的词汇,指听到别人的话很讶异、很惊奇或难以理解,类似现代词汇"晕倒"、"无语"的意思。

【被】2009年7月,一位应届大学毕业生在网上发帖爆料:他在不知情的情况下,学校已经替他签好了"就业协议书"。于是网友发明了"被就业"的说法,以讽刺这种虚报高校就业率的行为。后来"被全勤"、"被自杀"、"被自愿"等词随之出现。

【裸】本义为不穿衣服,流行语用的是引申义,即只有事物本身,而没有任何附加物或附加条件。比如"裸婚",指不买房、不买车、不戴婚戒、不办婚礼、不度蜜月,只领取结婚证书;"裸官"是家属、孩子、存款都在国外,一个人留在国内做官;"裸退"指干部退休后不再担任官方、半官方以及群众组织中的任何职务。

【纠结】本为动词,表示互相缠绕。后因一部动画片中有个角色大呼"纠结啊",便在网上走红。2009年起,更广泛见于纸质媒体,并且用法多样。可以作名词,表示解不开的心结;可以作动词,表示陷入复杂而尴尬的境地;可以作形容词,表示思绪的极度困惑和混乱。

【秒杀】译自英语的 seckill,起先是网络游戏的专用词,指玩家在游戏中瞬间被PK出局或者瞬间将对手击倒。2009年9月,某购物网站周年庆推出了"秒杀"活动:在促销开始后第一个确认的网络买家,可以按照远远低于成本价的秒杀价买到指定商品。

【给力】字面意思是"给予力量",引申指"酷"、"棒"、"爽"。出自网友配音的日本动画片《西游记·旅程的终点》。唐僧师徒历经磨难到达天竺,发现那里只有一面写着"天竺"二字的小旗,孙悟空抱怨道:"这就是天竺吗?不给力啊!"该动画受到网友追捧,"给力"一词由此流行。2010年11月10日,"给力"登上《人民日报》头版头条,这被视为权威媒体认可网络词语的标志性事件,美国《纽约时报》也因此发文介绍"给力"。

【神马都是浮云】"神马"非马,而是"什么"的谐音;"浮云"则指转瞬即逝的事物。两者结合,意思就是"什么都不值得一提"。用于抱怨,也可用于感叹,还可用于表达超然的心态,成为许多人的口头禅。

【控】是指极度喜欢某种事物,而被该事物所控住。如:手机控。

【达人】中国古代就有"达人"一词,指通达事理的人。"达人"被借入日语后含义发生了变化,如今又从日语传了回来,指见多识广、对某方面懂得透彻的人。如"网络达人"、"理财达人"、"社交达人"。2010年东方卫视举办的选秀节目"中国达人秀",引得万众瞩目。"达人"一词更是遍地开花。

【伤不起】因《×××,你伤不起啊!》系列文章走红网络世界。文章中"有木有"句式表达了各种无奈、纠结、伤不起之情,迅速成为网友最爱。

【围观】多见于论坛和微博中,表示关注。我们说某位明星被围观,就是说关注他的人很多,他的粉丝很多。

【Hold 住】指面对各种状况都要稳住、从容应对。在英语中,"hold"有抱、坚持、握住、掌控等意思。

【坑爹】事情的结果与意愿相违背。不给力、被出卖、被欺骗的意思。

【正能量】2012 年,"正能量"一词忽如一夜春风来,迅速流行起来。网友用"正能量"一词激励自己也鼓励他人,表达对未来美好世界的憧憬与渴望。

【躺着也中枪】出自周星驰电影《逃学威龙》中的一句台词。剧中双方激烈打斗,某人装死,另一人向地上发了一枪,正中装死的人,装死的人叫道:"我靠!躺着都能中枪!"

【高富帅】"高富帅"和"白富美"(肤白、钱多、貌美),是择偶方面最有优势的男人和女人。最初这两个词是网民对青春偶像剧和日本动漫中男女主人公特征的概括,现已成为日常生活里的热门词语。

【女汉子】该词从名模、主持人李艾在新浪微博发起的"女汉子的自我修养"这一话题而来。通常是用来形容那些外表是女生但性格"纯爷们"的姑娘。

【小伙伴们都惊呆了】改词走红归功于电视节目《暴走大事件》第七期。主持人王尼玛在节目中连续多次引用"我和小伙伴们都惊呆了",用以表示惊讶与讽刺。

【感觉不会再爱了】本义是爱情受挫后,用于表达内心抑郁,后被引申为遇到小挫折、小辛苦时的抱怨。原文出自豆瓣网友的日志,因其年仅 13 岁,抱怨"马上就要 13 岁了,单身,身心疲惫,感觉不会再爱了"而备受广大网友吐槽而走红。

【买买买】网民对微博红人王思聪和爸爸王健林的调侃。王思聪:"爸,这个……",王健林:"买买买!"王思聪又说:"爸,这个……"王健林:"买买买!"当人们恨不得把自己喜欢的东西全买下来,然而由于经济能力有限,"买买买"成为一句调侃或自嘲式的话语。

【人丑就要多读书】陕西商洛市一 22 岁女孩被美国 6 所名校录取,并获得美国麻省理工学院全额奖学金一事,成为热议的话题。该姑娘自我调侃"人丑就要多读书",引发众多人感慨。后来有"人丑就要多干活"、"人丑就要多劳动"的自娱式调侃。

第二节 新媒体语言创新特征与规范使用

总体来说,新媒体语言简洁、生动,呈现出丰富多彩的风貌。口语、方言、俚语、表情被广泛使用,新创词此消彼长,层出不穷。创新已成为新媒体语言的重要特征。在创新的同时,还要进行规范化使用,不可滥用、胡用。

一、创新特征

(一)词语产生新语义

在新媒体语境下,常规语言中部分词语产生了新的语义。如"表叔"一词原是对父亲表兄弟的称谓。2012年新浪网友爆料陕西省安监局局长杨达才佩戴多块名表,引发群愤。事后,杨被革职,"表叔"很快流行起来,成为"落马"官员的代名词。

"囧"本是一个生僻古语词,有"光明"、"明亮"之意。因其酷似一张悲伤、沮丧的脸,故被网民用来指称"悲伤、无奈或者极为尴尬的心情"。这样的词义拓展现象在新媒体语境中比比皆是,像"沙发"、"楼主"、"打酱油"在新媒体语境中都具有了新的语义。

(二)语法规则突破

语法是语言中最稳固的部分。然而,在新媒体语境下,汉语语法规则出现了新的变异。首先是词性的界限变得模糊。名词作动词、动词作形容词、动词作名词古已有之,新媒体把这种词类活用推向了极致。开放的语言环境甚至使部分词语摆脱既有词性,可以根据语境实现词性自由转换。如"雷",既可作名词"狂雷",又可作动词"被雷到了",还可以作形容词"雷人雷语"。

此外,一些新的句法格式正在生成,如"被×"格式。传统被字句的规则在新媒体话语中取得了突破。在新媒体语境下,"被×"结构中的×既可以是及物动词,如"被代表";也可以是不及物动词,如"被就业"、"被自杀";还可以是形容词,如"被幸福";甚至可以是名词,如"被山寨"、"被彩铃"。"被"在这一结构中的句法功能被弱化,表意功能得到了加强,它特指其后续词语所指称的行为、状态与实际情况不相符合,或者是被强迫的。

"×+ing"格式。这是一种将英语中的进行时态引入汉语的表达方式,如"郁闷ing"、"游戏ing"。由于表意上简单明了,输入上省时省力,因而在新媒体话语中得到广泛应用,且有由线上转入线下的倾向。

由网络带来的上述语言革命既是网民表情达意的手段,也是网民进行集体狂欢的方式。颠覆语言规则、创新话语表达方式的过程本身就是一个游戏的过程。网民在这一过程中收获的不仅是游戏的快感,更是一种创新的愉悦。正是这种愉悦感激发他们以更大的热情投身到新媒体语言的创造与传播中去,从而形成了"新意迭出、妙趣横生"的新媒体话语世界,新媒体写作因此别开生面。

二、规范化使用

由国家语言资源监测与研究中心、商务印书馆等联合主办的"汉语盘点"通过国家教育部网站发布,说明了网络流行语的生命力;国家领导人、官方媒体对网络流行语的使用也进一步推动了网络新语言的发展。但是,网络语言中的低俗粗鄙现象也非常严重,不断遭到诟病。

《2014年度中国语言生活状况报告》[①]中就指出,网络语言粗鄙化需要治理。因此,

---

① 教育部语信司.2014年度中国语言生活状况报告发布.[EB/OL]. http://www.moe.edu.cn/s78/A19/moe_814/201510/t20151015_213466.html,2015-10-15/2018-09-012.

规范网络语言的必要性逐步得到社会认同。低俗化的网络语言误导广大受众,不应任其泛滥。治理网络语言粗鄙化是净化网络环境、促进网络文化健康发展的现实要求。2014年底,国家新闻出版广电总局曾发出过通知,要求各类广播电视节目和广告不得使用或者介绍根据网络语言仿造的词语,规范网络语言的必要性也在逐步得到社会的广泛共识。

2015年6月3日,人民网舆情监测室发布了《网络低俗语言调查报告》①。报告指出,互联网的出现和发展,使每一个网民都充分掌握了话语权,社会表达不再表现为一元态势,呈现出多元共存的特征。互联网带来了话语权平等、去中心化、权威解构,同时也使得社会负面情绪、文化粗鄙现象经由网络放大。检视网络语言环境中低俗语言的使用,主要有以下三方面的现象:以情绪发泄为目的的网络谩骂;以恶意中伤为手段的语言暴力;以粗鄙低俗为个性的网民表达。

报告指出,"现实社会的粗鄙、市侩也在互联网上蔓延开来,并经由网络再创造,如野草一般疯长,论坛、微博、微信中广泛应用的'撕逼'、'装逼'、'逼格'等污言秽语着实污染了语言环境的清洁。部分公众人物、意见领袖也在推波助澜,以粗鄙低俗为个性的表达之风由此更为泛滥。在网络信息的海洋中,部分网民认为措辞平淡就无人问津,不能彰显个性;而种种隐喻身体器官的语言和变体,似乎显现出创造的智慧和表达的叛逆。然而'黑话'、'粗话'、'下流话'横行,绝非网络空间之福,更不能作为表达自由的象征。此类不是脏话的脏话,不断将话语容忍提到新的层次,有时文质彬彬的网民也会带着某种捉弄的快感参与使用、转发,以此与其他网民'同气相求',从而实现社群心理的共同认知。"

中国文学硕士、台湾辅仁大学中文系讲师张大春先生也曾在报纸上对"哏"误写为"梗"并成为网络热词提出批评。"以传播媒体的现况推之,我可以更大胆地估计:就是出于电视公司听写字幕的人员'无知的创造',我们如今才经常将该写成'哏'的字,写成了'梗'。无知、懒惰且望文生义的不只是这些听写字幕人员,还有上节目以及看节目的演艺人员、名嘴和传媒受众。大家不需要通过考试或学力认证,非但将'哏'误认并错写成'梗'字,还硬是使得'梗'字居然有了'好笑'、'可笑'之义。②"

对于那些反映社会发展、丰富汉语词汇的网络语言也不能为了赶时髦而任意滥用。"从另一个角度看,有许多网络热词所表达的含义,在我们现存的语言体系中,其实并没有合适的字词来代替。如果这些新词汇意义正确,从语言实用性角度来看是可以使用的,但需要注意的是,在使用过程中一定要规范,不能滥用,这样才能让这些词汇发挥出它们应有的意义和作用。③"

---

① 人民网舆情监测室.《网络低俗语言调查报告》全文发布.[EB/OL]. http://yuqing.people.com.cn/n/2015/0603/c364391-27098350-2.html,2015-06-03/2018-07-13.
② 百度百科.梗(网络用语).[EB/OL]. https://baike.baidu.com/item/梗/18780006#viewPageContent,2018-11-09/2018-12-1.
③ 张卫波.网络热词,平均"寿命"只有47天.[N].济南时报,2015-10-20(B19).

第三节 2014—2018年常用网络流行语

从事新媒体写作的人,一定要及时关注学习网络语言的发展,并学会在写作实践中得心应手应用。下面是2014—2017四年热度最高的网络流行语及典型例句。

一、2014年流行语及例句

【我也是醉了】是一种对无奈、郁闷、无语情绪的表达方式。通常表示对人物或事物无法理喻、无法交流和无力吐槽。多可与"无语"、"无法理解"、"无力吐槽"换用。假借醉了不清醒的状态,不能理解对方的想法,实则表示对方的不可理喻和自己轻微的不满。语汇最早出自金庸的《笑傲江湖》中令狐冲语录,如今被广泛使用。

例:假将军骗银行高管1 350万,这智商也是醉了。(人民网"观点频道",2015年1月4日)

【有钱就是任性】源自真实故事的网络流行语,并在各大网络平台渐火。广泛用于对有钱人摆阔的调侃。

例:有钱就是任性!张家界土豪摆流水宴席免费请市民吃"娃娃鱼"。(水产养殖网,2015年2月7日)

【蛮拼的】词义上看是很努力、很卖劲的意思,是相对的程度副词,肯定中更多的充满期待。

例:习近平:干部也"蛮拼的"为人民"点赞"。(搜狐网,2015年1月1日)。

习近平总书记2015年新年贺词中也用了这个词:"为了做好这些工作,我们的各级干部也是蛮拼的。当然,没有人民支持,这些工作是难以做好的,我要为我们伟大的人民点赞。"习近平总书记使用该词描述干部的基本工作状态,既接地气、形象生动,又时髦贴切。"蛮拼的"也因之再次走红。

【保证不打死你】源自吴镇宇在《爸爸去哪儿2》中的一句口头语。"宝宝你过来,爸爸保证不打死你"。引申为发泄情绪、表示不满的一种比较幽默的说法,用于调侃。

例:"我保证不打死你":南京中院司法建议走红。(微信公众号"今日法苑,2018年4月23日)

【萌萌哒】该词出处难以考证,可能从另一网络词"么么哒"演化而来。"萌萌哒"意同"萌萌的啊",后面"的"与"啊"连读发生语音流变,成为"萌萌哒"。形容可爱的事物或人。

例:"萌萌哒"诗礼夫子展亮相高新区,5月下旬前可参观(凤凰网,2018年4月24日)

二、2015年流行语及例句

【重要的事情说三遍】一般认为该网络流行语出自一个日本网络典故,其源头是日本名综艺主持人三野文太出演的一个药品广告。释义为事情很重要。

例:重要的事情说三遍:查税涉税信息千万千万千万要看。(微信公众号"石家庄地税",2018年2月14日)

【世界那么大,我想去看看】2015年4月,河南某中学女教师一封辞职信引发热评,辞职的理由仅有10个字:"世界那么大,我想去看看"。网友评说这是"史上最具情怀的辞职信,没有之一"。

例:北大网红教授辞职,真的是"世界那么大,我想去看看?"(微信公众号"秦皇水岸",2018年3月15日)

【你们城里人真会玩】早些时候,演员吴亦凡在上海某所大学拍摄电影,结果有人假扮吴亦凡让那些狗仔以为是吴亦凡本人,并且狗仔把照片上传到微博上。之后,人们发现并不是吴亦凡本人,就出来了这句"你们城里人真会玩"。

例:北京一家三口在农村建世外桃源:你们城里人真会玩(微信公众号"时尚美妆顾问",2016年1月13日)

【为国护盘】2015年初夏,中国股市集体蒸发上万亿。被套牢股民用"为国护盘"一词自嘲,没想到走红网络。

例:国企高管成下一波巨富?又到为国护盘时间窗口(微信公众号"叶檀财经",2016年8月18日)

【明明可以靠脸吃饭却偏偏靠才华】演员贾玲昔日的清秀照片被网友翻出来,大家惊讶地发现,经常跟男生"掰腕子"的贾玲竟也曾经"女神"过。贾玲在微博上回应道:"我深情地演绎了:明明可以靠脸吃饭,偏偏要靠才华。"

例:从复旦到哈佛,这对姐妹花明明能靠脸吃饭却偏偏靠才华(微信公众号"墙报",2017年11月9日)

【吓死宝宝了】该语有多种出处,意思是吓死我了,把自己变成了宝宝,有卖萌的意思。

例:吓死宝宝了!女子信用卡欠款5万。半年后,律所通知还21亿(人民网,2015年10月11日)

【内心几乎是崩溃的】来源于2015年国内漫画作者陈安妮在接受媒体采访时说的一句"我的内心几乎是崩溃的"。

例:食堂锅里洗拖把,网友:学生们内心几乎是崩溃的(中国青年网,2016年5月22日)

【主要看气质】2015年,知名歌手王心凌在个人微博发了一张新专辑《敢要敢不要》中的一张配图,绿色背景凸显古堡风,但手里拿着汉堡大口吃。如此造型让网友直呼"脑洞大开"。随后王心凌在与网友的互动中回复:"主!要!看!气!质!"网友火速跟风,在微信朋友圈发自拍照时都配上一句"主要看气质"。这句话更是登上美国华尔街日报国际英文版,成为最有影响力的年度中国热词!

例:主要看气质,铃木小型硬汉SUV一分钟征服你!(新浪汽车,2017年12月14日)

三、2016年流行语及例句

【洪荒之力】2015年,仙侠玄幻剧《花千骨》中,赵丽颖饰演的花千骨的"洪荒之力"一词被用于剧中最强神力,即同名小说中的妖神之力。2016年8月8日,里约奥运女子100米仰泳半决赛后,中国选手傅园慧接受采访时说:"我已经用了洪荒之力"并配上搞怪的表情,快速走红网络。

例:商丘一轿车用"洪荒之力"撞倒6个护栏。(网易河南站,2018年4月30日)

【友谊的小船】友谊小船最早的说法来自英文友谊一词"friendship"。"说翻就翻"来自微博上曾经流行的一张恶搞配图"让我们荡起双桨,小船儿说翻就翻"。该词真正火起来是韩剧《太阳的后裔》播放后,由调侃剧情的段子"说分就分耿直无双"衍生出的"友谊的小船说翻就翻"。

例:友谊的小船说翻就翻!刘嘉玲吐槽王菲牌技太差。(网易娱乐,2018年5月1日)

【吃瓜群众】在网络论坛中,人们发帖讨论问题,后面往往有一堆人排队跟帖,或发表意见,或不着边际地闲扯。2016年,有人将"不发言只围观"的普通网民称为"吃瓜群众"。后来,"吃瓜群众"常常被用来自嘲或互嘲,表示不关己事、不发表意见的围观状态。

例:刘震云:吃瓜群众也许在决定你的命运。(人民网,2017年11月6日)

【葛优躺】演员葛优在1993年情景喜剧《我爱我家》第17、18集里面的剧照姿势。"葛优躺"引申为"舒服而又颓废"的状态。

例:运动已经成为时尚,你还在"葛优躺"吗?(微信公众号"瑜伽丰胸",2017年6月

23日)

【辣眼睛】多用于形容看到不该看、不好看的东西。具有不忍直视、惨不忍睹、看了长针眼等潜在含义。

例:巴黎世家道歉信遭炮轰 网友还挖出了它辣眼睛的黑历史。(北京网络电视台,2018年4月28日)

【都是套路】2016年互联网让"套路"一词重新流行于年轻人之间。套路一词现多用于贬义,一般多指某人做事喜欢欺瞒,并且对方法极具实际经验,从而形成了一类行为模式。

例:都是套路,杭州破获一起婚恋网站交友诈骗案。(杭州网,2018年4月29日)

【蓝瘦香菇】南宁一小哥失恋后录了一段视频,用方言说"难受,想哭"。谐音成"蓝瘦香菇"。

例:国台办回应"台湾删减文言文方案":不要只会说"蓝瘦香菇"。(观察者网,2017年9月13日)

【老司机】老司机出自云南山歌《老司机带带我》。2016年网络上出现了一段基于此曲的音乐视频《风流妹逗老司机》。后来,"老司机"引申为行业老手,对各种规则、技术经验老道的人。多有褒义。

例:张贵波暗下决心,要练出真功夫。之后几年他潜心钻研,立焊、平焊、仰焊、横焊,他一项一项地练;站、仰、蹲、趴,他一招一式地学。……不断的积累和探索,练就了一身绝活,成了业界的"老司机"。(人民网文章《"焊接"国际技师》,2018年4月23日)

【厉害了我的哥】觉得对方十分厉害,称赞对方,以表敬佩之意。

例:厉害了我的哥!射洪民警为抓毒贩徒手撕开铝制防护栏(人民网,2017年8月15日)

四、2017年流行语及例句

【打call】该词来自日本演唱会Live应援文化。偶像支持者表演的舞蹈或动作,包括跳跃、拍掌、挥动手臂和有节奏地喊口号。支持、鼓劲的意思。

例:央视新闻联播、人民日报、新华社纷纷报道,为珠海打CALL。(珠海网,2018年4月26日)

【尬聊】尴尬地聊天,气氛陷入冰点,但情境所需又必须要聊天。

例:马龙遭遇尬聊式采访回怼记者,他可以请教刘翔怎么应对这事(东方体育,2018年5月1日)

【你的良心不会痛吗】2017上半年,有知乎网友拿出证据表明:杜甫一生为李白写了很多诗,李白不仅不唱和,还写了一首流传至今的《赠汪伦》。于是很多网友开骂李白"不讲情谊","李白,你的良心不会痛吗?"。

例:号称车企老大哥 竟以次充好! 你的良心不会痛吗?(凤凰汽车,2018年3月16日)

【惊不惊喜意不意外】该词最早出自电影《家有喜事1992》里面的一段经典对白,意思为事情发生了意想不到的转折。

例:央行降准,惊不惊喜,意不意外啊? 各大行表示十分意外和万分惊喜,原先还各种春困疲乏,降准消息一来就像打了鸡血,大有一蹦三尺高的精神劲。(《央行降准你很高兴? 不要高兴得太早》,网易财经,2018年4月18日)

【扎心了,老铁】"斗鱼"TV直播间的观众基本在十几岁到二、三十岁之间,他们性格张扬,常发弹幕。一天,直播间中忽然来了一帮东北小朋友,很多人发"老铁,扎心了"这句弹幕,结果迅速在互联网走红。"老铁"是东北方言,意思是好朋友。"扎心了,老铁",意思是某件事情让人悲伤的情感变化。

例:论中超裁判挨的骂和挣的钱 扎心了,老铁。(东方网,2018年3月30日)

【还有这样的操作】原是吐槽或者嘲讽一些让人大跌眼镜的游戏操作方式,最初在游戏圈中流行。后因"还有这种操作"表情包的走红,很快为大家熟知成为网络流行语。引申义为"居然还有这样的套路"。

例:吃鸡、秀恩爱两不误,还有这种操作?(东方网,2018年4月12日)

【怼】多种意思:东北话是顶砸、顶撞、碰撞的意思;河南话有拼死、对着干的意思;陕西话里是顶回去的意思。2017年,某卫视一档综艺节目《真正男子汉》热播,"怼"频繁出现在节目中,给广大观众朋友留下了深刻印象。节目中,嘉宾杜海涛跟王宝强互"怼"的片段也惹得观众爆笑连连。随后,有网友把"怼"字直接建立了微博话题,在网友们的互动下,"怼"字一度冲到了当时热门话题榜的第五名。

例:美新任国务卿结束首访,全程"怼"伊朗。哈梅内伊发表讲话回击(新浪新闻,2018年5月1日)

【油腻】"油腻"是对某些中年男子特征的概括描述,这些特征包括不注重身材保养、不修边幅、谈吐粗鲁等行为。该词最早来源于微博,后因作家冯唐撰写的《如何避免成为一个油腻的中年猥琐男》一文流行起来,多被网友用来自嘲。

例:杨烁、刘涛再度合作! 为什么感觉更"油腻"了?(新浪网,2018年4月26日)

五、2018 年流行语及例句

【命运共同体】

命运共同体,即在相同条件下结成的命运攸关的集体,源自人类命运共同体。十八大以来,习近平总书记在一系列国内国际场合提出构建"人类命运共同体"。在十九大报告中,总书记再一次提出,"坚持和平发展道路,推动构建人类命运共同体"。2018 年 3 月 11 日,第十三届全国人民代表大会第一次会议通过《宪法修正案》,将《序言》中"发展同各国的外交关系和经济、文化的交流"修改为"发展同各国的外交关系和经济、文化交流,推动构建人类命运共同体"。构建"人类命运共同体"已引起各国关注,得到全球认同,成为推动全球治理体系变革、构建新型国际关系的国际共识。"命运共同体"也已成为一个全球"热词"。

例:汕头海事局强化党建联动|聚力打造水上交通安全命运共同体("汕头海事"微信公众号,2019 年 4 月 19 日)

【锦鲤】

锦鲤本是一种高档观赏鱼,极富观赏价值,深受人们喜爱。2018 年国庆期间,支付宝官方微博开展了一个抽奖活动,从转发此条抽奖微博者中抽奖,抽中的人为"中国锦鲤",吸引 300 多万次转发。10 月 7 日支付宝揭晓了抽奖结果,幸运的"中国锦鲤"获得了"中国锦鲤全球免单大礼包"。"锦鲤"立马走红,网络上掀起了转发配有"锦鲤转运""锦鲤祈愿""锦鲤保佑""锦鲤还愿"等文字的锦鲤图像的热潮。"锦鲤"于是成为"好运"的象征。随着热度增长,"锦鲤"开始泛指在小概率事件中运气极佳的人。"锦鲤"的走红及其意义的泛化,隐含了人们对美好生活的向往。

例:男子散步时捡了块"臭石头",一验竟值 70 万!锦鲤啊!(中国经济网,2019 年 4 月 15 日)

【店小二】

店小二,原指旧时茶馆、酒肆、旅店等处负责接待顾客的伙计。"店小二"热情的态度、周到的服务,是店家带给顾客美好体验的重要因素。浙江主要领导人曾提倡,政府部门、领导干部要当好服务企业、服务基层的"店小二"。"店小二"便逐渐演化出新义,指推进经济发展、为企业提供周到服务的政府部门及领导干部。

例:浙报点赞长兴县科技局局长朱伟:热情的科技"店小二"(浙江新闻客户端,2019 年 4 月 19 日)

【教科书式】

2018 年 5 月,有人上传了一段上海民警街头执法的视频。视频中执法人员查处违法行为,无论是执法程序还是现场指令等都无可挑剔,具有教科书样的规范性,被网民称为"教科书式执法"。人们用"教科书式"来指"规范的"、"典范的"、"经典的"、"示范的"、"完美的"等。同时,也出现了"教科书式耍赖"、"教科书式下套"、"教科书式坑人"等说法,这是对"教科书式"的反用。

例：教科书式的洗盘之后 股市会开启教科书式的上涨吗？（第一财经网，2019年4月6日）

【官宣】

2018年10月16日，赵丽颖与冯绍峰同时在微博上发布"官宣"，公布二人结婚喜讯。两人都是粉丝众多的明星，婚讯备受关注，引发网络疯狂转发。几天后，"官宣"纷纷出现在新旧媒体上，都是某个人或某机构宣布的某消息。"官宣"迅速走红。"官宣"从"官网"、"官微"衍生而来，义为"官方宣布"。其"官方"指某种权利的拥有方。"官方"本指政府方面，如"官方人士"、"官方消息"等。把个人、机构等非官方行为称为"官方"，也有强调其权威性、可靠性的意味。

例：滴滴"官宣"巨亏——是卖惨，还是真难（中国经济周刊，2019年2月28日）

【确认过眼神】

源自歌曲《醉赤壁》里的一句歌词"确认过眼神，我遇上对的人"。该词语作为网络用语开始流行是在2018年的除夕。某网友发布了一张内容为"确认过眼神，你是广东人"的图片，借以吐槽广东人的过年红包面额很小，引发网友对各地红包数额的讨论，从而使该语爆红网络。表示"确认过"、"甄别过"的意思。

例：确认过眼神，你是错的人；查体是表面，捞钱套路深！（央视新闻，2018年12月6日）

【佛系】

该词最早来源于日本某杂志介绍的"佛系男子"，指爱独处、专注于自己的兴趣、不想花时间与异性交往的男人。在国内社交平台流行后，该词泛指不争不抢、不求输赢的人，表达了一种按自己方式生活的人生态度，并衍生出"佛系青年"、"佛系女子"等一系列词语。

例：佛系！利物浦2比0战胜切尔西，萨拉赫轰进世界波，场上做瑜伽庆祝（体育专刊，2019年4月15日）

【杠精】

杠精，指抬杠成精的人。这类人以抬杠为己任，往往并不关注客观事实，经常为反对而反对，不管别人所说内容的对错而进行持续的反驳。

例：为什么每个团队里都应该有一个"杠精"？（新浪，2019年3月24日）

第四节　新媒体写作中的表情应用

在网络环境里，"表情"是利用图形表达感情的一种形式。"表情"常见于社交软件和各类论坛，如QQ、西祠胡同、微信。最初的表情包内容比较简单。随着网络生活的不断丰富，网民的创作热情激发出来了，表情包的内容也越来越丰富。移动互联网时代，人们以时下流行明星形象、话语、动漫、影视截图为素材，配上系列对应文字，用以表达特定的情感。

2017年7月18日,教育部、国家语委在北京发布《中国语言生活状况报告(2017)》,表情包入选2016年度中国媒体十大新词。

一、表情包的产生与迭代

1982年9月19日,美国卡耐基·梅隆大学的斯科特·法尔曼教授在电子公告板上,第一次输入了这样一串ASCII字符::-),人类历史上第一代表情符号由此诞生。

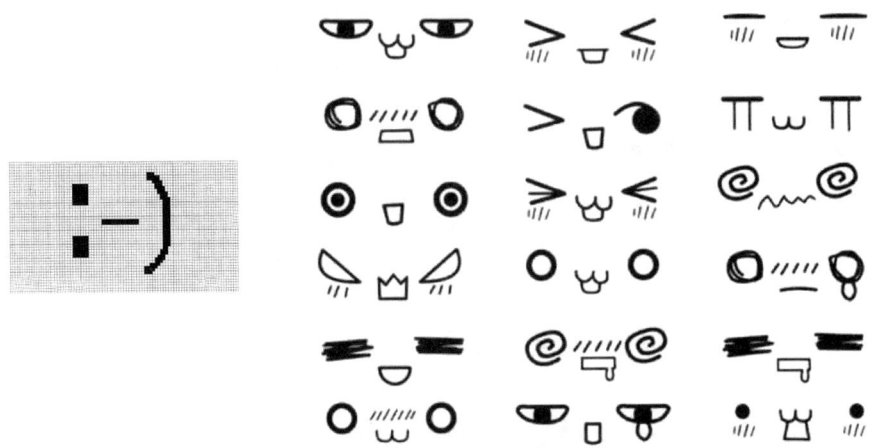

第二代表情包以Yahoo Messenger中的表情脸谱为代表,这些占用较少字节的符号极大地丰富了人们沟通的趣味性。如图:

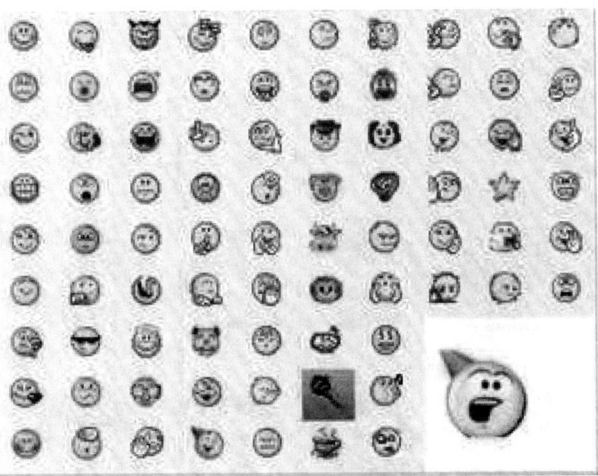

随着腾讯"QQ"聊天软件的问世,中国的表情包随之诞生。如图:

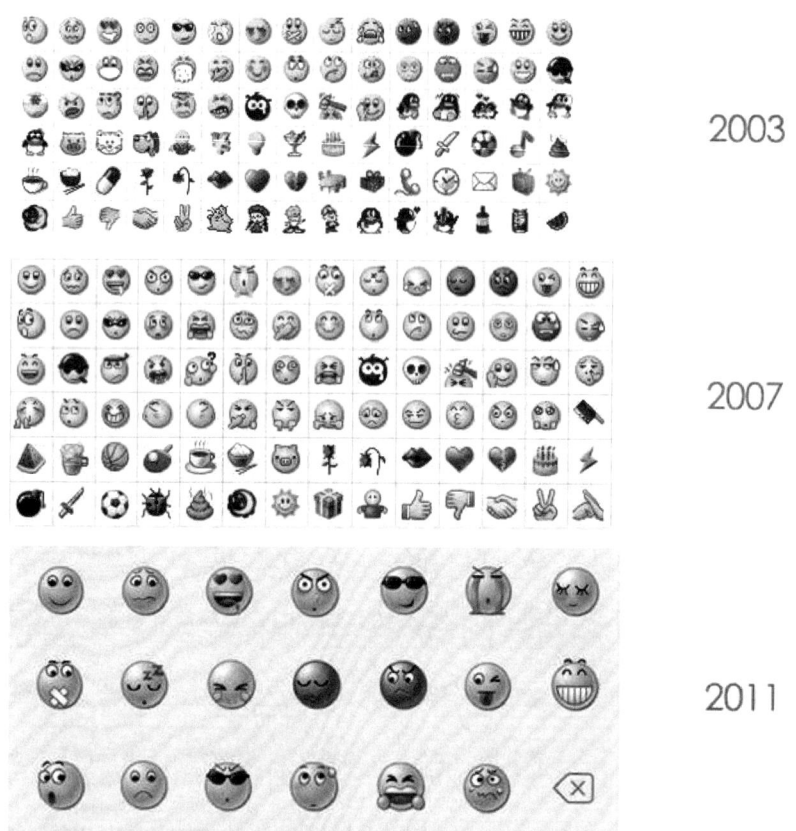

QQ 小黄脸系列表情火了很多年。这些"骨灰级"表情成为了中国网民的象征。据腾讯统计,中国网民 2014 年通过 QQ 发送了超过 10 亿次"龇牙"表情。排名第二、第三的是"发怒"、"亲亲"表情。"抠鼻"也进了前七。

移动互联时代的到来,以 Line Sticker 为代表的更精致、丰富的贴图表情开始流行。此类表情包一种以人物为造型,一种则以场景为主体。如图:

Line Sticker 表情

很多表情包是和网络流行语同时产生的。这些词语之所以流行起来,也是得益于表情包的广泛使用。

例1:2016十大网络用语之一"蓝瘦香菇"的表情包:

例2:2014网络热词"萌萌哒"表情包:

例3:2016热词"吃瓜群众"表情包:

第四代表情包以GIF格式图片为新宠。一个小片段用非正常的速度无限循环,让

读者体验到更生动的表达方式,充分体现了多媒体特征。

2014 年,Twitter 利用"GIF 转 MP4"的"黑科技",让用户可以直接分享 GIF 内容;2015 年,Facebook 也开始提高对 GIF 内容的支持度。随着 QQ 新版本的推出,动图和自定义表情开始崭露头角。

二、表情的文化特征

从表情包的设计来看,日本和韩国的表情符号通常比较精致,更多是静态表情。欧美的表情符号比较正统,虽然不太可爱,但很实用。中国表情形象比较萌,草根气息浓郁。不同的表情图片隐藏了不同的文化基因。北欧国家喜欢"圣诞老公公"符号;浪漫的法国人最爱用"心碎"符号;夏威夷人的表情符号有明显的地理特征。分别见下图:

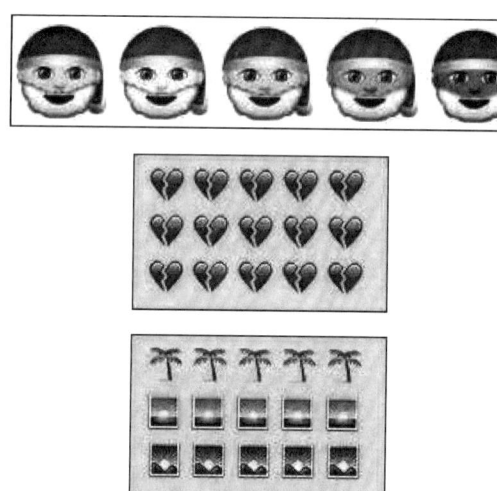

有时,相同的表情符号因国家和民族的不一样有不同的符号含义。"一小时翻译"公司的一项调查,证明了这一点。

大多国家网民认为这个表情的意思是"离我远点",可在西班牙人看来是"比武"。

下面这个表情普遍的意思是"无语",但是在阿拉伯语国家中却是"不行和震惊"。

对于这个表情,印地语测试者认为是"看,他在放屁";法国人则认为这是一个充满诗意的场景:"微风吹拂你的脸颊"。希腊人认为是"顺其自然"的意思。

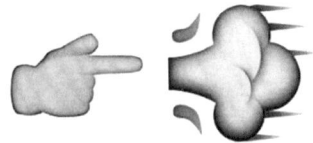

这个表情组合的意思是"生病了,是手臂弯曲方面的问题"。但是阿拉伯语国家的人认为是"有腋臭"。加拿大人认为仅仅表示"有肌肉"。德国人则认为这个符号的意思是"我什么都不能说,否则我会死"。

这组有点复杂的图标就更妙了。大部分测试者认为这是表达晚安和有个良好睡眠的意思。然而西班牙人说,这是"当月亮出来的时候需要打鼾"的意思。德国测试者则说,这意味着"夜晚是美好的,但是睡觉更棒"。

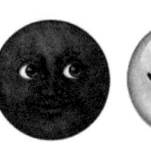

三、表情即内容

微信公众号"传媒评论"2017 年 9 月 27 日推送了程瑶的文章《表情包也是内容》,说了这样一个故事:

以色列一位业主在网站上发布了一则房屋出租广告。随后他收到一对夫妇的留言。主要内容为"早安,对你的房子很感兴趣,想要了解一些细节"。看到这条信息后,业主撤下广告并与这对夫妇进行了沟通。几次来回后,那对夫妇便不再回复业主了。

业主感觉被耍了,将这对夫妇告上了法庭。法官也选择支持业主,要求夫妇赔偿业主 2 000 美元。原来,那对夫妇发给业主的最后一条信息是告知租房合同需修改的地方。这对夫妇发给业主的信息中,包含了不少表情图片,如笑脸、香槟及跳舞人物。虽然这些表情所传递的信息并未构成对双方具有法律约束力的合约,但这些表达乐观情绪的表情显然误导了这位业主,使其对夫妇俩一定会租下房屋的想法深信不疑。

文章认为,表情并非独立存在,在新媒体平台传播中,表情已经成为内容的一部分,成为表达情绪的另一种出口。下面看一些具体的应用。

(一) 表情在政府传播中的应用

表情包不仅在网民中间被广泛使用,一些政府部门在通过新媒体进行宣传时也开始使用表情包。表情包改变了政府部门在群众印象中通常严肃刻板、传播形式传统、话题严肃的形象认知。

例 4:2018 放假安排来了！哪天放假？怎么倒休？加班费怎么算？一图告诉你①

中国政府网公布 2018 放假安排时,在加班的日期上贴了一个 QQ 笑脸表情;在调休的日期上,贴了一个 QQ 加油的表情,让普通群众忍不住会心一笑,柔化了政府形象。如图:

例 5:中纪委网站推八项规定表情包②

2017 年 12 月,中央纪委监察部网站推出了一组八项规定表情包。这是一套巩固拓展落实中央八项规定精神成果主题表情包,共 16 款。这也是一套动态表情包,不仅内容积极向上,显示正能量,形式也比静态图片形象生动。

在接受新京报记者采访时,中央纪委监察部网络中心监督执纪信息处有关负责人表示,"用表情包方式表达八项规定这一主题,用现代传播手段,通过文字、表情、动作聚合的形式来讲述全面从严治党要求、党风廉政和反腐败的故事,凝聚社会共识,构筑强大舆论传播场,这是创新严肃话题表达方式的尝试。表情包这种传播方式,符合广大网友的需求,现场感与代入感较强,用户体验效果也好。在中央八项规定实施五周年之际,坚持'严肃话题百姓视角',推出一组 16 个八项规定表情包,供广大网友收藏、转发,用网友喜闻乐见的表达方式来宣传,就是想让中央八项规定精神深入网友、深入网络、深入人心,激发作风建设线上线下全方位正能量。"果然,该组表情包推出首日,就刷爆朋友圈,点击过百万。下面是该组表情包的部分静态截图:

---

① 中共政府网.2018 放假安排来了！哪天放假？怎么倒休？加班费怎么算？一图告诉你.[EB/OL]. http://www.gov.cn/xinwen/2017－11/30/content_5243589.htm,2017－11－30/2018－08－14.
② 新京报许雯.中纪委网站推八项规定表情包 主创团队揭创作历程.[EB/OL]. http://www.ccdi.gov.cn/special/bxgdbbwzn/topnews_bxgdwzn/201712/t20171204_113045.html,2017－12－04/2018－08－15.

中央纪委对表情包的使用得到了各地政府的纷纷仿效。去年,武汉公安局官方微信"平安武汉"推送消息《我们终于有自己的表情包啦!》,公布了女警吴玉婷创作的12张可爱的民警卡通图片。身穿警服、头戴警帽的男女民警用夸张幽默的表情展现了一个个有血有肉的"警察故事",苦乐交织的点滴之间,警察的职业形象变得活泼生动,跃然纸上。

武汉市纪委2018年初在其官网推出了一批动画"廉政表情包"。这批表情包以中国古代清官廉吏形象和廉政典故为基础,包括南朝中书通事舍人顾协"棒打送礼"的典故,也有"两袖清风一身轻"的明代廉吏于谦、北宋廉吏沈括等人物形象。

(二)表情在日常写作中的应用

表情包凝聚了创意设计者的智慧。流行语搭配漫画风格的配图,不仅形象生动,还传达多种难以言表的涵义。因此,新媒体写作对表情包的使用已经非常普遍。

例6:你敢找我代购,我就敢拉黑你!①

这篇文章写一个女孩去日本旅游受朋友之托帮其购物的经历。文章中使用了不少漫画风格的动态表情,增强了表达效果。

---

① 百家号解忧信笺. 你敢找我做这事,我就敢拉黑你. [EB/OL]. https://baijiahao.baidu.com/s? id=1599908060640490000093&wfr=spider&for=pc. 2018-04-29/2018-8-20.

第六章 新媒体新闻写作

第一节 新媒体新闻写作特征

新闻是什么?"新闻是从社会生活里传播的所有事实中选择出来的、新鲜的、重要的、有趣的、最具代表性的并以一定手段传播的事实。"[1]新闻是一种重要的写作文体,具有真实性、思想性、时效性的特点。新媒体时代,因为传播变得更加方便快捷,新闻写作活动也比以往更为频繁。新闻写作也不仅是专业新闻工作者的事情,更多的人加入到了新闻写作的队伍。

新媒体时代,由于多媒体技术特别是超文本技术的应用以及阅读方式的改变,新闻写作也具有了新的特征。

一、题材多样性 视角多元化

新媒体时代,由于社交媒体的蓬勃发展,个人微博、微信成为新闻源已经是不争的事实。1998年,美国个人博客"德拉吉报道"捅出美国前总统克林顿绯闻案,显示了私人博客作为新闻来源的威力。过去记者、通讯员组成的新闻写作队伍人数有限,报纸、电台、电视媒体资源也有限。因此,许多题材不被关注。时至今日,微博、微信、抖音等平台改变了新闻制作与传播的路径,人人都可能成为新闻的写作者和传播者。因此,新媒体时代,新闻的题材比以往任何时候都丰富。

此外,新媒体环境下,新闻报道的视角也具有明显的多元化特征。新媒体对于新闻的快速响应,让所有媒体在同一时间得到相同的新闻素材,这就倒逼新闻媒体去挖掘素材背后的东西,发现独特的新闻视角,传播独特的新闻价值。不少媒体会通过微信、微博等平台,从网络调查、留言等信息中选择新闻视角。

以2012年作家莫言获得诺贝尔文学奖为例。除了获奖本身,不少媒体还围绕这一事件挖掘了多个新闻事件,反映了不同的新闻视角。下面是当年部分媒体的新闻标题:

---

[1] 徐中玉.新编大学写作[M].上海:复旦大学出版社,2016:168.

例1:"莫言领奖体"爆红,引发网友效仿

例2:诺贝尔奖之后,中国文学不妨沉着前行

例3:陈祖芬:所以,杨振宁和莫言能获诺奖

例4:莫言预计今晚回到北京　750万元奖金将免征个税

例5:"莫言"餐厅商标150万起拍卖,餐厅已开张7年

例6:丁肇中:莫言获得诺贝尔文学奖很重要

例7:莫言成2012年诺奖周"主角"吸引媒体目光[①]

二、标题制作追求吸睛率

标题是新闻的眼睛。传统媒体在新闻写作过程中,历来重视标题制作。标题中要交代基本的新闻要素和主要事实,同时要做到先声夺人,抓住读者眼球。通常情况下,单行标题要想达到这两个要求难度较大,许多时候选择多行标题。"标题按位置可分为引题、主题、副题、提出题等类型,按内容可分为实题和虚题两大类。[②]"

新媒体时代,新闻标题显得更重要,因为每天出现在我们面前的新闻太多。为了让读者在海量信息中阅读你的新闻,标题首先要做好。搜狐新闻总结的标题制作原则是"真实。不靠'标题党'吸引读者,不断章取义。简洁。能用一个字表达清楚,就不用两个字。精彩。运用各种表现手法,将真正的新闻点提炼出来,让人过目不忘。独到。避免新闻标题同质化。[③]"搜狐是著名的新闻门户网站,其新闻标题制作的原则维护了正统新闻的形象。随着微信等自媒体平台的出现之后,新媒体新闻标题则有了新的变化。

(一) 采用单行标题

第一便于手机屏幕快速阅读,第二考虑手机界面有限。复杂的多行标题会占用手机屏幕和微信界面。因此,哪怕标题长一些,也不去做多行标题。

(二) 大量采用问句、感叹句

大量使用问句和感叹句,尽量不用陈述句,这是吸引读者注意的有效手段。对自媒体而言,标题吸引读者眼球已经比交代新闻事实更为重要。当然,能够将两者很好结合起来就更完美了。举例说明:

例8:恭喜!孙杨大满贯!

例9:这位辅警"警容不整"地在风雨中狂奔,网友却纷纷给他点赞!

例10:医学界泰斗被外卖员撞倒去世,律师回应"同命同价"?"饿了么"公开致歉!

例11:"姑娘要多干活少花钱别馋嘴?"民政局发的新人手册雷翻网友

[①] 例1—例7分别选自凤凰网、人民网、中国作家网、中国青年网、中新网、新华网、人民网新闻。

[②] 彭朝丞、王秀芬.标题的制作艺术[M].北京:新华出版社,2005:16.

[③] 吴晨光.超越门户.搜狐新媒体操作手册.中国人民大学出版社,2015.

例12：非常英俊！这所大学"录取"了一只鹅①

上面这五个标题选自人民日报微信公众号2018年8月的新闻，具有较强的典型意义。

三、文本结构打破常规

传统新闻写作文本结构主要有金字塔、倒金字塔、沙漏型、华尔街日报体等。此外，通过跳笔等笔法的运用、新闻背景和引语的穿插，新闻结构灵活多变。传统新闻文本结构虽然变化多，但是比较严谨和完整。与传统新闻相比，新媒体新闻文本结构就显得随意和松散。自媒体出现之后，这种变化更为明显。

例13：最新！长春长生被处最高罚款，吉林食药局局长等被免职

人民网微信公众号2018年8月17日推送了这条新闻。文章首先是一张中国政府网的截图，然后是一段类似导语的文字："国务院总理李克强8月16日主持召开国务院常务会议，听取吉林长春长生公司问题疫苗案件调查情况汇报并作出相关处置决定；部署以改革举措破除民间投资和民营经济发展障碍，激发经济活力和动力。"接下来用"会议指出"、"会议决定"、"会议还研究了其他事项"三部分对会议内容进行了描述，与传统新闻文本结构大相径庭。

很多新闻只是文字、图片、表格、视频等素材的随意而合理组合。这似乎降低了文字写作的难度，但对收集处理各种新闻素材的能力提出了新要求。

四、语言口语化和可视化

传统新闻写作形成了独特鲜明的新闻语言。新闻语言既不同于口语表达，也不同于文学语言、公文语言、学术语言等其他书面语言。"新闻语言是一种独立的语言。②"

而以微信公众号为主的新媒体新闻写作，则出现了口语化的语言以及大量网络热词。人民日报这样的传统媒体也频频使用口语。

例14：俺用手机"种"蔬菜③

2017年2月15日，《人民日报》头版"新春走基层"栏目的这篇报道标题取自某生态园负责人对记者说的话，"没想到俺们可以用手机'种'菜了"。口语化标题，接地气，有温度，讲出了群众对科技惠农的真实感受。

例15：让"她时代"绽放更多光彩④

2017年3月8日，人民日报头版的评论员文章，标题中的"她时代"也用得很妙，既

---

① 例8—例12选自2018年8月人民日报微信公众号推送的新闻。
② 艾丰.新闻写作方法论(第2版)[M]北京：人民日报出版社,2007:201.
③ 雷声.俺用手机"种"蔬菜[N].人民日报,2017-02-05(01).
④ 人民日报评论员.让"她时代"绽放更多光彩[N].人民日报,2017-03-08(01).

概括了越来越多女性以实绩赢得尊重的时代特点,又获得了众多读者对妇女推动社会发展和进步的情感认同。

语言的可视化就是将传统新闻中的语言描述,通过多媒体技术用图片、视频、表格、漫画形式呈现。参见本章第二节。

第二节　新媒体新闻报道新形式

为适应技术的发展和阅读方式的改变,新媒体新闻报道形式也随之发生变化,出现了不少新的形式。

一、图说新闻

图说新闻与传统图片新闻不一样。图片新闻,通常是以一张或一组新闻照片为主体,辅以文字说明或配以画外音解说的新闻报道形式。报纸上的图片新闻司空见惯,电视上的图片新闻已经很少见到。中央电视台在 20 世纪 50 年代曾经开设《图片新闻》节目,后逐渐被图像新闻取代。

图说新闻,也称图解新闻,指用专门制作的图片配合文字来做新闻,而不是用新闻照片做新闻。

随着互联网和大数据的兴起,在全媒体时代,图解新闻是一种非常符合读者阅读习惯的新闻报道方式。新闻的图片化不仅大大减轻文字阅读的信息负担,而且直观、形象,更易于读者理解和接受新闻。

丰富的色彩、整洁的排版、易读的文字、浓缩的信息、精炼的数据……这些都是图解新闻的优势。图片新闻可以在最短的时间内赢得读者的关注,引起读者更广泛的兴趣,使信息传播更准确、更快速。如今,图说新闻已经成为各大媒体包括党媒、门户网站、主流报纸重要的新闻形式。人民网有"图解新闻"栏目,宗旨是"图个直观、解得明白"。其他门户网站都有类似频道,如网易有《数读》,新浪有《图解天下》,搜狐是《数字之道》,中国新闻网也直接命名《图解新闻》。

图说新闻比传统新闻写作复杂不少,除了文字写作,还需进行图片的制作。此外,把握好图文结合的技巧也是关键。

(一) 选择适合的内容

图解新闻虽然有其生动易读的特点,但不是什么题材都适合用图来说。一般性社会新闻、人物报道、社会事件的深度报道就不太适合图说。如《女子抱着 6 岁男孩匆忙往医院跑,只因肾被摔成两半》,就不适合用图来说。

那么,什么样的内容更适合做成图解新闻呢?

1. 时政、财经新闻

通常,时政性法律法规、重要文件以及财经类报告如果采用原文照登的形式,阅读就会觉得艰深枯燥,难以理解。若用图说的形式,就可以起到化繁为简、化重为轻的效果。

由新华社主办的新华网,由于其自身的性质,在新闻选题方面政治性较强;报道的内容多为政府政策、领导人讲话、政府文件公开、国内经济运行状况等。因此,用图说新闻的形式报道就比较合适。

例1:一图看懂2018年中央一号文件①

新华网这篇报道通篇只有一张图,由于图片太长,上面只截取了两小部分。通过对中央一号文件内容的分解和图形处理,读者一目了然。

---

① 汪亚. 划重点! 带你一图看懂2018年中央一号文件[EB/OL]. http://www.xinhuanet.com/2018-02/05/c_129806071.htm, 2018-02-05/2018-09-15.

2. 适合知识点挖掘的新闻

知识类的内容借助图说形式,知识点罗列清晰,便于读者记忆。

例2:独营之"盐"①

自古以来,食盐一直是国家专营产品。1996年,我国正式确定了食盐的专营制度。2014年,国家发改委废止《食盐专营许可证管理办法》。按照改革方案,从2016年起废止食盐专营,允许现有的食盐定点企业进入市场,允许食盐流通生产企业跨区经营。搜狐"数字之道"频道为此做了这样一篇新闻,从食盐专营的历史到专营的利弊进行了全面分析。由于采用"图说"的形式,读来相对轻松。

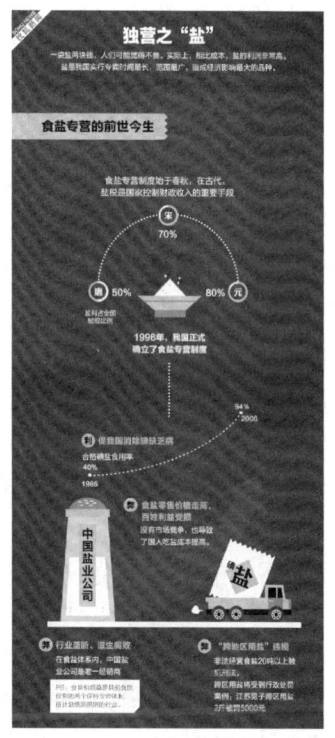

3. 娱乐性内容

娱乐消遣类内容,以图片来解说,阅读起来常常更为有趣。搜狐《数字之道》做了不少这类内容,如《找不到对象怪谁》《离婚进行时》《3亿胖子有你吗》等。这些内容乍看有点八卦,其实折射了许多社会问题。

(二)学会内容取舍

用一张长图来解说新闻,篇幅肯定不够用。所以,图说新闻时,对于内容的筛选、信息的整合能力要求非常高。正常的新闻或许需要说清楚5个W,但在图解新闻中只需说明其中几点就够了,懂得取舍是制作图解新闻的关键。

也只有这样,才能梳理出核心的信息和数据,并且能够理清它们的逻辑关系,从而可以清晰地用对应的信息图表呈现出来。

(三)会用数据

做图解新闻,尤其是做财经类新闻时,要学会用数据。数据说话,通常比文字更有说服力。全面搜集数据,严谨处理数据,简单呈现数据。网易"数读"频道倡导"用数据说话,提供轻量型阅读体验"。其在数据的处理和可视化方面更胜一筹,擅长使用各种数据图表,包括指标卡、条形图、柱状图、折线图、饼图、环图、散点图、计量图、雷达图、漏斗图、行政地图等。

数据经过分类处理需要使用合适的图形呈现。到底用哪种图形,需要多思考、勤练习。写作者要善于挖掘数据背后内容,找到独特的新闻点。

---

① 数字之道.独营之"盐"[EB/OL]. http://news.sohu.com/s2014/shuzi-312/,2014-11-06/2018-10-12.

例 4:"制裁战"下的俄罗斯:民众四成收入用于食物①

在这篇报道里,作者通过对俄罗斯经济数据的分析,准确找到了原油、食品价格、通胀率等几个关键数据,说明俄罗斯经济的恶化。

(四)标明信息资料的来源

做图说新闻需要采集大量基本资讯。为证明所用信息的真实有效,需要在报道里标注这些信息的来源,方便读者进行超文本阅读。

因此,日常注意搜集整理信息是一项基本的工作。做政治类新闻可以常看各级政府、权威民调机构官网;做世界经济类新闻多看世界银行等组织的官方文件;做国际新闻则瞄准外国领事馆或中国驻外国领事馆官网、外国各领域权威机构官网;国内经济、民生则可以去国家统计局官网及类似的官网查询。各大权威传统媒体如新华社、《卫报》、BBC中文网的报道也可作为资讯来源。

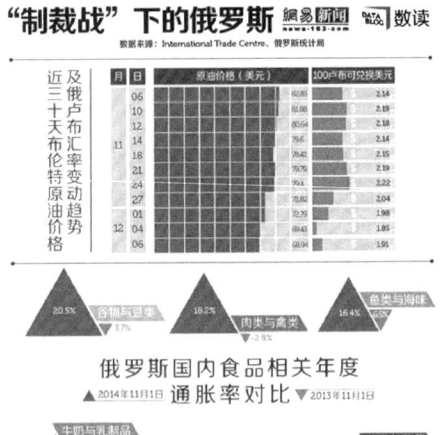

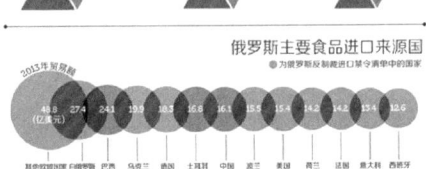

二、移动新闻直播

直播新闻,也叫新闻直播,指不经过预先录音或者录像将事件现场情况、演播室播讲或表演同步播出的广播电视传播形式。在新媒体出现之后,直播已不再是广播电视媒体专属,新媒体更有优势。

新媒体推进了新闻朝着缩小新闻事件发生和报道时间差的方向发展。新闻的时效观已经从"今天的新闻今天发"变为"即时的新闻即时发"。这种集现场性与时效性为一体的传播方式充分体现了新闻的本质。新闻的现场同步直播固然是技术进步的标志,但更是社会进步的标志。

2016年以来,随着移动互联网、大数据、虚拟现实技术逐渐渗透到新闻生产的各个领域,移动直播迎来了爆发式发展。移动互联网时代的新闻生产者通过直播,实时制作并同步播出多媒体格式的声像和影像,为受众提供了全方位、身临其境的新闻视听体验。移动新闻直播时代已经到来。

移动新闻直播比传统电视直播的内容丰富。移动直播应用了 VR、H5、弹幕等技术,因此,能够在视频之外增加更多形式的信息。例如图片、文字、图表,还能以信息流的方式不断更新事态进展。

TalkingData 发布的《2016年移动视频直播应用行业报告》指出,"未来直播 4.0 时代,将是一个以泛生活和场景化直播为主题,充分结合 VR 技术,全面开启新闻、旅游、

---

① 何恬,马晓青."制裁战"下的俄罗斯:民众四成收入用于食物[EB/OL]. http://data.163.com/14/1208/02/ACTK1P4000014MTN.html,2014 - 12 - 08/2018 - 10 - 12.

教育、医疗等全场景沉浸式'直播＋'时代。①"网易传媒的曾光明也认为,移动新闻直播不仅是简单的"电视直播＋互动"的概念,而是随着移动设备的普及及移动基础技术改变如智能手机功能配置的升级,用户对内容的需求发生了根本性改变。"个性化、实时性、互动性、富媒体的内容呈现,才是移动新闻直播的含义。②"

（一）移动新闻直播现状

2018以来,受用户需求驱使,直播逐渐从全民秀场扩散到全行业。直播正在成为各个行业的辅助标配。市场化媒体、主流媒体乃至自媒体都在进行着移动新闻直播的尝试。

1. 市场化媒体

国内市场化媒体的新闻直播起步较早。腾讯2016年初开展《一个女孩的车站》直播,引爆社交网络。后又关注上海迪斯尼开幕、2016年高考、南方水灾等热点事件,并策划了《造熊季》《黑镜实验》《十三邀》等人文类资讯内容。腾讯新闻在其手机客户端推出了移动直播卡片,直播拥有与新闻、推荐并列的一级入口。网易在2015年开始布局直播,将直播看作是跟帖之后最重要的新功能。2016年春节期间推出了"2016年春运直播",全程360小时不间断进行全景直播,吸引了超过2 200万网友参与直播讨论。在直播美国职业篮球联赛（NBA）著名球员科比告别战中,共有1 108.9万人参与了直播观看和互动。在对日本熊本地震的跟进报道时,连续5天不间断直播救灾进展创造了3 500万用户参与量。

2. 主流媒体

在主流媒体中,央视率先推出移动直播APP"央视新闻＋",并且进行了"2016年两会"、"江西暴雨"等上百场直播。2016年9月3日的大阅兵仪式,央视与视频社区"美拍"合作,号召网友拍出他们眼中的大阅兵,参与互动的网友超过300万人次。

3. 娱乐直播平台

2016年,斗鱼、熊猫等娱乐直播平台从秀场、游戏直播逐渐向泛生活化和场景化直播延伸,进行了一系列具有新闻价值的科技人文类资讯和泛时政内容直播。

2015年9月,部分平台高清直播了70周年抗战胜利阅兵仪式。2016年3月,斗鱼、战旗等娱乐直播平台对AlphaGo和李世石的人机大战进行了直播讲解。2016年7月湖北发生洪涝灾害期间,湖北日报荆楚网联合斗鱼直播,直播报道了灾区的民生现状、政府救灾以及官兵抢险等画面,并与网民实时互动。娱乐直播平台主要以UGC内容为主,缺少专业的新闻媒体从业人员,很难独立制作独家原创的高质量直播产品。

在国外,美国移动新闻直播围绕社交网络,开创了"媒体＋Facebook"的合作双赢模式。2016年8月,Facebook开放Live Video直播服务,包括BBC、华盛顿邮报、纽约时

---

① TalkingData. 2016年移动视频直播应用行业报告[EB/OL]. http://www.199it.com/archives/491861.html, 2016-07-05/2019-01-12.

② 黄佳忘,刘书田. 当"直播＋"涌入新闻业——移动新闻直播在新闻场景中的应用分析[EB/OL]. http://media.people.com.cn/n1/2017/0109/c409688-29009851.html, 2017-01-09/2018-11-02.

报、今日美国等在内的专业媒体都先后入驻 Live Video,加入了直播大军。

(二)移动新闻直播的三种情形

目前移动新闻直播可以被分为三种情形:

1. 快直播

所谓快直播,指第一时间赶到现场,对突发性事件进行直播。快直播在追求突发事件报道及时性方面体现了其先天优势。利用移动直播手段可以实现随时随地直播。记者进入新闻现场后能第一时间向观众呈现全面可感的视频直播报道,满足受众的信息需求。移动直播不需要电视新闻那么长的准备时间,很大程度地提高了报道效率。

2016年7月北京暴雨,新京报在腾讯新闻客户端布局了移动直播,多名记者迅速赶往现场,对北京丰台西路、房山拒马河以及北京西客站等地积水情况进行了实时直播,当天的直播点击量就超过 296 万。

具有公信力的专业媒体的介入,有助于减少灾难带来的恐慌和危害。"7.20 暴雨"事件中,新京报的视频直播就发挥了去伪存真、引导舆论的作用。在直播页面下方,新京报设有"主播厅",后方编辑团队以"新闻 ing"的名义将最新暴雨信息汇总呈现,实时播报。直播团队还重点核实网传各类资讯,对虚假信息打上"谣言"标签,有力回击了网络谣言。

2. 慢直播

慢直播通常用来处理泛资讯类信息。直播前一般会有周密的策划过程,对时效性要求不高,但重要的是要让观众融入现场。腾讯新闻《一个女孩的车站》就属于此类。

在日本北海道边远乡村,因一名女孩需要搭乘新干线上学,铁道公司将那条亏损铁路的停运时间定在了这个女孩高中毕业之后,因此,出现了仅仅服务于女孩一个人的爱心车站。2016年3月25日,女学生毕业,这个名为"旧白泷"车站正式关闭。腾讯新闻用直播的方式记录了旧白泷车站的关闭,鼓励实时观看的用户实时互动补充新闻细节,引发了社会化媒体的爆发性讨论。

慢直播体现了移动新闻直播选题更加泛资讯化,更加亲民。梁文道曾这样评价:为什么要直播这种新闻,因为每一个群体、每一个人都有值得关注的地方。这类社会新闻故事动人、情节丰富,有着海量的获取需求。

3. 定制直播

定制直播,指对某件即将发生的重大事件预先策划,届时进行的直播。

2016年,巴西奥运会期间,移动直播扮演了全新的新闻载体角色。巴西奥运期间,网易新闻奥运相关直播总时长达 1143 小时,用户人均每天观看奥运直播和视频的时间高达 45 分钟。

定制直播革新了对重大活动、会议的报道方式,提升了用户的互动参与度,增强了用户对直播平台的黏性。此外,运用 VR、全景视频、无人机报道等方式,还给用户带来了全新的视听感受。

(三) 移动新闻直播特点

移动新闻直播具有以下几个特点：

1. 亲民化资讯，关注百姓生活

过去媒体都盯着一些重大的政治、经济事件，对于生活类、人文类的直播很少。在资讯阅读垂直化的今天，传统资讯直播已经不能满足用户的需求，那些看似平淡却更直击生活真实一面的直播开始受到用户青睐。如腾讯开启了重庆酷暑公交驾驶室超50度"烤"司机的直播，让用户们真实地感受到了重庆的高温以及公交车司机们的辛苦。类似"自拍"的直播方式拉近了与受众的距离，主播记者与观众实时互动，更加亲民。

2. 内容为王，PGC模式将是主流

视频直播可以满足用户对资讯时效性、现场感和多角度的需求。腾讯和网易已在资讯视频直播领域发力，不出意外其他资讯客户端也会很快入局。最终各媒体间竞争的核心依然会是内容，资讯视频直播之争本质将是内容大战。

新闻类直播与娱乐直播不同，并非是"人人可做"的事情。从业人员需要专业培训和团队作战才能客观、真实和全貌地将信息呈现给用户。PGC的专业团队和强大的内容生产模式将使其成为移动新闻直播的主流。UGC进军移动新闻直播面临着能否独立完成高质量视频直播内容的挑战。

腾讯策划的"谷歌人机大战"、"一个女孩的车站"、"法国恐怖袭击"等经典案例，证明了移动新闻直播离不开细致周密的策划以及高效专业的团队作战模式。在资讯视频直播内容大战中，以内容策划和制作见长的专业平台更有机会脱颖而出。

3. 社交性强，可实现用户实时交流

能够与用户实时交流是移动新闻直播倍受青睐的另一个原因。在强现场感的直播画面之下，共同观看的用户一同讨论，虽没有在现场，却也能获得浸入式的体验。

三、评说新闻

评说新闻是新媒体环境下出现的一种新闻形式。评说新闻以说为主，以评为辅，是传统"播新闻"和"新闻评论"的结合体。在评说新闻节目中，主持人可以演、说、评，依据新闻事实进行创作，发挥空间很大，说评结合，庄谐有度；而新闻播报时，主持人需要按照记者做好的稿子去念、背，是纯粹的播音员。

评说新闻的出现，最早可追溯到1998年凤凰卫视陈鲁豫主持的《凤凰早班车》。该节目与传统的"播新闻"形成了强烈的对比，给观众带来耳目一新的感受。这被认为是中国电视新闻史上的一个重要事件，给新闻界带来了强烈震动。在2009东方卫视主办的"华语主持高峰论坛上"，著名播音员赵忠祥曾毫不客气地点名陈鲁豫，"我非常不喜欢由鲁豫开创的'说新闻'风格，这不是像我们这样的大台应有的态度。新闻一定要用'播'的，庄重、严肃、可信，把新闻节目搞成茶馆说书，那是非常不好的。"[1]

---

[1] 关东客.不要将"说新闻"一棒打死[J].采写编 2009(4):52-53.

然而，评说新闻这一形式却很快被多家电视台应用。中央电视台新闻频道的《社会记录》、经济频道的《第一时间》、湖南卫视的《晚间新闻》、北京台的《第七日》、江苏电视台城市频道的《南京零距离》、黑龙江电视台的《新闻夜航》、大连电视台的《21点直播室》都是评说新闻节目。后来南京电视台开设的《大刚说新闻》、杭州电视台的《阿六头说新闻》收视率都创了新高。《大刚说新闻》曾经获得全国城市台"十大优秀电视新闻栏目"称号，主持人大刚曾获得全国电视十佳新星主持人奖。国家广电总局曾专门为该栏目组织了全国性的研讨会。

评说新闻虽然最早出现在电视媒体上，但很快被搬到网上了。后来还出现了单纯音频和单纯文字的新闻评说。此外，评说新闻也开始了吸收相声、脱口秀艺术元素的新探索，让说变成了"演说"。如被称为创造了全国第一个曲艺式新闻形式的《拉呱》。这档由山东电视台齐鲁频道创办的节目把曲艺的元素融入到新闻中。节目除主持人"小么哥"外，还设置了"搭词的"，类似于相声中的"捧哏"角色，与主持人插科打诨。节目推进程中通过两人之间诙谐有趣的对话制造一个个悬念和包袱，巧妙地引出下一条新闻。凤凰卫视推出的周末"说新闻"节目《倾倾百老汇》，也是这种带有浓厚脱口秀色彩的演说式新闻。主持人尉迟琳嘉在节目中展现中国相声式的"说、学、逗、唱"功力，用独特的视角和亦庄亦谐的语言评说社会民生、政经要闻、文化动态、娱乐八卦。山东电视台公共频道的"说新闻"节目《秀才来了》则引入了更多的戏剧表演成分，在其中一个板块"秀逗剧场"中，栏目编导客串新闻中的各色人物，以简短的麻辣小品剧的形式解读、再现新闻事件。

评说新闻作为一种新的新闻体裁，特点非常明显。

（一）口语及方言表达

由于评说新闻是主持人跟受众的谈话式交流，因此，大量的口语、方言、市井俚语贯穿其间。主持人像一个能说会道的邻居在跟你聊天下发生的各种事情，因此听来特别亲切、贴近。

（二）评说结合，亦庄亦谐

评说新闻时，主持人常常会插入笑话、段子，插科打诨，也经常采用自问自答、自嘲自讽等形式，吸引观众注意。先说后评，对新闻进行解释说明、事实补充以及相关评判，表明自己的态度和立场，有时也会引用网友的评论。说时幽默诙谐，评时态度鲜明，褒贬不含糊。

（三）内容侧重民生新闻

民生新闻就是关注人民生计，关心市民生活的新闻，从广义上说它属于社会新闻，但在内容上主要关注的是普通老百姓的生存状态与生存空间。

评说新闻在内容选择上通常以民生新闻为主，因为民生新闻是百姓比较感兴趣的话题，容易产生共鸣。

四、漫画新闻

漫画新闻,即用漫画形式来做新闻,也可以归入图说新闻大类。

漫画新闻,最初起源于新闻漫画。百度百科"新闻漫画"词条说 2009 年至 2013 年期间,在部队服役的漫画作者王增弘为部队报刊画了很多新闻性的漫画。开始是自由投稿,后来编辑根据具体新闻跟他约稿,让他以漫画形式为新闻配图。

其实,由中国日报网站主办、中国新闻漫画研究会协办的"中国新闻漫画网"在 2001 年 7 月 18 日就正式开通,简称"新漫画"。"用网络手段向全国和全世界新闻媒体提供最新的新闻漫画资讯、作品的欣赏、交流、交易,供各媒体选择发表①"是新漫画官方网站的文字介绍。这种新颖的新闻形式很快得到了新闻界的认可,不仅搜狐开设了"漫新闻",中华人民共和国中央人民政府官方网站,也有"漫画"专栏。

漫画新闻写作首先要选题策划,找到适合漫画新闻的题材,然后与漫画作者进行必要沟通,确定如何表现,包括风格以及用几幅漫画表现,最后配上简洁的文字。

例 5:国务院力督这项改革,让办事像"网购"一样方便!②

---

① 中国新闻漫画网. 关于我们[EB/OL]. http://cartoon.chinadaily.com.cn/aboutus.shtml,2001-07-18/2018-10-12.

② 中国政府网. 国务院力督这项改革,让办事像"网购"一样方便![EB/OL]. http://www.gov.cn/xinwen/2018-08/09/content_5312584.htm. 2018-08-09/2018-10-12.

李克强总理在2018年两会记者会上说,放宽市场准入今年要在六个方面下硬功夫,也可形象地说成六个"一",即企业开办时间再减一半;项目审批时间再砍一半;政务服务一网办通;企业和群众办事力争只进一扇门;最多跑一次;凡是没有法律法规依据的证明一律取消。这六个"一"都是减,再加上减税、减费,这些都是动政府"奶酪"的,是伤筋动骨的改革。中国政府网用漫画形式为读者做了生动的政策解读。

五、滚动新闻

滚动新闻是新媒体尤其是门户型网站快速、及时报道的一种方式。2007年6月,广州日报报业集团成立了全国报纸第一家滚动新闻部。滚动新闻部以《广州日报》下属的大洋网为平台,以报纸记者为采访主体,利用快速、机动机制为网站和报纸同时提供内容。如今很多网站包括人民网、新浪、网易等都有"滚动新闻"栏目。这只是新闻门户网站快速及时、滚动播出新闻的方式,体现在写作上并无特别之处,此处不讨论。

我们要讨论的是另一种滚动新闻,即重大突发事件发生后不间断地跟踪报道。在传统媒体中,报纸、杂志是做不到的,广播和电视可以做跟踪报道,但只有在移动互联网时代,不间断跟踪报道才显示了强大的生命力。

重大事件发生后,网络上一定会有大量碎片化的信息。这些信息来自四面八方,其中有不准确的,甚至还有居心不良人员散布的谣言。此时,公信力强的媒体对事态进行滚动报道,会起到廓清视听的作用。滚动报道虽然达不到现场直播那样一分一秒不放过,但其持续性是现场直播难以做到的。

网络媒体在进行此类新闻播出时,需要编辑与写作同步进行。重大突发性事件发生后,一方面要收集并编辑其他媒体的报道;另一方面要有自己的采访、报道团队进入现场,以短讯、快讯、现场连线、图片、视频等方式滚动发布事件的最新进展。

滚动报道有其自身特点,追求"短""快""简"。

(一)首先是短,几句话甚至一句话描述一个新闻事件或者事件的一个片段,不要求完整的新闻5W,不追求整体事实的全面性。但是,单条滚动新闻要表述完整、交代清楚;对于一时不能完整表述的,要在文中给出解释并及时追踪、随时更新。

(二)第二是快。可以在新闻现场与后方连线介绍情况,用手机发送微博直接上传到网站,还可以用带有传输功能的相机拍摄照片迅速传回后方。每年"两会"报道时,很多记者在人民大会堂现场用手机把内容上传到微博上,三言两语将在会场直击的场景或花絮快速发布出去。

(三)第三是简。用简洁的、白描式语言介绍新闻现场的所见所闻。重大突发事件中的滚动新闻处于事态发展之中,不仅有前一段的铺陈,还有后续的报道,因此不是孤立、单独的报道。写作每一条滚动新闻只需直接把握核心事实,不要铺陈。

(四)滚动新闻要标注写作的时间、地点和背景,适当情况下可以增加辅助阅读的新闻链接。时间和地点能反映事态进展和变化,在滚动报道过程中适当交代背景或相关链接,让读者完整地了解事件全貌。

2015年8月12日晚11时20分,天津港瑞海公司所属危险品仓库发生爆炸。由于距离较远,上海东方网虽然没有派记者去现场,但他们根据央视新闻、中国日报等媒体报道做了自己的滚动新闻。

滚动新闻从8月13日凌晨48分16秒开始,首先是来自央广网的消息,随后不断转发人民日报网、央视新闻等媒体的滚动新闻。除了文字之外,还有很多现场照片。下面摘录部分文字内容:

8月13日 0:36分 央广网

天津爆炸腾起蘑菇云 数十公里外有震感

天津滨海新区开发区发生爆炸,据网友称是加油站爆炸。具体原因和伤亡情况有待进一步调查。另附近小区家中的门被震掉了好几个,据中国地震台网速报综合网友反馈,天津塘沽、滨海等,以及河北间、肃宁、晋州、藁城等地均有震感。

8月13日 00:59 新华网

天津滨海新区开发区发生剧烈爆炸有伤员送往附近的医院

12日晚11时30分左右,天津滨海新区开发区发生剧烈爆炸,爆炸火光冲天,引发的烟尘高达数十米。

据居住在滨海新区开发区二大街的杜先生介绍,11时30分左右,突然出现巨大爆炸声,窗户上窗帘猛烈向屋内冲。有一些居住在附近的市民反映家中玻璃、鱼缸出现破裂现象。

据家在现场几百米外的小区居民李静说,有伤员送往附近的医院。

8月13日 1:40 人民日报

【消息汇总】天津滨海新区码头爆炸

① 12日晚11时30分左右,天津滨海新区开发区发生剧烈爆炸。② 爆炸地点:滨海新区第五大街与跃进路交叉口的一处集装箱码头。③ 发生爆炸的是集装箱内的易燃易爆物品。④ 受伤人员已被送往附近医院急救。

8月13日 1:55 人民日报

爆炸发生地附近泰达医院已收治50多名伤员

据新华社,13日凌晨1时,天津滨海新区距离发生爆炸地点较近的泰达医院院长陆芸透露,目前该院已收治了超过50名受伤病例,还未见死亡病例,但伤者人数仍在不断增加。

8月13日 2:07 人民日报

火势已被控制两名消防队员失联

据央视,目前爆炸现场明火尚未被完全扑灭,但火势已被基本控制,消防人员正在搜寻附近的受伤居民。记者从公安部消防局了解到,共有6个消防中队在参与救援,目前参与救援的消防员中有两人失联,6人轻伤。

8月13日 2:20 中国地震台网

两次爆炸分别相当于3吨和21吨TNT

从波形记录结果看,第一次爆炸发生在 8 月 12 日 23 时 34 分 6 秒,近震震级 ML 约 2.3 级,相当于 3 吨 TNT,第二次爆炸在 30 秒钟后,近震震级 ML 约 2.9 级,相当于 21 吨 TNT。

8 月 13 日 2:25 人民日报

危化品堆垛火灾引发爆炸 2 名消防队员失联 4 人受伤

据公安部消防局消息,12 日 22 时 50 分,天津消防总队接到报警称,天津滨海新区港务集团瑞海物流危化品堆垛发生火灾。23 时 30 分左右,现场发生爆炸。目前,2 名消防队员失联,4 人受伤。

8 月 13 日 2:30 中国日报

【2:30 消息汇总】爆炸原因:危化品堆垛火灾引发爆炸

① 中国地震台网速报:第一次爆炸发生在 12 日 23 时 34 分 6 秒,第二次爆炸在 30 秒种后;② 央视:火势已被控制,两名消防队员失联;③ 天津消防:初步掌握的爆炸物是集装箱;④ 天津日报:医院人满为患;⑤ 公安部消防局:危化品堆垛火灾引发爆炸。

8 月 13 日 2:35 天津日报

目击者:均称伤者众多已被送往医院

记者在事故发生后随即赶往现场。在第九大街与北海路交口("天津港"标志牌),记者看到火势已得到控制,但没有完全熄灭。现场消防车、警车等多达百余辆,接受统一调度。记者随机采访了几位目击者,均称伤者众多,已被送往医院。(记者张磊)

8 月 13 日 2:40 平安天津

天津滨海新区天津港 7 号卡子门瑞海国际物流公司危险品仓库集装箱堆场起火爆炸

8 月 12 日 22 时 52 分许,本市滨海新区天津港 7 号卡子门瑞海国际物流公司危险品仓库集装箱堆场起火爆炸,造成轻轨东海路站建筑及周边居民楼受损,爆炸原因及伤亡人数正在调查核实中。目前,受伤群众已被陆续送往附近医院救治,灭火救援工作仍在进行中。

8 月 13 日 2:50 京华时报

【警方建议】关好门窗

① 大家关好门窗,有空气净化机的都打开,尽量保持家中空气质量;② 在安全位置的朋友尽量不要外出,减缓道路压力。

8 月 13 日 2:53 新华社

爆炸仍连绵不绝浓烟滚滚

13 日 2:28,记者连夜赶到事发现场附近,现场已经戒严。由于处于上风口的位置,并没有闻到刺激性气味,周围戴口罩的人也不多。但在记者前方约 500 米处的一个汽车工业园,仍在发生连绵不绝的爆炸,浓烟滚滚。(记者刘林)

8 月 13 日 3:00 京华时报

京津唐高速塘沽方向禁行!

京津塘高速上电子显示屏提示,塘沽方向因事故禁行,请提前绕行。火势还将持续至少两个小时

距离爆炸点两公里内的建筑玻璃全部被震碎,目前距离事故发生地 10 公里左右

发生交通拥堵,爆炸点附近停放的车辆仍在发生爆炸。据估计现场火势还将持续至少两个小时,目前消防部门救援重点转移到对附近居民和伤员的搜救。(央视记者王晓沛赵父之)

8月13日 3:33 人民日报

爆炸已致7人死亡

人民日报记者荆博消息,12日晚11时20分左右,天津港国际物流中心区域内瑞海公司所属危险品仓库发生爆炸。目前,经初步核查,7人死亡,部分人员受伤,周边建筑受损。在灭火过程中发生2次爆炸,导致部分现场人员被困,正在全力搜救。①

……

东方网的滚动新闻一直持续到13日早晨六点五十分,比较全面地报道了爆炸后7小时之内整个事态的发展和变化。

第三节 新媒体环境下深度报道的突围

20世纪40年代美国《哈钦斯报告》中关于深度报道的定义是:围绕社会发展的现实问题,把新闻事件呈现在一种可以表现真正意义的脉络中,为读者梳理出关于事实的认识②。而《新闻学大词典》的解释是:运用解释、分析预测的方法,从历史渊源、因果关系、矛盾演变、影响作用、发展趋势等方面报道新闻的形式③。《宣传舆论学大词典》认为,深度报道是通过系统的科学材料和客观的解释、分析,全面深入地展开新闻内涵的报道形式。国内关于深度报道的定义,比较有代表性的观点是:"深度报道指的是新闻传媒在相对集中的时间和板块中,努力运用广视角、大容量、深层次、多手法的思想视域与报道方式对某新闻事件、新闻现象所进行的专门话题报道或问题研究报道。④"相较于普通报道,深度报道更侧重回答新闻要素的"为什么"和"怎么办",主要包括解释性报道、调查性报道、预测性报道等类型。

一、深度报道的困境与机会

深度报道是内容为王时代传统媒体的奢侈品,也一直是传统媒体孜孜追求和主打的"王牌"。媒体深度报道水平的高低,可以说代表了其专业水准和影响力。进入网络时代,深度报道也曾经是不少门户网站的看家本领,"网易新闻"曾经设有"深度频道",搜狐、新浪也都曾经非常重视深度报道。

然而,2015年以来,不少传统纸媒突然放弃深度报道。《中国青年报》《北京青年

---

① 刘辉. 天津滨海新区爆炸,爆炸已致17人死亡[EB/OL]. http://news.eastday.com/c/20150813/u1ai8837100.html,2015-08-13/2018-10-13.
② 陈力丹. 深度报道深在哪儿[J]. 新闻与写作,2004(4).
③ 王亚红,武瑾. 全媒体时代"深度报道"含义新探[J]今传媒,2015(4).
④ 欧阳明. 深度报道与写作原理[M]. 武汉:武汉大学出版社,2006-06.

报》《京华时报》直接撤销深度部或特别报道部。一些老牌门户网站也不太重视深度报道了。究其原因，主要有下面两点：

（一）碎片化阅读习惯的冲击

网络时代，尤其是移动互联网时代，碎片化信息填充人们的碎片化时间，过于冗长的信息呈现已不符合数字时代的阅读习惯。2015年，第十二次全国国民阅读调查报告显示，数字阅读接触率以58.1%首次超过传统纸质阅读率，手机阅读接触率达51.8%，其中微信阅读时间超过40分钟，是纸质阅读的两倍多。时下，人们由于长期习惯在社交媒体上获取"短、新、快"资讯，促使碎片化阅读习惯的养成，很难静下心来读深度报道。

（二）深度报道时间滞后

新媒体时代，新闻的传播非常快。某个重大事件发生后，大大小小媒体通过文字、图片、视频等多种形式的反复传播，读者已经产生阅读疲劳。当你花了大量人力和时间去调查，最后推出一篇深度报道来，由于时间滞后，读者往往失去兴趣。浅阅读时代，大多数读者只关注新闻的what，其他几个要素如how、why通常没人关注。

那么，在新媒体时代，深度报道果真不需要了吗？事实并非如此。就在不少媒体放弃深度报道的同时，我们也发现，《南方周末》《南方都市报》《华商报》《新京报》等传统媒体依然在坚持深度报道。澎湃新闻、界面以及财新网、36氪、正和岛等新媒体也大踏步涉足深度报道。

NewMedia曾为《南方周末》和澎湃新闻做了一番阅读量统计，结果显示在热门的微信公众号中，《南方周末》每天的公众号头条，均非网络最热门题材，却基本上每两期中都会有一期可获得100 000+以上的阅读量。2015年，澎湃新闻做了关于"温州模式三十年"的系列长篇深度报道，获得了大量转发；单是一篇稿件就在朋友圈拥有30多万的点击阅读量。这足以说明新媒体时代，深度报道依然有存在的价值，在新媒体与传统媒体融合过程中再一次用优质的内容让人们感受到媒体"社会公器"的作用。

这是因为，随着高等教育的普及，知识阶层、精英人士的增加，"有思想"、"有独特价值"的深度报道形成了较稳定的读者群。从市场细分的角度看，这是一个相对小众的读者群。能够唤起普遍情感和价值认同的深度报道和关系到大众生活的揭秘性质的社会调查也可以形成刷屏，而财经类的深度报道也越来越受到普遍关注。

例1：恐怖！南都记者700元就买到同事行踪，包括乘机、开房、上网吧等11项记录[①]

2016年12月12日，《南方都市报》推出互联网黑灰产业链调查类深度报道。记者通过一个月暗访发现，只用700元就能买到涉及同事的11项行踪信息。这一黑灰产业链条环环相扣的内幕被曝出后，引起不小轰动。

---

① 饶丽冬，李玲. 恐怖！南都记者700元就买到同事行踪，包括乘机、开房、上网吧等11项记录[N] 南方都市报，2016-12-12：(AA04).

2016年8月21日,山东临沂准大学生徐玉玉被诈骗电话骗走9 900元学费后,突然昏厥身亡,这引发全民对个人信息泄露问题的热议。当时,《南方都市报》就这一事件做了连续报道,但仅仅停留在事件本身以及对打击电信诈骗的呼吁,而未触及更深层面的东西,也就无从推动相关领域的治理工作。

后来,徐玉玉事件后,个人信息安全一直是记者关注的问题。根据《中国网民权益保护调查报告2016》显示,从2015年下半年到2016年上半年,网民因为垃圾信息、诈骗信息、个人信息泄露等,遭受的经济损失人均133元,总计经济损失915亿。尽管相关部门和网络平台投入了大量精力打击和整治互联网黑灰产业链,但网上泄露和贩卖个人信息的现象依旧泛滥,并以更隐蔽的方式存在着。

基于徐玉玉报道传播无力的经验,在这次报道策划中,南都记者一直在思考一个问题,就是如何一改就事论事的报道策略,用讲故事的方式,以及新的传播模式引起更多人关注个人信息泄露问题,从而达到由下而上呼吁启动社会治理的效果。

因此,南都记者把报道重点转向了个人信息泄露的源头。实际上,公众熟知的电信诈骗处于这条产业链的末端,而在它的上游存在着非常多灰色的、法律无法规范的行为。正是这些行为,为最后的信息泄露提供了服务和温床。其中,有人负责通过各种手段盗取公民个人信息;有人则在网上数据交易平台上,大肆出售信息。那么,个人信息是以什么手段被盗取利用的?又是如何被交易贩卖的?这是此次报道试图解决的两个问题。

记者通过历时一个月亲测和暗访,逐步梳理了这条巨大的互联网黑灰产业链背后,是以什么样的形式在运作,不同环节如何分工合作等。2016年12月12日,《南方都市报》以5个整版刊发了这组调查报道,然后借助多个新媒体渠道分发,形成滚动传播的声势。

当天,据新浪微博工作人员统计,南都话题♯花700元就买到同事行踪♯引爆全网,成为热搜之一。最高峰时,这一话题10分钟内增长了100万阅读量。根据南都旗下奥一网当天的数据统计,这篇互联网黑灰产业链的调查报道传播时长为6小时31分,传播总量716篇,被289家媒体转载,包括今日头条、UC头条、凤凰新闻客户端、网易新闻客户端、一点资讯等多家客户端。在南都新闻客户端上,南都原创栏目推出单条稿件《视频演示丨南都记者700元就买到同事的航班、开房、网吧等11项记录》,当天阅读量近200万;南方都市报官方微信公号上阅读量也迅速突破10万+;南方都市报官方微博阅读数据214万。据不完全统计,报道当天全网总阅读量破一亿。

二、新媒体如何写好深度报道

新媒体环境下如何写好深度报道,可以从以下五个方面下功夫。

(一)大视野选题

所谓大视野选题,就是站在一定高度去洞察社会和人生,进行深度思考,从而找到报道角度。针对某一新闻事件做深度报道存在时间滞后的问题,那么就要寻找新的选题方法。这需要写作者有较高的洞察能力和分析能力。

例2：中小学免费午餐计划调查：2 000多万学生受益①

2012年9月11日，网易教育频道转载了《中国青年报》这篇报道。2011年11月，一项规模宏大的"农村义务教育学生营养改善计划"正式启动。根据《国务院办公厅关于实施农村义务教育学生营养改善计划的意见》，在全国22个省(市、区)的集中连片特殊困难地区共计699个县，按照每人每天3元的标准，中央财政每年将投入专款约160亿元实施营养改善计划，惠及近2 600万名农村学生。该计划至今已实施了10个月，有多少农村孩子吃上营养餐，哪些环节有待完善？

这就是报道的基本背景，中青在线记者为此采访了负责该项计划具体实施的教育部全国农村义务教育学生营养改善计划领导小组有关负责人，完成了该报道。

（二）独特视角深度挖掘

对于重大新闻事件，尽管多家媒体进行了报道，但可以对某一点进行深度挖掘，做有深度的报道。视角独特的深度思考和挖掘，依然可以写出吸引读者的文章来，关键要有深度。南方周末在这方面一直做得比较出色。

例3：被关爱，被抵制，精神残疾家庭入住公租房起争议②

2018年8月2日，《南方周末》报及其官网同时发表了这篇报道。早在7月18日，网上就有消息称17户精神残疾家庭近期将入住深圳市宝安区华联城市全景花园公租房，这让购买了该小区商品房的业主们产生了强烈不满——数十名业主在17户家庭选房当天拉横幅抗议。随后，负责这次选房安排的宝安区住建局贴出通知，称选房活动"因台风被迫中断，选房日期将另行通知"。事后官方证实，这17户家庭中15户有自闭症患者。而这个群体只是精神残疾多个类型患者中的一种，且通常不具有攻击性。

对于这样一则消息，南方周末拿来做了深度报道，对小区住户、精神残疾家庭以及社会各方做了采访，最后发出了自己的声音。

声音：让精神残疾群体回归社会

南方周末在采访和查阅资料中发现一种普遍存在的观点，精神疾病不仅涉及公共卫生问题，也是社会问题。而让精神残疾群体回归社会，是下一步大力倡导和不断实验的方向。

"目前我们知道，自闭症是由基因突变引起的，因此自闭症孩子的出现是基因突变引发的小概率事件。"仇子龙曾在一篇研究报告里这样总结。"目前对于自闭症的治疗，没有一种通行的办法，但是总体上尽快尽早进行干预会起到比较积极的效果，让他们尽可能多地接触社会，也会使他们多学习社会技能，为融入社会做好准备。"他对南方周末说。

---

① 中国青年报. 中小学免费午餐计划调查：2 000多万学生受益[EB/OL]. http://kids.163.com/12/0911/10/8B46R88400294KTV.html，2012 − 09 − 11/2018 − 10 − 19.
② 汪徐秋林. 被关爱，被抵制　精神残疾家庭入住公租房起争议[EB/OL]. http://www.infzm.com/content/137988，2018 − 08 − 02/2018 − 10 − 19.

北京师范大学社会公益研究中心主任教授陶传进认为,深入推进社区治理和社区服务,让社区居民们不断接受平等交往、互帮互助的理念,会让当下弱势群体,不管是刑满释放人员、残疾群体还是外地人,都能得到更为平等的对待。1974年,时任美国加州州长的罗纳德·里根签署了自闭症孩子公平教育法案,开启了美国政府全面接纳自闭症孩子接受公平教育的计划,从此自闭症儿童能够和普通孩子一样接受学校教育。而在日本东京,一所叫做武藏野东学园的私立学校,50年来也已成为世界上最大规模的自闭症融合学校之一,目前有1 100名正常孩子和500名自闭症孩子。

一位曾经把孩子送到武藏野东学园的家长分享,虽然自闭症孩子与普通孩子的学业课程不同,但是吃午饭、做活动都会在一起,而对于普通孩子,学校也会一点一滴地告诉他们如何与身边的特殊伙伴相处。据校方介绍,截至2018年3月,武藏野东学园已经有1 031位自闭症学生毕业,其中562名毕业生进入普通公司,361人进入福利企业,98名学生进入大专院校、职业学校。仅有10个毕业生暂时没有去处。

除了融合上学,针对精神残疾群体工作技能的培训,也在不断实践着。上海蓝色港湾自闭症青少年发展中心就帮助一些患有自闭症的青少年学习缝纫等技能。有的孩子经过培训,能够去当图书管理员,或者去超市理货。

"我们一生中有很多次机会会近距离接触甚至成为残障人士,从遭遇的意外,到可能会遇到的阿兹海默病患者,这时就会明白'残障平等'这个概念有多重要。希望这次抵制事件能够转化为社会各方正视这一群体、解决问题的契机,让大家认识到包括且不限于自闭症的精神残疾是什么,从而有机会营造一个有爱的氛围。"姜英爽想对小区住户们这样说。

(三)找准痛点,引起大众情感呼应

社会大变革的时代会出现各类社会问题,并投射到大众情感领域。因此,及时发现大众痛点,把准大众情感脉搏,撰写精彩的深度报道,常常会引起大众刷屏。

例4:流感下的北京中年[①]

2018年2月,作者李可创作的这篇文章通过其微信公众号推出,很快被刷屏,同时引起多家官方媒体评说。

作者是生活在北京的中年男子。该文将岳父从流感到去世的29天经历记录下来。作为北京的中产阶级,在一场流感面前,似乎一夜回到了解放前。看完这篇文章,更多的是令人唏嘘,在医疗技术如此发达的现在,竟然会有人因为一场感冒而失去了性命。

2018年7月,由南风窗传媒智库举办的"深度报道与媒体舆论引导力"研讨会在广

---

① 李可.流感下的北京中年[EB/OL]. http://www.mnw.cn/news/shehui/1942407.html,2018-02-03/2018-10-15.

州召开。人民日报记者夏康健写了题为《新媒体时代,应该如何做好深度报道?[①]》的报道。文章提及《流感下的北京中年》,"有意思的是,在传统媒体深度报道式微的同时,一些自媒体开始尝试深度报道。今年年初,一篇名为《流感下的北京中年》的自媒体文章,在网络上火速传播开来。"报道中还援引中山大学传播与设计学院院长张志安教授的评价,"整个故事像跌宕起伏的影视剧,一开始就有强烈悲情和自嘲情绪在里面。它点燃了一个热点。这篇文章出来之后,大量的医疗机构开始抓住这个机会普及流感知识,促进了一场知识传播。"

人民日报海外版文章《是谁"打垮"了流感下的北京中年?[②]》一文则全面分析了该文引起大众热议的原因。"由此来看,相信科学、尊重理性似乎应该成为该篇文章带来的主要思考,尤其是在一个现代社会。这或许也是中国在迈向一个现代社会过程中必须经历的'阵痛'。"

(四)读者细分,精准锁定读者群

细分读者群体是新媒体主要特征。根据锁定的读者群,为特定人群进行深度报道选题,写出更专业的内容,增加特定读者的黏性。36氪是中国领先的新商业媒体,提供新锐深度的商业报道。它的slogan是:让一部分人先看到未来。从36氪微信公号里,经常可以阅读到商业类的深度报道。如《融资2.7亿美元,知乎仍面对护城河焦虑》《传统企业涌向区块链:币改前夜》《直播这些年:狂欢、裂变和虚妄》。

(五)使用新技术,实现多媒体深度报道

新技术发展给传统媒体带来了巨大冲击,但给新媒体则带来了前所未有的发展空间。新媒体的优势在于技术,音频、视频、交互技术、数据挖掘、用户画像、新闻可视化等技术早已被从门户网站开始的各种新媒体广泛应用。但对于传统的深度报道,这些技术应用有待进一步加强。

因此,新媒体在深度报道中应该思考如何运用这些技术传达复杂的新闻信息。这方面,腾讯的纪实图片故事栏目《活着》的尝试值得借鉴。近年来,该栏目已多次使用视频、HTML5、无人机航拍、新闻可视化等技术来表现新闻事件和其中的人物,再配以和读者的实时互动以及社交功能、分享功能,极大地丰富了深度报道的表现形式,使报道较单一的文字或图像来说更具冲击力。

另外,技术的优势决定了新媒体报道的形式更为多元。一些"数据化"、"可视化"的新媒体深度报道在表达方式上显得更为生动活泼。曾夺得普利策新闻特稿奖的作品《雪崩:特纳尔溪事故》,报道了16名滑雪爱好者遭遇雪崩的经过。题材很一般,但它在报道技术上颠覆了传统报纸的新闻呈现方式,把文字、音频、视频、动漫、数字化模型(DEM)、卫星模

[①] 夏康健. 新媒体时代,应该如何做好深度报道?[EB/OL]. http://media.people.com.cn/n1/2018/0721/c14677-30161735.html, 2018-07-21/2018-10-14.

[②] 介瑾. 是谁"打垮"了流感下的北京中年?[EB/OL]. http://opinion.haiwainet.cn/n/2018/0212/c353596-31260571.html, 2018-02-12/2018-10-14.

型联动等加以集成，发表在《纽约时报》的网站上，引发了新闻界震动。

利用新媒体用户喜欢交互性的特点，让用户参与到深度报道中来也是很好的技术应用。这个方法可以为用户提供平台和选题，将用户提供的报道整合为深度报道的一部分。《纽约时报》网站曾对一次飓风进行全面报道，在飓风正式抵达之前，该报专门为用户提供了一个互动地图，受众将当地飓风来临时的照片发布到社交网络中，报社采编人员再从社交网络上将相关照片收集起来，汇集到一幅动态地图上。受众可以通过这个地图了解到飓风的整体运行过程，这也吸引了更多受众参与到报道中来。

第四节　手机阅读时代的图片新闻技巧

移动互联网时代对新闻图片提出了更高的处理要求。因为我们很难在手机屏幕上展示清楚一个远景和全景。此外，移动互联网是下拉式的阅读，因此，图片的排列也很有讲究。

一、图片选择

不管是文字新闻，还是图片新闻，核心都是新闻。因此，在做图片新闻时，首先要考虑图片的新闻价值和信息增量。此外，还要对价值观进行必要的判断。图片作为新闻的载体，需要有一定的信息含量。比如，新闻发生的现场、新闻人物的面孔，以及与新闻相关的事物。

（一）图片一定要有冲击力，由于手机屏幕窄小，尽量多用特写图片，而少用远景和全景

当地时间 7 月 18 日，纽约联合国总部举行纪念活动，纪念南非前总统纳尔逊·曼德拉百年诞辰。联合国当天还发行了曼德拉纪念邮票，图为联合国秘书长古特雷斯（左三）、第 72 届联大主席莱恰克（右三）为纪念邮票揭幕。中新社记者　马德林　摄

7月20日,在青岛西海岸新区,金沙滩啤酒城举行开城仪式,第28届青岛国际啤酒节迎接游客。中新社发 王培珂 摄

上面两条图片新闻均选自中新社图片网微信号2018年7月23日推出的CNSPHOTO:一周图片新闻精选(7.16—7.22),纪念南非前总统纳尔逊·曼德拉百年诞辰活动和啤酒城开城仪式。作者采用的都是特写照片。

(二)时效优先,兼顾品质

以新闻发布的时效性为前提,选择质量上乘的图片作为报道的素材,但一定不要因为等待更好的照片而错过了报道的最佳时机。在特殊时效要求下,先用手机拍的照片也可以。

(三)在图片报道中,图片的排序需要结合事实陈述、景别区分来规划

通常情况下,承载核心、关键信息的图片需要靠前,比如核心现场、主要人物、关键时刻等。

(四)所有照片必须经过法律层面的授权许可,以保证版权合法性

不能直接从百度等搜索引擎去下载图片,不能使用未经作者授权或其他媒体的图片。使用来自社交网络的图片,必须确认其真实性和合法版权。

(五)杜绝使用违反政治要求、破坏宗教和谐、刻意刺激读者感官的图片

图片中不能出现影响政治安全的旗帜、符号、图形、口号等内容;图片中不能有与民族宗教习惯风俗冲突的内容;图片中不能有血腥、暴力的内容,实在要用,必须打上马赛克;图片中不能含有色情内容。

二、图片制作

新闻图片不允许进行特别的技术处理,如拉伸、变形、镜像翻转处理,但可以对颜色、对比度进行适当的调整,使之更趋真实性,也可以适当地进行裁剪以便获得更好的

构图。在新媒体新闻报道中,根据需要对照片进行一些制作或拼接也是常见的。

三、封面图片与图片说明

微信公众号文章封面除了标题之外,通常会有一张图片。读者在点开文章前首先看到标题和封面图。除了标题之外,封面图也是有效吸引读者打开文章的重要组成。因此,在选择封面图时要考虑标题与封面图的呼应与配合。

封面图与标题之间通常有以下几种配合情况:

1. 封面图片应体现标题的核心元素
2. 封面图片应给读者更大的关于标题的合理想象空间
3. 封面图片应放大或凸显标题的情绪效果

图片新闻的文字说明也很重要,要注意以下几点:

1. 体现五个 W,时间一律使用"年月日"格式,一般不适合用"昨天"、"今天"来表达。
2. 图片说明包括针对图片的分说明和针对图片报道的总说明。一般来说,总说明在前,分说明在后。
3. 图片说明力求语言简洁,但也不可一味求短,以致信息交代不全。

第七章 新媒体广告写作

第一节 新媒体广告简介

在新媒体技术不断发展、媒介大融合背景下,广告业也发生了深刻变化。2002年,北京大学陈刚教授最先将"新媒体"与"广告"两个概念相结合。他在书中提出"后广告"一词。虽没有明确提到"新媒体广告",但有"新媒体广告"的含义[①]。网络技术、数字技术的迅速发展,带动了各种网络终端产品的涌现,并将信息传播带入了一个崭新的媒体时代。

新媒体广告具有互动性、跨时空、灵活性等特点。新媒体广告不可比拟的优势体现在便捷、针对性强、精准化。新媒体广告同时存在可信度降低、内容单调、缺乏创意等问题。

一、新媒体广告的发展沿革

依据媒体技术的发展脉络,我们可以将新媒体广告的发展分为手机通信广告、传统网络广告、互动广告三个阶段。

(一)手机通信广告

手机通信广告都是由移动运营商管控。广告主需先向手机通信运营商购买渠道,然后发布广告。移动运营商对手机通信广告起决定作用。手机媒体有着别的媒体不能超越的优势:使用用户最多、覆盖范围最广、方便利用碎片化时间,并且能够快速简捷地传播信息。其广告的主要形式有短信广告、彩信广告、推送广告等。

(二)传统网络广告

网络广告起源于美国。1994年10月27日,美国著名的《热线》杂志推出了网络版杂志,并在网站上推出了第一个网络广告。这是网络广告的起点,立即吸引了AT&T

---

① 陈刚.新媒体与广告[M].北京:中国轻工业出版社.2002.

等 14 个客户在其主页上发布 Banner 广告,标志着网络广告的正式诞生。1997 年 3 月,我国在比特网上出现了第一条商业性网络广告。我国经济的快速发展带动了科技进步,网络广告所占市场比例的增长幅度一直高于传统媒体广告。

在互联网发展的初期,因为技术水平和媒体平台的限制,广告形态单一,内容主要是文字和一些质量不高的 GIF、JPG 图片。

(三)互动广告

进入 Web2.0 交互时代,交互应用技术的诞生促使交互广告发展。起初,互动广告指互联网上的广告,如网站广告和横幅广告等。后来随着科学技术的不断创新发展,互动广告所包含的范围也在不断扩展。所以我们通常将互动广告称为"新型网络广告"或者"网络营销广告"。

互动广告的主要形式有:网站广告、APP 广告、SNS 社会性网络服务平台上的广告。此外,传统媒体如平面和户外广告上加印二维码等手段,也算是互动广告。

二、新媒体广告的特点

传统媒体广告一般受到时空限制,有传播范围小、不易更改等特点。新媒体广告呈现的方式多种多样,具有互动性、跨时空、灵活性几个特点。

(一)互动性

互动性是新媒体广告最基本的特点,也是很重要的特点。不同于传统媒体广告,新媒体广告是"双向传播",具有信息的交互性。在新媒体时代,受众可以选择是否阅读新媒体广告,同样受众也可对新媒体广告产生反馈行为,广告主也可与受众进行信息的交流。广告主可以通过广告了解受众的信息以及对产品的看法,及时地对产品进行完善工作。

(二)跨时空

传统媒体广告受到时间和地域限制,传播范围小,传播效果较差。新媒体广告则不受时间和空间限制。全球范围内,只要具备上网条件,任何地方都可以在互联网上阅读各种广告信息。

(三)灵活性

传统媒体广告一旦投放,不易更改。新媒体上投放的广告一旦出现了问题,可以根据广告主的需求及时修改更新,具有很好的灵活性。

三、新媒体广告存在的问题

在我国,新媒体广告行业呈高速发展状态,但由于自身发展不成熟、管理制度不完善等原因,新媒体广告也存在一些问题。

（一）纷繁复杂，可信度低

当打开某一网页时，有可能有五六个广告铺开在网页上，甚至还有一些弹窗广告很难关闭。例如打开新浪网，网站首页就超过了 20 个广告，令人应接不暇。各种广告信息纷繁复杂、五花八门，其中有不少虚假广告，让受众难以抉择，造成广告可信度降低。

（二）内容单调，格调不高

虽然有些广告，特别是品牌广告，制作精良，但网页和手机推送的小广告，制作简单，内容单调乏味，甚至一些小游戏广告，呈现内容黄色粗暴，让受众产生抵触甚至反感情绪。

第二节　新媒体广告文案写作

新媒体广告写作基本思路与传统媒体广告写作大同小异。

文案，原指放书的桌子，后来指在桌子上写字的人，如古代官衙中掌管档案、负责起草文书的幕僚。今天的文案指企业中从事文字工作的职位，就是以文字来表现已经制定的创意策略。但文案更多时候是"广告文案"的简称，多指以语辞进行广告信息内容表现的形式。广告文案基本内容包括标题、正文、口号等。

广告文案的工作包括报纸、电台、杂志广告、手机短信广告、网络广告撰写；视频广告、微电影、专题片脚本等脚本撰写；企业微信、微博、网店产品详情页文字撰写；企业样本、品牌样本、产品手册文字撰写；产品包装文案以及产品命名、品牌命名等。

广告文案写作不同于一般写作。不是简单地靠形容词堆积的华丽辞藻，也不是语句通顺、描述清晰就可以。很多写作高手在从事广告写作时常常不得要领，即使是从事多年广告写作的老手，也会常常感叹"虐稿如虐心"。这是因为，广告的本质就是营销，文案写作必须达到打动消费者的高度。不能打动消费者的广告文案应该说都是失败的写作。

广告大师大卫·奥格威在《一个广告人的自白》中说："消费者不是傻瓜，消费者好比就是你的妻子，如果你以为仅凭口号和煽情的形容词就能劝服她买东西，那就是在侮辱她的智商。"一句看似简单的广告标题可能只有十个字左右，但背后需要写作者完成一系列工作，这些工作包括相关的调查研究、目标受众分析、市场定位分析、产品卖点分析、竞争对手分析等。只有经过这些分析与研究，为产品或服务找到了独特的销售说辞，才能开始去写文案。如何为独特的销售说辞找到最合适的文字表达则又是一个复杂的过程。

文案写作的步骤通常包括明确文案写作目的、列文案简报、文案创意的写作输出、文案复盘四步。

一、明确写作目的

广告一般有以下三种类型:品牌宣传、产品销售、推广活动。目的不同,文案写作的思路和方法也不相同。

如果目的是品牌宣传,那么就要了解品牌定位、品牌个性,写出符合品牌调性的文案。如果是产品广告,则要研究产品特点,了解产品与同类产品的差异性。这些差异性是否是消费者需要的,给消费者带来了什么新的体验。消费者放弃竞争对手而选择你的商品,理由是什么?如果是一个推广活动,则要考虑如何让消费者觉得这个活动有吸引力,积极参与进来。

二、写创意简报

创意简报也称创意纲要,主要用来指导文案的创意与写作。创意简报是对创意写作人员在策略方向上的指导,是策划创意人员对品牌、产品、市场竞争、消费者分析的精髓。

优秀的文案源于好的创意,而要想得到好的广告创意,首先就要做一份精准的文案创意简报。一份好的创意简报可以输出好广告的策略。策略是文案写作的指引方向,没有策略的指引,文案的写作就会掉入随兴所至的陷阱。好的策略,可以使你的广告从成千上万广告讯息中脱颖而出。

广告策略需要回答四个问题:

(一)对谁讲:他是谁,喜欢什么,厌恶什么,有何偏见?

(二)说什么:传递什么信息,可以让他(她)相信或感动。

(三)如何说:用什么方式说出?温柔地说、诚恳地说、权威地说还是自信地说?

(四)什么时候说:什么时候传送这个讯息最合适?

因此,创意简报的内容一般包括:工作描述、广告目的、品牌个性、竞争分析、消费者分析、现状分析、对策分析、第一诉求、支持点、风格和调性、限制条件、必要元素等。好的策略与简报要做到:

(一)单纯:也许很啰嗦,但要有一个单一的意念。

(二)清楚:到底要什么。

(三)激发力,让创意和文案人员有蠢蠢欲动的感觉。

例:七喜汽水创意简报[①]

小组成员:保卫、邓远新、傅雅嵩

广告主:百事可乐公司

广告主题:七喜汽水产品广告

产品简介:七喜是美国百事可乐公司的一种汽水品牌。七喜汽水是百事公司独特

[①] 保卫、邓远新、傅雅嵩. 七喜汽水创意简报 [EB/OL]. https://wenku.baidu.com/view/915614743968011ca30091a8.html,2018-07-01/2018-11-12.

创新的非可乐饮料(非咖啡因饮料),用 FIDO DIDO 做形象代言人,充满青春,轻松、自我和机智的个性与七喜"一点就透"的品牌主张相吻合。

七喜作为一种碳酸饮料,不仅仅希望给年轻人带来味觉上的清爽与解渴,更希望年轻人都以一种独特的、智慧的、积极的态度来面对生活!

广告目的:通过广告,不断强调自身的市场定位、产品个性、品牌价值,从而抢占可口可乐、百事可乐以及雪碧的市场份额,巩固和提升七喜市场地位。唤醒潜在消费群体,扩大七喜汽水销量。

广告目标对象:七喜的主要受众人群是 80 后 90 后等年轻群体,年龄大概在 15 到 25 岁之间。他们要么在学校里为了学业而奋斗,要么刚刚走出校门在职场摸爬滚打。他们有着积极向上的态度,渴望得到认可!除此之外,七喜的目标市场是校园,主体定位是大学校园。

承诺与支持:

(一)健康饮料:七喜汽水有自己的特点,是区别于可乐的不含咖啡因的"非可乐"型健康饮料。由于产品存在差异性,所以有很大的市场空间。

(二)时尚饮料:七喜饮料是百事可乐公司旗下的一个品牌;百事可乐公司是全世界最大的饮料公司之一,也是软饮料销售市场的领袖和先锋,是世界知名的品牌。喝七喜饮料成为一种对时尚的追求。

(三)口味适合:柠檬味的汽水特别适合年轻人随意洒脱的性格特征,尤其是运动出汗后的男生,乐于追求一种清爽的感觉。

(四)强烈的文化认同感:七喜饮料的核心价值"放松、幽默、随意、不羁、积极乐观的生活态度"赢得很多学生的喜爱。他们对七喜饮料充满激情和活力的品牌文化很认同。

(五)七喜汽水是百事可乐公司旗下的一个品牌,有着先进的技术和雄厚的资金做后盾。

(六)"百事可乐"的知名度以及市场份额,也在一定程度上推动了"七喜"品牌的销售。

格调与气氛:广告必须充分表现七喜"喜"的特点,通过大量网络词汇,以及新颖的事物向目标消费群体展现七喜幽默、放松、积极乐观的生活态度。广告尽量体现一种幽默、乐观、时尚的格调。

创作要求:广告形式为网络视频广告,必须出现七喜 logo,必须充分体现七喜幽默、积极向上的调性。

三、文案写作输出

明确了文案的写作目的,根据创意简报的要求、深刻领会简报中给定的广告策略,进行创意思考,最后完成文案写作。

第三节 新媒体广告创意

广告写作,首先看创意。创意是创造性的思维活动,是广告策略的表达,其目的是创作出有效的广告,促成购买。创意是广告的灵魂,缺少创意的广告,文字再好,终究不是好的广告。

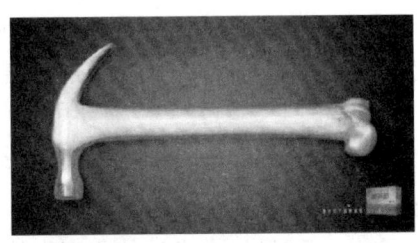 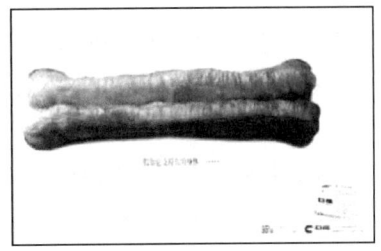

上面两则广告都是关于补钙产品的。钙是和骨头有关的,小孩不补钙,骨头就软;老人不补钙,骨头就酥松。如何通过广告,用简单的图片和简单的文字让人一看就明白这个道理呢?这两个创意都非常准确到位,设计简洁、文案简约。

锤子篇的诉求:如果你用了本产品补钙,你的骨头就会像锤子一样坚硬有力;油条篇的诉求:如果你缺钙,你的骨头就像炸过的油条一样松脆。

一、新媒体广告创意原则

通常广告创意有以下五个基本原则:单纯性原则、独创性原则、关联性原则、针对性原则、形象性原则。在进行新媒体广告创意时,这五个原则同样适用。不过,也有学者结合新媒体广告的特点,总结了以下五个原则:

(一)真实性原则

所谓真实性原则,就是要具有一定的事实,规避网络上虚假广告的情形。

(二)针对性原则

针对性原则就是要重点突出、击中目标。这需要了解商品以及了解市场。

(三)亲近性原则

广告创意应力求贴近消费者,用坦诚与友好加强对消费者的感染力,由此将广告目的贯彻到消费者心中。

(四)效益性原则

为了保持与客户的良好合作,应站在客户的立场,尽量节省成本。

（五）创新性原则

创新即避免步人后尘，拾人牙慧，而应独辟蹊径，标新立异。这是取得广告效果的关键所在。创新是广告作品引人注目的奥秘所在，也是一条不可忽视的广告创意规律。有了创新，才能使广告作品波澜起伏，奇峰突起，引人入胜；有了创新，才能使广告主题得到深化、升华。

二、新媒体广告创意基础

广告在产品的价值链中起到沟通广告主与消费者之间信息的桥梁作用。所以，如果想产生有效的广告创意，创意人必须对营销原理有所了解；同时，必须从传播的角度思考问题。

首先，创意人必须了解目标消费者的需求，并懂得如何与他们沟通。只有实现有效的传播沟通，广告才可能是成功的。其次，创意一定要对广告的产品或服务作充分了解。如果是适合自己使用的个人消费品，广告创意人要尽量去尝试使用广告的产品或服务，去体验消费者使用商品或服务的真实感受。

其次，创意人要分析竞争对手的情况，了解竞品有何优点和缺点及竞品广告状况。这样，才能给自己的创意找一个恰当的方向，选择一种合适的策略。

广告创意人在筛选提取销售信息时，必须考虑消费者看到销售信息时会有什么反应和行动。同时，广告创意人应思考消费者为什么会有这样或那样的反应和行动。目标消费者在看了广告后，是不是开始喜欢这个产品？他们会去商场买这个产品吗？他们会直接通过广告邮购吗？他们看了广告后会立即在网上订购吗？广告创意人应该尽量把可能出现的情况预先想到，并从中做出最好的选择。

广告创意人还应该对网络广告进行预算，考虑收益与成本。广告创意人必须在网络广告预算范围内开展创意。否则，广告创意就无法实现。

总之，广告创意人在创意之前应该考虑各种因素，尽量全面地掌握各方面的材料。

三、新媒体广告创意要求

（一）熟悉新媒体特点

由于新旧媒体的差异性，新媒体广告与传统媒体广告存在明显的差别。传统媒体广告往往是强迫性的接受，新媒体却不一样，受众可以选择与屏蔽，放弃收看。此外，传统媒体广告在传播时基本都是单向的；新媒体则不一样，受众可以参与其中，进行互动。因此，在进行新媒体广告创意时，首先要熟悉新媒体特点。

（二）运用多媒体技术，增强广告效果

新媒体比传统媒体具有更多的技术成分。因此，在进行网络广告创意时，要善于利用新技术。网络广告应呈现实时、动态、交互的多媒体世界。文字、声音、图片、色彩、动

画、音乐、视频、三维空间、虚拟视觉等形式都可以采用，以便增强广告的吸引力，满足人们求新、求变的心理，调动受众兴趣。

（三）区分不同产品，选择不同页面

目前网络广告比较注重首页创意，但对更深页面的创意不够重视。这是认识上的一个误区。事实上，从许多网站的数据来看，除了一些大众消费品适合在网站首页发布广告之外，一些比较专业的产品，流量越大的页面，点击率越低；流量越小的页面，点击率越高。因为，越往深处，内容越专业，虽然曝光频次少，但都是有价值的暴露。一家经营摄影器材的客户在新浪网上投放广告，开始在首页上做，结果点击率只有 0.5%，最后换到更深的专业页面去做，结果点击率达到 20%，比在首页上增加了 40 倍。

因此，在进行网络广告创作时，要区分不同产品，选择不同页面。大众消费品适合在网站的首页发布，创意时要根据产品的特点、网站的特点来选择广告形式。而专业化程度较高的产品适合在专业网页（或网站）上发布，创意时除了要考虑专业网页的特点，还要考虑专业网民（即经常访问这一网页的浏览者）的心理特点。广告信息可以适当地专业化。

（四）争取受众反馈，促成网上购买

网络广告能实现的目的一是介绍产品、树立品牌形象，二是获得受众的直接购买。因此，在进行网络广告创意时，一定要努力做到能使受众反馈，甚至促成在线销售。随着市场环境的成熟和网络技术的进步，网络营销会逐步发展、成熟。

下面看两则新媒体广告创意。

例 1：世上最遥远的距离，是你收到了宝马广告，我却只能看瓶可乐

2015 年 1 月 25 日 8 点 45 分，VIVO、可口可乐、宝马的微信广告同时上线。据说，朋友圈第一批信息流广告是在对用户红包现金流分析的基础上进行投放的。2014 年红包流量 1 000 元以下的朋友圈集中投放可口可乐广告；1 000—10 000 元集中投放 VIVO 广告；10 000 元以上投放了宝马广告。因此，不同的人刷到了不同的广告。

PPmoney 是一个互联网金融平台，宣称为公众提供安全、专业、高收益的理财服务。PPmoney 以当天的微信朋友圈广告为切入点，通过平台的卡通形象"小 P"来宣传自己，创作了一篇微信推文，很快收获来了 10 万以上的阅读量。广告标题为"世上最遥远的距离，是你收到了宝马广告，我却只能看瓶可乐"，正文如下：

今晚
朋友圈第一波广告来袭
三组广告上线

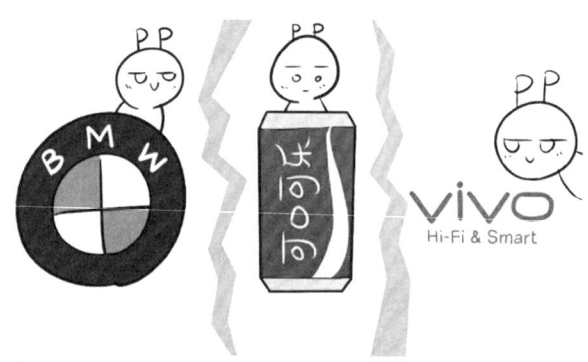

据说,腾讯为宝马、VIVO、可口可乐三家通过大数据分析定向投放了朋友圈广告。

那是不是就意味着:

收到可乐的都是穷人

收到 VIVO 的都是中产

收到宝马的都是土豪

小 P 看着屏幕上的可乐广告,好心塞

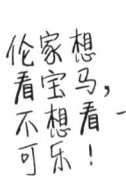

曾经我以为

世上最遥远的距离

是我坐在自行车上哭

你却坐在宝马上笑

如今我才明白

世上最遥远的距离

是我只看到可口可乐

你却能收到宝马广告

不想再看可乐广告?

想离宝马更近一步?

PPmoney 带你增值财富

PPmoney,会理财,更赚钱!

这篇文章能够获得 10W+ 的阅读量,在于其抓住了热点,并套用了"世界上最遥远的距离……"这样一个经典句式。用可口可乐与宝马的形象对比,唤醒人们理财赚钱的欲望。

例 2:网易新闻:从"有态度"到"各有态度"

2011 年,网易推出新闻 APP,其品牌 slogan 确定为"有态度"。"有态度"强调自己要做不一样的新闻,有观点、有立场、有价值取向。

2017 年,网易新闻将其 slogan 改为"各有态度",一字之差,截然不同。虽然价值取向仍在,但态度并不再局限于网易自己,表达态度的权力下放给每一位愿意表达态度的用户。这体现网易新闻正在努力摆脱此前的"80 后政论场",朝向 90 后、多样化和青年文化为主的新形象。

我们来看一看"有态度"和"各有态度"的广告创意。

"有态度"广告是针对 80 后一代的,"各有态度"广告面对 90 后或更年轻一代,其诉求和广告风格大相径庭。

第四节　新媒体广告语言

在所有写作中,广告文案可以说是最有难度的一种。一方面,广告文案需要有创意,需要高超的语言技巧;另一方面,广告文案不可能像诗歌、戏剧、小品一样自由发挥,必须考虑诸如广告策略、产品属性、受众文化水平等多方面。

为了找到上佳的语言表达,文案写作者有时绞尽脑汁,用尽各种手段,结果还是不尽如人意。广告语言需要简洁、高度概括;广告语言要生动形象,新颖别致;广告语言有时也要求通俗易懂,一目了然;有时也可以有较强的文学性,象征、比喻、双关等各种修辞手法都可以使用。

下面看广告大师大卫·奥格威给劳斯莱斯汽车写的广告:

在 60 英里的时速下,这辆劳斯莱斯车内唯一听到的是电子钟的滴答声

劳斯莱斯为什么是世界上最好的车?"其实真的没有什么秘密——就是对细节不厌烦的关注。"劳斯莱斯一位著名工程师介绍道。

1."60 英里的时速下,这辆最新的劳斯莱斯车内最大的噪音来自于电子钟。"《机动车》杂志的技术编辑如是报道。声频由 3 个消声器调节——消除噪音。

2. 每个劳斯莱斯的引擎在安装前都先以最大气门开足 7 小时,而每辆车子都在各种不同的路面上试车数百英里。

3. 劳斯莱斯为车主而设计，比最大的家用轿车短18英寸。

4. 机动方向盘，机动刹车，自动排档，驾驶和停都十分便捷，不需要专业的司机。

5. 组装完毕的每一辆车送往终极检查站，接受为时一周，98个项目的细微检测，包括工程师使用听诊器听轮轴声响。

6. 劳斯莱斯承诺3年保修，随着全国经销商和零配件站网络的完善，服务会越来越好。

7. 劳斯莱斯散热器从未改变，唯一一次例外是1933年，亨利.莱斯先去世，上面的字母标志R由红色刷成黑色。

8. 车身涂刷5层底漆，每一层都经过手工打磨，再以同样方式刷9层面漆。

9. 方向盘上有一个减震器调节按钮，以应付不同路况。

10. 仪表盘下方可拉出法国胡桃木野餐桌面，正驾和副驾背后也各有一张。

11. 可选择添加下列设备：咖啡机，听写器，床铺，冷热水笼头，电动剃须刀及电话。

12. 3个独立机动刹车系统：两个液压，一个机械，3个系统互不影响，不但安全，而且灵活——轻松运行时最高时速85英里，极限时速100英里。

13. 宾利也是劳斯莱斯出品，除了散热器，和本车是一样的机动车，由同一批工程师按照同一工艺制造，宾利的散热器制作比本车略微简略，所以便宜300美元。若对开本车没有把握，可选择宾利。

价格，本广告中车型——含大港离岸运费——售价13 995美元。

如果想体验劳斯莱斯或宾利试驾，欢迎致电或致函背面所列经销商。

劳斯莱斯有限公司，纽约20号，洛克菲勒大厦第10层，邮编5-1144

这是大卫·奥格威的经典文案。这则广告想告诉消费者"劳斯莱斯是世界上最好的车"，但并没有用吹嘘的形容词，只是告诉你有关这辆车的各个细节，朴素而写实的风格给消费者更多的信赖。曾经有人将标题翻译为"驾劳斯莱斯倾听秒针的跳动，感受夜的安静"，虽然增加了文学色彩，但失去了原标题给人带来的无声胜有声的触动。

新媒体时代，信息爆炸，广告无孔不入，受众对于信息的感知越来越麻木。这对广告文案提出了更高的要求。

还是用案例来说话吧。

例1："苹果"iPhone6：Bigger than bigger

2014年9月10日凌晨1点，"苹果"手机秋季新品发布会在美国库伯提诺市弗林特剧院举行。苹果发布iPhone 6和首款可穿戴智能设备Apple Watch。发布会上，苹果给iPhone 6的广告文案为：Bigger than bigger。

iPhone 6与iPhone 5相比，一是主屏尺寸变大了，iPhone 5的主屏是4英寸，iPhone 6的主屏变成了4.7英寸。二是配置更高了，功能也更强大了。

广告发布后，"苹果"中国大陆官网译为"比更大还更大"，港台地区官网则译作"岂止于大"。从表达的准确性来看，"岂止于大"更好一些，但"比更大还更大"却更突出了主屏的变大。

不过,这句文案的奇妙之处在于网友的翻译以及由此引发的热议。网友的翻译"比逼格更有逼格",应该说更为传神。这句翻译后来演变为一句网络流行语,或许是苹果公司始料不及的。

例2:支付宝:梵高为什么自杀?

2014年12月份,阿里巴巴推出了支付宝账单营销,当时广告势头很猛。其中一篇名为《梵高为什么自杀?》的文章在微信公号推出后,很快被广为传播,被称为神文案。文章虽然较长,但由于使用了大量图片,且内容知识点较多,阅读并不累。

 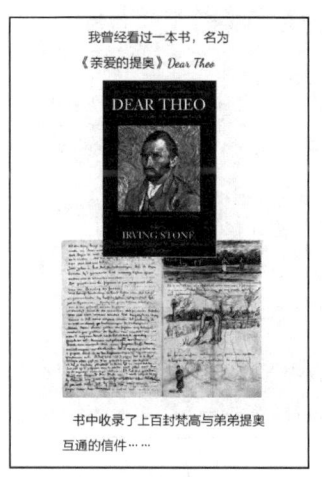

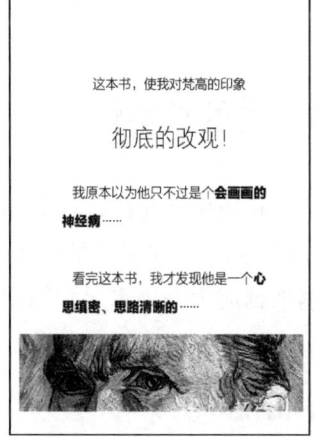 

接下来按这种风格讲了不少梵高的故事。最后的文案和设计如下：

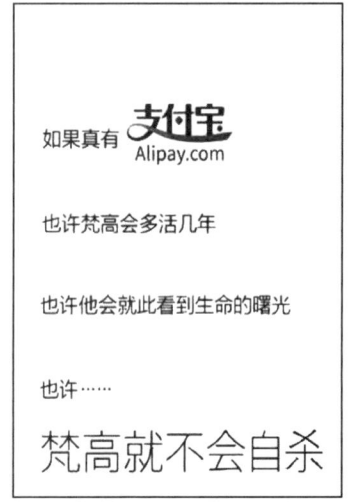

文章设了这么大一个局，就是想告诉人们，要用"支付宝"来理财。

第五节　新媒体广告的故事性

"利用演义后的企业相关事件、人物传奇经历、历史文化故事或者相关传说故事，在传播中激起消费者的兴趣与共鸣，提高消费者对品牌关键属性的认可度。[①]"这种营销方式就是"故事营销"。新媒体时代，讲故事越来越成为一种重要营销手段，一个好的文

---

① 孙焱.如何用故事进行营销沟通[J]销售与市场(营销版)，2009(16).

案必须会讲故事。著名品牌营销专家李光斗也认为,这是一种"可有效降低品牌建设繁复性与不确定性,直达品牌体系核心。[①]"的营销方式。

从本质上来说,故事营销是一种从目标对象的心理和情感体验出发,聚焦其更深层次内在需求,进而逐渐渗透和感染对方,使其逐渐认同并不断强化品牌精神和理念的一种有效传播手段。

人人都爱听故事,好的故事从不需要刻意传播,人们可以一传十、十传百,口口相传使好的故事像病毒一样传播开来。将品牌信息、产品信息植入一个生动的故事进行传播,比抽象的品牌理念、产品信息更易被受众接受。

一、故事必须符合品牌调性

品牌调性指品牌在市场中所运用的独有语言以及视觉识别。品牌调性主要由品牌核心价值定义、品牌价值表现如品牌标识语、品牌故事等决定。品牌调性既要体现行业特征,更要有自己的个性和特征,由此与竞争对手形成差别。品牌调性对品牌成败有较大的影响。

讲故事时,一定要充分考虑品牌调性。根据品牌调性讲述自己的品牌故事。下面以白酒品牌"江小白"为例,看一下文案是如何体现品牌调性的。

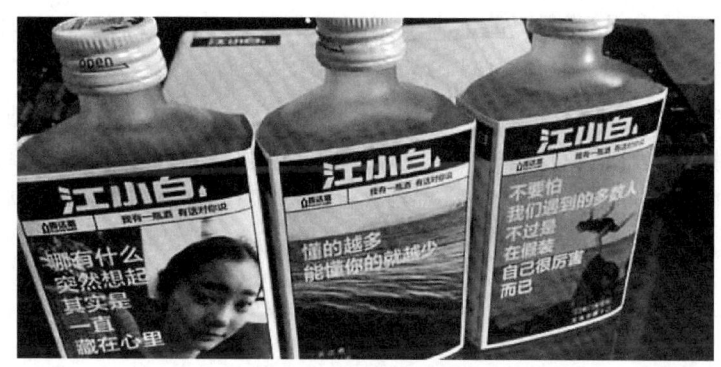

"我是江小白,生活很简单"。这是白酒品牌"江小白"的调性。这已经不是在卖酒,而是卖一种生活态度:年轻、率性、生活简单而真实。

不停地喝酒,是为自己找一个放肆想你的借口。

我把所有的人都喝趴下,就是为了和你说句悄悄话。

无论今天多么糟糕,醉了,醒了,就是明天。

就在同一个城市,为神马我们好久不见?

妹纸,今晚我们找一个热闹的地方喝一瓶江小白,然而,我们找个清静的地方讨论一下人生。

大道理人人都懂,小情绪难以自控。

有时候,事情很简单,复杂的是我们的脑袋。

---

① 李光斗.故事营销[M].北京:机械工业出版社,2009:7.

上面这些句子都是不同酒瓶标贴上的文案,做得非常到位,把年青人喝酒的不同场景写出来了。电影台词式的金句,隐藏了许多人生故事。每个消费者都可以根据这句话,体味自己的人生。

"江小白"的包装设计也一改传统白酒看起来高大上模样,采用较为休闲的设计。更为高明的是,它把产品本身做成了广告媒体,变成与消费者情感沟通的纽带。

二、故事要有真实性基础

越是真实的故事,越能够打动消费者。在进行故事写作时,无论是写企业家故事还是写品牌和产品故事,都要尽可能地去挖掘真实发生的内容。海尔张瑞敏的"砸冰箱"是一个真实的故事,让广大消费者认可了海尔的质量。

所以,不要着急去讲品牌故事,而是先去认真研究企业的发展历史和创始人的各种经历,从中寻找那些对品牌发展有代表性而影响深远的事件,作为品牌故事的素材。即使是编的故事,也应符合生活逻辑,具有真实性的基础。我们来看近年来网络营销的成功案例,褚橙:一个烟草大王出狱后的创业故事。

"褚橙"背后的故事①

75岁二次创业,85岁带着褚橙进京,褚时健的精神让众多名人敬佩不已。中国最具有争议性的财经人物之一,他曾经是中国有名的"烟草大王"——褚时健。

---

① 紫云家."褚橙"背后的故事[EB/OL]. https://weibo.com/p/1001603922937433458335,2015 - 12 - 22/2018 - 10 - 12.

巅峰落马坠低谷

1979年,52岁的褚时健成为玉溪卷烟厂厂长,当时的玉溪卷烟只不过是一个地区性的小企业,厂远没有现在有名。当时,褚时健意识到新技术和新设备对企业的未来具有决定性的意义,所以宁愿将全厂抵押给银行,最终引进了新设备。1986年,褚时健成为玉溪烟草公司经理和玉溪地区烟草专卖局局长。玉溪烟厂固定资产从几千万元发展到70亿元。此时的褚时健,俨然已经成为中国烟草行业教父级的人物。

不过,1995年2月,一封来自河南三门峡的举报信终结了褚时健的烟草生涯。1998年新华社报道称,褚时健的亲女及亲属收受巨额财物。褚时健本人,后来被司法指控贪污和巨额财产来源不明罪。最主要的情节是,他把巨额公款直接划到自己的名下,其中一笔是174万美元,另一笔1 156万美元。

最终,褚时健被判无期徒刑,剥夺政治权利终身。这段时间对于褚时健来说,是黑暗的。他失去的不仅是自由,1995年12月褚时健的女儿在河南的一个牢房留下了一纸"我这样做跟号里、所里的人无关,只是无法忍受何日是尽头的苦难和屈辱"的遗书后自杀。

老骥伏枥再创业

2002年,褚时健因为严重糖尿病,被批准保外就医。此时,褚时健已经是位75岁的老人。

这一年,褚时健承包了2 400亩荒山,这些荒山刚经历过泥石流的洗礼,一片狼藉,当地的村民都说那是个"鸟不拉屎"的地方。诸多困难并没有阻住他的"疯狂"行为,他带着妻子进驻荒山,脱下西装,穿上农民劳作时的衣服,昔日的企业家完完全全成为一个地道的农民。

这一年,爱好爬山的王石来到了云南,特意抽时间专程去看望褚时健。王石当时感慨地说:"我非常受启发。褚时健居然承包了2 000多亩地种橙子。橙子挂果要6年,他那时已经75岁了。想象一下,一个75岁的老人,戴一个大墨镜,穿着破圆领衫,兴致勃勃地跟我谈论橙子挂果是什么情景。2 000亩橙园和当地的村寨结合起来,带有扶贫的性质,而且是环保生态。虽然他境况不佳,但他作为企业家的胸怀呼之欲出。我当时就想,如果我遇到他那样的挫折,到了他那个年纪,我会想什么?我知道,我一定不会像他那样勇敢。"

这些年,80多岁的褚时健每个月下地8—10天,对果园管理盯得非常细致,严格管理。

十年磨剑成"橙王"

6年后,第一批褚橙挂果,口感偏酸,并不好吃。褚时健并没有着急销售,而是四处寻找让橙子好吃的办法。

在四处求教和钻研书籍后,褚时健改善了种植方法。在褚时健看来,最好的橙子不应该仅仅只有甜味,还应该带有一丝微酸,果汁停留在嘴里的时候,能够活灵活现地让人感到一种自然滋味,"水分也要充足,果皮也要能够用手剥开,这才是一个好橙子"。

经过摸索,褚橙的酸甜比保持在符合中国人口味的"1∶24"。

创造出中国口味的褚橙 2010 年上市,很快就风靡昆明大街小巷。当时有媒体报道称,"褚橙"12、13 元一公斤的出厂价,比昆明市面上 10 元四公斤的普通橙子高出数倍,可是不出云南省就卖完了。这几年,云南市面上其他大小品牌的橙子,销售都会避开"褚橙"上市。

2012 年和 2013 年,"褚橙"先后通过电商走进北上广三大城市,"励志橙"受到了众多网友的热捧,北上广更是上演着排队购橙的盛况。"褚橙,是一种境界。""尝的都是精神呀!"网友们热议。

"我吃过他(褚时健)的橙子,大家都赞不绝口,这么大年龄才开始创业又做得这么好,确实给我们这些人非常大的激励。"大连万达集团董事长王健林坦言,如果自己到了 75 岁,不会有褚时健那样的精神。

褚时健是一个特殊的人物,这位中国烟草界的传奇人物在经历了人生一段特殊的时期后,创造了"褚橙"这个品牌。营销创意时,将他的人生经历写成励志故事,在网上不停地被转发,"褚橙"一跃成为网红产品。

三、品牌需要新故事传承

虽然一个好的品牌故事可以传播许多年,但不断发展中的品牌不能仅仅凭借一个故事延续传奇。

首先,随着时间推移,老一代消费者需要通过新的故事加强对品牌的认知;其次,由于时代变迁、风尚潮流、审美趣味的变化,品牌需要新的故事;最后,如今很多产品都有科技基因,而科技却是在不断进步的。比如,随着人工智能技术的发展以及新能源的应用,今天的汽车跟上个世纪的汽车有了很多不同。所以,品牌故事需要更新。

海尔是中国著名的家电品牌,上个世纪 80 年代从做冰箱开始。当年海尔"砸冰箱"事件成为很好的品牌故事。2016 年 10 月份以来,无论是网络上,还是海尔全国各地线下活动,都能看到海尔在运行的洗衣机上竖硬币活动。面值 5 角钱的硬币,以各种造型立在运转的洗衣机上,而硬币不倒。

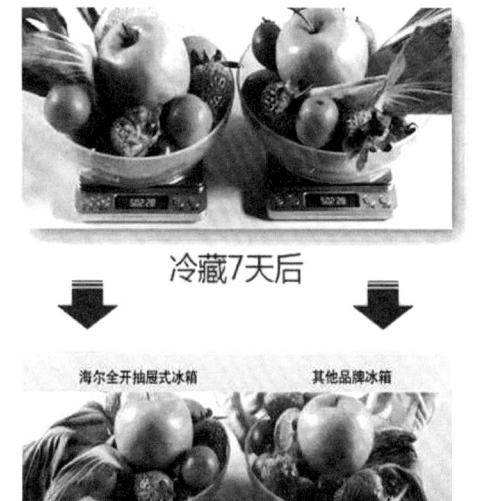

从"凯旋门"、"广州塔"到"泰国大皇宫",令人惊叹。2017年2月,海尔更是在新西兰卖场掀起立硬币风潮,活动持续了几个月,跨越半个地球,所立起的硬币数量和造型不断升级,海尔洗衣机安静平稳的产品性能也得到了全球消费者的认可。

这既是一个事件营销,同时也是海尔新的品牌故事。

再看海尔为其冰箱续写的新故事。《海尔冰箱:用监控拍下食物缩水真相!》。这是一个短视频,曾经受到网友们的关注和转发。两台秤精确地记录了相同食材在不同冰箱保鲜之后的重量变化,食材的保鲜效果也显现出来。

众所周知,好味道都是品尝出来的,但为了让更多消费者了解冰箱食材保鲜真相,海尔冰箱独辟蹊径选用秤称出冰箱保鲜的好味道。

"立硬币"新奇有趣,"称新鲜"给人开脑洞,符合新一代人的审美趣味。这两个实验性的故事,续写了海尔产品质量过硬、品质一流的新篇章。

第六节 新媒体广告的互动性

互动性是新媒体广告超越传统广告的重要特征,突破了传统媒体单向传播的局限,为受众与媒体间的双向交流提供了可能。受众不再是被动的接受者,他们参与其中,形成互动和二次传播。互动性不仅增加了广告的趣味性,有效消除受众对广告的抵触心理,提升受众体验,对广告主来说,广告传播也达到了更好的效果。新媒体环境下的广告,越来越注重与用户的互动性。

一、新媒体广告互动性优势

(一)引起注意,引发兴趣

如今广告随处可见,电视、大街小巷、地铁、网页……广告种类繁多、形式多样,再加上用户对广告的辨识度提升、容忍度下降等原因,广告经常会被用户自动过滤、置若罔闻。而互动广告形式,凭借多样性、趣味性、激励性,一定程度上消除了用户对广告的抵触心理,更易于让用户接收到广告信息,更容易激发用户主动参与的热情,且能持久地让用户保持新鲜感。

（二）精准投放，实时优化

广告主可以实时看到用户参与数据和反馈信息，广告效果更易于评估，根据用户反馈，广告主可以及时调整广告策略和投放方案，从而让互动广告与用户的需求达到最精准高效的匹配，让每次曝光都更具价值，大幅度提高广告的营销效果。

二、如何提升新媒体广告的互动性

（一）以用户为中心

新媒体广告使传播者和受众能有互动，形成对等的交流机会，并且使受众掌握选择信息的主动权，在传播中发挥更为积极的作用。因此，广告视角要从用户切入，考虑用户在广告中接收到什么信息，有何种体验。

（二）提升内容的参与性

这是提升互动性最重要的一环。找准角度，发掘与大家生活关联的场景、感兴趣的话题，让用户对广告中的场景、元素、情感产生强烈的共鸣，有一种置身其中的代入感，从而与广告产生互动，同时吸引用户主动参与到广告传播中。

（三）选择合适的互动媒介

即以何种媒介承载内容，从而达到更好的传播效果。以网易云音乐为例，其将用户的乐评、歌单等内容作为链接用户和自己的情感纽带，总是利用不同的媒体，玩出不一样的创意。除了在地铁上刷屏，还与农夫山泉合作，将用户的乐评印在农夫山泉的瓶身，让每一条乐评都随着农夫山泉水到达消费者手中。用户通过扫瓶身上的二维码，可直接进入网易云音乐。这种手法，颠覆了传统瓶装水枯燥无谓的设计，既让人眼前一亮，触达率又高。

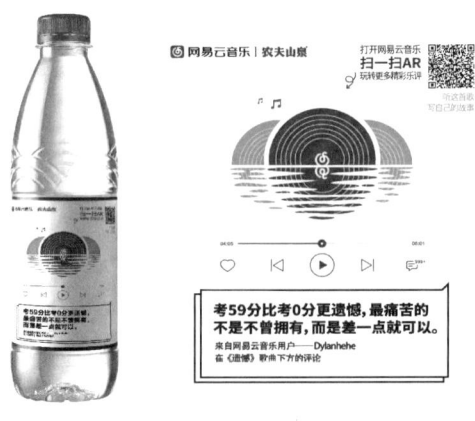

（四）设置互动

新媒体广告中可以利用各种互动体验，激发用户的参与度。例如可以为用户设置内容的评论区，包括评论功能的易用优化，增强用户的参与度；设置很多有趣的点击互动，引发用户参与；还可以通过送礼物、积分等激励形式，鼓励用户互动、分享。

例1：央视春晚广告互动：引发全民狂欢①

央视春晚是我国最具特色的传统综艺节目，在中国具有绝对的收视率。每年，都会有企业争相在春晚中植入广告。此前，春晚广告植入一般采用冠名、整点报时、企业贺电、鸣谢字幕以及道具摆放等形式，广告较为生硬。这不仅影响节目质量，同时，由于受众反感，有时企业花了钱，却收效甚微。

2014年央视春晚与新浪微博合作，开始尝试互动式广告。在春晚中进行二维码互动，线下呈现广告，一下就火了，有3447万用户参与春晚互动，而且好评如潮！2015羊年春晚，微信又与央视春晚合作，在除夕夜联合多家品牌商通过摇一摇、微信群、朋友圈等方式展开营销"轰炸"。

具体方式是，微信提供抢红包入口（摇一摇春晚专题互动页面），然后由春晚主持人在节目进行过程中口播引导用户进入微信"摇一摇"抢红包。红包由若干个广告品牌商赞助，抢到的红包也将显示"×××企业给你发了一个红包"。数据显示，在全民抢红包时段（22:32—22:42），共计发出1.2亿个红包，成为新媒体互动广告的经典！

例2：网易云音乐——"看见音乐的力量"乐评专列，唤起乘客共鸣②

2017年3月20日，网易云音乐把一度深深打动用户的那些歌曲评论，印满了杭州市地铁1号线，和整个江陵路地铁站。它们来自网易云音乐点赞数最高的5 000条优质乐评之中，经过层层筛选，最终映入乘客眼帘，一时在朋友圈疯传，火了一把。

---

① 腾讯科技.2015央视春晚：微信摇一摇红包引发全民互动狂欢［EB/OL］.http://tech.qq.com/a/20150221/011066.htm,2015-02-21/2018-11-12.

② 梅花网.其实,网易云音乐是一家很厉害的"广告公司"［EB/OL］.https://www.meihua.info/a/69888,2017-08-01/2018-10-12.

例3:网易云音乐——刷屏级H5:快来生成一份你的使用说明书①

网易云音乐制作的一只H5,同样成为刷屏级案例。该H5很好地利用了用户的互动参与,使用了几组听音乐测试的答题,并根据用户对几段音乐的判断,生成一张关于"我"的使用说明书。例如"遇到香喷喷的东西会变圆""起床时容易爆炸"等。这些怪怪的调侃的描述让人忍不住要"嘚瑟"一下,分享到朋友圈。在H5末页最终生成可分享的海报图片,在海报的右下角放置了该H5的二维码,进一步促成了H5的裂变传播。

---

① 高了了.网易系H5频繁刷屏背后,是一个通用的爆款模型[EB/OL]. http://www.sohu.com/a/276426309_114819,2018-11-19/2018-11-21.

第八章 新媒体文学写作

20年前,"网络文学"一词就开始流行,而"新媒体文学"则是近几年才出现的词。2016年11月22日在西安召开的当代文学研究会年会上,有一个议题是"新媒体文学的生产与传播"。议题一经提出,便给参会者带来了疑惑:什么是新媒体文学?它与网络文学有什么区别?难道网络文学已经属于过去时?新媒体文学与传统文学又有什么质的不同?

其实,新媒体文学与网络文学并无特别区别,两个概念实为同一所指。今天,网络无所不在,所有的新媒体几乎都可以覆盖,甚至连电视、广播这样的传统媒体都被网络覆盖了。

人们真正怀疑的是以媒介来定义文学。无论叫"网络文学"还是"新媒体文学"都是"一个权宜的概念,甚至是一个文学的伪概念,必须得以重新确立。[①]"这是因为,文学与广告、新闻不一样。融合高频、视频等技术制作的多媒体新闻、广告依然是新闻和广告,新媒体技术改变不了广告和新闻的属性,文学却不一样。

文学是什么?汉语大辞典的定义是"以语言文字为工具,形象化地反映社会生活斗争的艺术,包括戏剧、诗歌、小说、散文等。[②]"这是一个被广为认可接受的定义。毫无疑问,文学必须以语言文字为工具,是语言的艺术。这就是为什么影视剧不叫文学,但影视剧本叫文学,戏剧不叫文学,戏剧脚本叫文学的缘故。

因此,那些应用了多媒体技术的小说、诗歌已经不是语言的艺术了,准确地说是多媒体艺术。而把作者与读者互动、读者及时评论转发甚至首发权、临屏写作都说成是网络文学的特点更是牵强附会,因为这些都不是文学的特点,而是媒体的特点。网络广告和网络新闻都有这些特点。如果说技术改变了文学,只有超文本技术对于网络小说的结构变化产生了一些影响。

当我们弄清楚这些之后,大可不必再对"网络文学"耿耿于怀了。说到底,网络文学就是网络出现后,当下的诗人、作家发表在网络上的文学作品。我们要研究的不是新媒体对它的改变,而是从文学的角度,看网络时代的文学发生了什么改变,包括题材、写作结构、语言风格流变。

---

① 徐兆寿.网络文学研究的尴尬和出路[N]人民日报(海外版),2017-07-19(07).
② 语言研究所词典编辑室.现代汉语词典[Z]北京:商务印书馆,1978-12(1398).

也许,我们的目光还应该再往上游看,网络改变了人类哪些生存方式,人类的情感发生了什么变化?新媒体对社会文化以及文学研究究竟有何影响?暨南大学中文系教授贺仲明举了个例子。他说,"手机的广泛应用在很大程度上让社会大众的生活方式发生了很多改变。情感距离的缩短,导致我们对情感的体验发生很大变化,就像登山索道的出现,使我们失去了爬山的体验,手机、网络等新型媒体的出现,使我们生命中很多感受都丧失了。诗词里描述的相思、分别的艰难等感受减少了,如果失去这些内涵,文学很多本质的东西会受到根本性的影响①。"

第一节 新媒体文学风貌

一、题材丰富,多元价值取向

改革开放之后,中国文学曾经迎来一波思想解放的浪潮,无论诗歌、小说、戏剧都出现了有影响力的文本。互联网出现之后,尤其是在中国加入WTO之后,世界经济的一体化,全球文化的大交融给中国文学带来了新的冲击。

不少人认为,因为网络出现,所以人人都可以写作,表达自己的思想和感情,成为作家。这其实说的是出版,是网络让出版变得容易多了。上世纪80年代,很多诗人自费印刷民间诗刊,非常之难。如今,随着信息文明时代的到来,社会的不断进步,文学氛围进一步宽松,可以在网上写作的题材较传统纸媒有了更大的拓宽。典型的例子就是木子美等人的小说以及"下半身"诗派的出现。

韦勒克在《文学理论》中指出,"文学艺术的本质"具有"虚构性"、"创造性"和"想象性"。现今的网络小说充分发挥了这些特性,从传统武侠、言情、侦探等通俗小说那里以及魔幻现实主义文学中吸取营养,杂糅成多种新的题材。传统文学强调审美和教育两大功能,网络文学将其弱化了,取而代之的是娱乐和个人情绪的宣泄。

二、格调向下,从通俗走向媚俗

不少评论家发现了网络文学的通俗化倾向,认为网络文学就是通俗文学或流行文学。其实,好的文学并不排斥通俗,孟浩然的《春晓》既是通俗易懂的经典,同时也具有很高的文学性。此外,通俗文学也有格调高低之分,中国四大名著以及金庸的武侠小说,都是高格调的通俗文学。早期的网络爱情故事,也是写得纯真而清新。然而,今天不少网络原创小说,已经从通俗变成庸俗,最终走到了媚俗的地步。

令人惊异的是,在娱乐至上、游戏至上的鼓励下,一些人开始用媚俗的手段翻译经典文学作品。冯唐对泰戈尔《飞鸟集》的翻译,助推了文学的庸俗化,是媚俗文化的典型。不少初学写作的人会想,冯唐这样的作家都敢拿泰戈尔开玩笑,我为什么不可以再

---

① 夏琪.作家、学者谈新媒体时代的文学创作.[N]中华读书报,2017-05-279(5).

媚俗一点呢?

三、浅写作与难度写作并存

浅阅读是网络时代的特征,因此,浅写作也成为写作者的选择。这是功利主义的写作态度。

今天严肃文学不断被边缘化,通俗文学越来越成为主流。写小说希望被改编成电视剧赚更多金钱,写诗歌为了被正规诗歌杂志发表,赚取文学功名。2016年第十届中国作家富豪榜公布了"网络作家榜"入选名单,榜单前十名的作者版税收入均已过千万,唐家三少更是以超亿元的版税收入再次蝉联网络作家排行榜榜首。

不过,在一个轻浮的时代,总有东西在下沉。一些自觉自悟的作家或诗人已经发现了时代的流弊,他们正在寻求有难度的写作。这与网络无关,与新媒体无关,只与这个时代有关。

第二节 新媒体小说

新媒体小说通常称作网络小说。20世纪90年代,互联网上最先流行的文学是小说。而新媒体一词出现较晚,也过于学术化。今天,网络对手机、电视、各类电子阅读器等新媒体已形成了全面覆盖。新媒体小说其实就是网络小说。很长时间里,网络小说几乎就是网络文学的代名词。直至今天,说到网络文学,多数人以为就是网络小说。

中文网络小说,最早可以追溯到1997年。那一年底,台湾成功大学水利工程博士蔡智恒以网名"痞子蔡"开始在网上写作《第一次的亲密接触》。这部小说以机智诙谐的语言、纯美凄婉的爱情故事迅速在网上广为流传,成为中文网络小说的开篇之作。自痞子蔡之后,从内地到台湾,涌现了一大批网络小说创作者。

国内网络小说源于大学BBS。2000年1月,江苏文艺出版社出版的《蜘蛛梦》《青柿子》[①]两本网络小说,是国内最早的网络文学图书之二。书中的作品最初都发表在大学BBS,后经读者反复转帖。小说作者用的都是网名,有的甚至是佚名,至今也不知作者是谁。

随着网络小说的兴起,包括邢育森、宁财神、俞白眉、李寻欢和安妮宝贝在内的一代网络作家迅速走红,这种依托网络生存的快餐式文学,很快受到年轻人尤其是青少年学生的追捧,被称为"成年人的童话"。随后,专业的网络小说网站也开始出现,橄榄树、榕树下、起点中文网、逐浪网、天鹰文学、翠微居等一批中文小说网站先后建立并签约了一大批网络写手。这些网站有专门的编辑进行编排,把网络小说编辑成电子书,分成很多个章节供读者阅读。在商业化网络文学网站的推动下,网络小说进入了全新的发展阶段。

---

① 雷默.青柿子.蜘蛛梦[Z].南京:江苏文艺出版社,2000-02.

一、网络小说流变

从 1998 年算起，中国网络文学已经走过了 20 年历程。20 年来，网络小说的发展与变化远远超过了诗歌等其他文学形式。其作品的数量之多，题材的多样性之丰富，流派的迭代发展速度之快，可以说是文学史上少有的。

2018 年 7 月 24 日，在纪念中国改革开放 40 周年及网络文学 20 周年之际，上海市作家协会评选了"中国网络文学 20 年 20 部作品"，猫腻的《间客》、痞子蔡的《第一次的亲密接触》、今何在的《悟空传》、阿耐的《大江东去》、萧鼎的《诛仙》、辛夷坞的《致我们终将逝去的青春》、唐家三少的《斗罗大陆》、萧潜的《飘渺之旅》、桐华的《步步惊心》、酒徒的《家园》、金宇澄的《繁花》、月关的《回到明朝当王爷》、天下霸唱的《鬼吹灯》、wanglong 的《复兴之路》、天蚕土豆的《斗破苍穹》、血红的《巫神纪》、当年明月的《明朝那些事儿》、我吃西红柿的《盘龙》、蝴蝶蓝的《全职高手》、辰东的《神墓》入选。这些作品是各个流派的代表作，充分体现了网络小说的发展与流变。

（一）篇幅越来越长

2004 年，起点中文网率先推行 VIP 收费阅读模式。在利益的驱使下，网络小说由此进入长篇在线连载时代。在此之前，网络小说的篇幅都不是很长，安妮宝贝、李寻欢、宁财神和邢育森等在网上发表的主要是中短篇小说，今何在的《悟空传》连 10 万字都不到。江南的《此间的少年》也只有 12 万字，却在网上红极一时，影响广泛。后来，当玄幻、仙侠、都市和历史四大类成为网络文学主流之后，就很难再见到 10 万字的小说了。

2010 年，移动阅读开始风靡，超长篇小说逐渐成为网络文学主流。从"中国网络文学排行榜"上榜作品中不难发现，幻想类作品基本在 400 万字以上，都市类和历史类作品也大多在 200 万字以上。忘语所写的《凡人修仙传》字数有 760 万之多，而这例雷云风暴撰写的《从零开始》的一半。《从零开始》有 2 019 万字之多。作者从 2005 年开始写，一直到 2016 年才结束。两部小说都是在起点中文网首发。

在传统小说里，肖洛霍夫《静静的顿河》、普鲁斯特《追忆似水年华》都是大部头作品，但与《从零开始》相比，只能是小巫见大巫了。这么长的篇幅对写作者的耐力是一个挑战，对其编故事的能力和想象力也是高难度的考验。

（二）东方文化是网络小说演变发展的主线

20 年间，网络小说各种变化，虽然也受到了西方科幻、日本侦探悬疑小说的影响，但东方文化是演变发展的主线。这与上世纪 80 年代以来，中国严肃小说更多模仿西方现代派、后现代派小说的写法形成了鲜明对比。西方现代主义、后现代主义小说的思想和技法毕竟植根于西方文化土壤之中，而中国普通大众更多成长生活在中国文化环境里。宗教、哲学、美学、艺术、文学、民风民俗等因素综合起来比较，东西方文化存在很大差异。

早期萧鼎的《诛仙》，燕垒生的《天行健》以及猫腻的《庆余年》，梦入神机的《佛本是道》,流潋紫的《后宫甄嬛传》,近年的《雪中悍刀行》《雪鹰领主》《万古仙穹》《血歌行》等大量作品,都有中国古典文学的痕迹。灵异、狐仙类小说可以看作是《聊斋志异》的现代升级版。现代穿越小说,与《山海经》是不是一脉相承?不少网络小说里的爱情故事凄美纯情,可以从《诗经》以及"梁祝"等中国式经典爱情故事里找到根源。

此外,中国古代科技发明创造、中医药文化、古代饮食文化、文物书画鉴赏均以故事的形式在网络文学中得以重现,给读者提供了了解中国文化的新路径。

(三)现实题材小说明显回归

2014年以来,现实题材网络小说出现了明显的回归迹象,幻想类作品不再一家独大,具体表现在创作主题涵盖改革历程、社会热点、生活变迁、文化传承、职业生涯、个人奋斗等多个方面。洋溢着生活和时代气息的优秀作品不断涌现。网络小说对现实的书写分为两大类,一类是具有明显职业写作特征的技术流,如《催眠师手记》《相声大师》《投行男女》等;另一类虚实相间的意识流则是以人文精神联通现实中的虚拟世界,如《回到过去变成猫》《匹夫的逆袭》《天才相师》《大宝鉴》《我有特殊沟通技巧》等。其他关注现实的作品如《欢乐颂》《翻译官》等也受到读者热捧。

此外,"中国网络文学排行榜"还透露出一个有趣的现象,即近年来的幻想类小说开始接地气了,不再一味靠"打怪升级"吸引眼球,如《奥术神座》《山海经·瀛图纪》《生物骇客》《RED战神进化论》等作品,将现代科技和传统文化结合起来,为幻想找到了"思想"底座。

(四)严肃小说与网络小说开始融合

对于这一点,目前或许才刚刚开始。

几十年来,中国官方文学杂志一直标榜的纯文学小说其实一直未能摆脱模仿西方现代派、后现代派的窠臼,这是比较危险的。越来越小众意味着走向末路。网络小说已经开始向现实回归。有理由相信,新一代网络写手会进一步关注社会变革和人的当下生存状态,他们会赋予网络小说更多的思考,而不会一味以娱乐和游戏为目的。

因此,严肃小说与网络小说的融合将是网络小说的发展方向,也是网络小说最终成为主流的可能。2011年,《盗墓笔记》等网络小说被挡在了矛盾文学奖大门之外,但在未来,一定会有改变。

二、网络小说写作特征

从《第一次的亲密接触》开始,网络小说就有了自己明显的特征。早期的网络小说是网民无功利性的写作,所写内容基本是自己的青春故事。虽然谈不上多少写作技巧,但语言原始质朴、情感真挚感人是一大特色。其后,随着商业的介入,写作者越来越专业化、职业化,写作队伍不断壮大,各种流派精彩纷呈,各流派之间存在风格的差异,但共性化的特征也越来越明显,得到广泛应用。这其中既有网络媒体自身特点带来的改变,也有新媒体语境下大众文化消费心理变化的影响。

（一）结构特点

在新媒体上，小说结构可以发生较大的变化。

1. 超文本、多线程、互动性

网络技术为新媒体写作提供了超文本链接的便利，这对于小说写作者来说无疑是一个福利。在后现代小说写作那里，非线性结构或多线程应用虽然也屡见不鲜，但给读者的阅读带来很大麻烦。如今借助超文本，作者可以将非线性结构的应用发挥到极致，读者阅读也是非常轻松，自由选择。

举个例子：某地突然发生一场车祸，车主叫阿飞。以此为小说开头，可以发展的故事有 N 种可能：

（一）阿飞的妻子在车祸中丧命；

（二）阿飞的妻子被撞成重伤，从此失去了双腿；

（三）阿飞的妻子在车祸中获得了超能力；

（四）阿飞的妻子穿越了。

……

以上每一种设计都可以衍生新的枝蔓，如此不断延伸。如果不是妻子坐在车上，是她的初恋女友坐在车上，又有多少种可能？在纸媒那里，这样的写作非常困难，但在网络小说里，可以轻松实现这种多线程故事发展。

最为奇妙的是，网络小说的这种结构还可以实现多人同时写作。读者也可以成为作者，每一个人都可以参与进来。每一个写作者都可以设计新的故事，形成新的区块，最终生成了一个巨大的"故事矩阵"。

每一个故事彼此平行。网络小说中链接的每一个页面都是并列的，它们同等地显示每一个逻辑发展的下文，选择与不选择，选择第一个与选择第二个具有相同的意义，因此，它们之间不同于纸质文本中序言与叙述、章首引语与该章正文、脚注与正文这样的关系。在纸质文本中，读者之所以在对故事进行选择时总是能区分哪一个是真正的结局，是由于书的体式和页码顺序定义了规范的顺序，即只有正文才是文本真正的故事序列，而其他的故事序列只能处于从属的地位。

与此不同，网络小说文本任一向后发展的页面与和它并置链接的页面之间是平等的，所有点击都是一种可行的故事序列的发展，不存在中心的故事序列，也没有边缘的故事序列。美国作家米勒在网络上发表过一部小说《旅程》，故事的开头是：为寻找两个不是自己子女的孩子母亲开始了旅程。随着故事的展开，出现了一幅美国地图，上面有纵横交错的公路和地名的标识，地图上任何一个州的一个图标都是它的真正的下文，每一种点击都建构了一个与其他点击不相同的故事。

2. 嫁接游戏结构

网络小说与网游有许多共同基因。第一，较强的故事性，第二，情节发展有多种可能。因此，如今的网络小说与网络游戏走得越来越近了。一个好的 IP 形成后，一方面让写手去进行小说创作，同时进行网游编剧，开发游戏。

除此之外,网络小说也可以直接嫁接游戏技法,生成新的结构。此法特别适合魔法、斗气类小说。网络写手将打怪升级游戏的模式结构加入小说中,营造魔法斗气的叙事空间,创造一个人、神、魔、仙与其他种族平行的世界。魔法、斗气是分等级的,从初级、二级、三级直至法圣、法神或斗尊、斗帝,甚至成神。小说《神墓》《佣兵天下》《武神》《斗破苍穹》《诛仙》等,在主人公每次升级中,都会有宝物或宠物奖励。

这种游戏升级的结构,用主人公的行动来串联起整个故事,读者在线阅读可以按照写手的铺叙展开交流,也可以获得新的阅读感受。

(二) 文本特点

1. 随意铺排的简短句式

最初在电脑上进行写作时,输入长句后往往要不停地选择正确的字词,比较麻烦,客观上造成了网络写手倾向使用短句。简短句式也常见于之前的武侠和言情小说之中。网络小说进行了传承和发挥。例如:

刀,慢慢地从女模特裸露的肩膀上拔出。

富贵,默默地转头走了,一句话也没说。

的确,富贵是条汉子。他手中的卡簧,已经扎在了很多人的身上,但他肯定从没想过有朝一日会落在一个女人的身上,一个如此漂亮的女人的身上。

国歌曲终。

鲜血,从女模特的肩膀涌出。据说,那女模特也没有发出任何声音,只是睁大了眼睛张大了口。

女模特倒地,就倒在那面鲜艳的五星红旗上。①

短句式不是网络写手和流行文学的专属,严肃作家也有类似文风。一代大师海明威就喜欢用这样的语言。只是网络写手使用时更有一种漫不经心的随意,似乎是想到哪里写到哪里,这是网络小说的语言特色。

2. 充分使用世俗粗鄙语言

网络小说除了大量使用网络语言、网络热词、口语、俚语、中英文杂糅之外,还有一个现象,就是粗鄙语言的大量使用。

无论是通俗文学,还是严肃文学,都出现使用世俗粗鄙语言的作品。虽然《红楼梦》里面也屡见不鲜,但网络小说对于这类语言的使用已经到了前无古人的地步。这是一种文化现象,有很复杂的成因,这里不做具体分析。

应该说,适度使用粗鄙的语言,可以增加一些特色,但大量使用就有恶意展示粗俗、哗众取宠之嫌了。有一部小说叫《东北往事》,其中,"操"、"滚"、"装逼"等词汇使用的频率极高。而部分网络小说中,语言甚至暧昧色情。

---

① 孔二狗. 东北往事之黑道风云20年[EB/OL]. http://www.xstt5.com/dangdai/9299/525357.html, 2017-08-01/2018-11-12.

(三)叙事情境

叙事情境是叙事学中一个重要概念,常用来阐明叙事文本中叙述者与故事之间的复杂关系。构成叙事情境的要素有三项:叙事人称、叙事聚焦、叙事方式。其中,叙事人称是由叙述者与小说虚构世界的关系构成;叙事聚焦是由叙述视角与故事之间的关系构成;叙事方式是回答"究竟谁在叙述"的问题。网络小说在叙事情境上独具特色。

1. 常用第一人称

传统观念认为,第一人称叙述的材料限于叙事人所知道、所经历、所推断以及与其他人物交流所发现的范围。他不知道别的人物的想法和感觉,所能提供的仅为对他们语言和行为的阐释。很多人因此认为运用第一人称叙事远不如第三人称叙事方便。传统作家在进行创作时,往往喜爱采用第三人称而舍弃第一人称,如中国古典小说就习惯采用第三人称叙事。

网络小说创作主要采用第一人称叙事。如痞子蔡的《第一次的亲密接触》,宁财神的《缘分的天空》《假装纯情》,李寻欢的《迷失在网络与现实之间的爱情》《一线情缘》《边缘游戏》,邢育森的《活得像个人样》,安妮宝贝的《八月未央》《彼岸花》,慕容雪村的《成都,今夜请将我遗忘》等。

第一人称叙事方式为什么受到网络作家的青睐呢?

第一,有助于直接抒发内心的感受。与传统的纸笔创作相比,网络写作更注重真情流露、真实表达。创作者往往是不加修饰地用匿名方式表达"真我"。

第二,有助于作者与读者的交流。网络媒体具有很强的交互性,网络作家除了用文字直接抒发内心感受之外,还期待能与读者进行直接的交流。第一人称的叙事方式恰好能够满足这一期待。因为在第三人称叙事中,叙述接受者有观看一切的权利,无须尽任何义务。而在第一人称叙事中,叙述接受者却必须面对一个身为故事中的主角或配角的叙述者,叙述接受者与故事之间的距离因而被大大缩短,他不再是一个纯粹的旁观者而是成为文本中某个人物倾诉的对象,这使叙述接受者承担了倾听和理解的义务,或者说被强加以这种义务,这就使作者想与读者交流的愿望成为可能。

2. 零聚焦叙事模式

根据普林斯在《叙事学辞典》中所下的定义,所谓聚焦是指"描绘叙事情景和事件的特定角度,反映这些情景和事件的感性和观念立场"。热奈特在他的《叙述话语》中将聚焦分为三种模式:(1)"零聚焦"或"无聚焦"。即无固定视角的全知叙述,它的特点是叙述者说出来的比任何一个人物知道的都多,可用"叙述者>人物"这一公式来表示。(2)"内聚焦"。其特点为叙述者仅说出某个人物知道的情况,可用"叙述者=人物"这一公式来表示。(3)"外聚焦"。其特点是叙述者所说的比人物所知的少,可用"叙述者<人物"这一公式来表示。

虽然在传统小说创作史上,作家大多采用全知叙述的零聚焦,但是自19世纪福楼拜创作《包法利夫人》以来,现代小说家们开创了另一个叙事传统,就是采用限知叙事的内聚焦或外聚焦。网络小说常常采用零聚焦模式。例如:

> 见展获走了,伊女又回屋躺到了床榻上,瞪着眼睛东想西想来:过去,我们老展在台上的时候,家里是很热闹的,下属联络感情的、求情走后门的、同事替他人说情的,人来人往,络绎不绝,把门槛都要踢断了。我们老展这个人就是一根筋,事事处处都讲原则,也不考虑给自己退下来留一条后路,把人都得罪干净了;现在倒好,再也没有人来了,除了大门口的鸟雀儿一天到晚叽叽喳喳的,连人声都听不到。只不过热闹有热闹的好处,人家围着你转,你的感觉没法不好。但热闹也有热闹的不好。……想到这儿,伊女便安然了,一个呵欠打得比裤腰带都长。①

这里的叙述者是文中的主人公"我",按理说"我"除了知道自己所想外,对于其他人的心理活动肯定无法得知,但是,在这段文字中,"我"却对伊女的所思所想了如指掌,他不是根据人物的表情来推测,而是直接深入到人物的内心深处。这里的叙述者>人物,采用的是零聚焦模式。

3. "讲述"式叙事

"讲述"和"展示"是叙事最基本的两种方式。"讲述"是以叙述者作为中介的再现,让叙述者控制着故事,讲述、概括,并加以评论。"展示"是客观的,非人格化的,或戏剧式的,是事件和对话的直接再现,故事被不加评价地表现出来,叙述者从中消失。自福楼拜开始,现代小说作家和评论家都确信,叙事作品中直接的、无中介的议论是不可取的。他们认为,客观的、非人格化的展示这种叙事方式要高于任何允许作者或他的可靠的叙述者直接出现的方法。

然而,网络小说却常常采用"讲述"的叙事方式。第一,讲述的叙事方式更易于写作者与读者交流。第二,"讲述"的叙事方式写作起来轻松随意,收放自如。例如:

> 看着镜子里的那张面孔,我认不出自己。公司的事情可以先放在一旁,我还要上网。网络就是我最后的家园,在离开家乡的北京,在毕业4年后的今日,我还能每天冲公司那些小姐们笑笑,就是因为这个网。
>
> 和kisser有个约会,网上的约会。时间就要到了,我他妈的还没吃饭。老板是个典型的资产阶级,把我剥削的只剩一张皮了。最可恨的就是把我痛苦的权利也都剥夺了,只给我留下忍耐和麻木。
>
> 傻丫的早晚做了他!不吃了。有点成心糟蹋自己,看镜子就烦,哪里还有什么人样!②

在这段文字中,叙述者就是文中的主人公"我"。叙述者用"讲述"的方式讲述人物的现状和自己对人生的体会。

---

① 陈村. 网络之星丛书(小说卷):我爱上那个坐怀不乱中的女子[Z]. 广州:花城出版社,2000-04.
② 邢育森. 活得像个人样[EB/OL]. https://www.douban.com/group/topic/15655406/,2010-11-15/2018-11-16.

三、网络小说流派介绍

网络小说一般以小说内容来划分流派,这与传统文学流派的划分有些不一样。网络小说流派众多,体现了网络小说的多样性风貌。

(一)玄幻流

玄幻流作品多归于玄幻和奇幻类。玄幻小说写作极其自由,不论是虚拟世界架构,还是人物经历,都是玄之又玄,天马行空,自由无比。代表作有静官的《兽血沸腾》、我吃西红柿的《星辰变》等。

(二)修真流

修真流以中国特有的剑仙、道术为依托,展现侠骨柔情。这些小说用各种类型的修真来展开故事情节,把主角在修真历程中的各种经历一一展现。通常加入宿命、奇遇等元素,营造区别于凡人世界的修真界。代表作有萧鼎的《诛仙》、萧潜的《飘渺之旅》等。

(三)洪荒流

洪荒流以洪荒时代为背景,讲述"天地玄黄,宇宙洪荒"之初,描写盘古开天、鸿钧得道、巫妖大战、女娲造人等故事相关的各种争斗和较量。代表作有树下野狐的《搜神记》、小七泡泡的《洪荒不朽》等。

(四)无限流

一般认为《无限恐怖》是无限流的开山鼻祖,此类作品以电影、游戏的剧情世界构建一个虚拟空间讲述故事。通过读者熟悉的虚幻世界表达对人心和人性的理解。既有惊险刺激的情节,也有细腻丰富的情感,还有奇幻绚丽的场景,读者在阅读过程中很容易映射出在电影和游戏中接收到的画面,无形中也拓宽了文本阅读的想象空间。代表作有 Zhttty 的《无限恐怖》、卷土的《王牌进化》。

(五)西幻流

西幻流同玄幻流有一定相似,但其魔法体系多按龙与地下城体系来描述。龙与地下城体系建构了非常完善的等级、种族、怪物等设定,为西幻小说的发展起到了重要推动作用。代表作有绯炎的《迦南之心》和《琥珀之剑》。

(六)废土流

废土流揭示了人类生存的困境和危机,在现有生存状态中推论预设生态环境严重破坏后的场景,如核弹、生化危机、天体碰撞等,让幸存者在残酷而真实的极端环境中挣扎求存。"废土"是一种隐喻:当政权已经崩溃,军队已被打散,法律已成废纸,信仰已被颠覆……人间已为"废土"。代表作有黑天魔神的《末世猎杀者》和《废土》。

(七)网游流

网游流以现有的或者虚构的网络游戏为叙事背景,或者实现网游蓝本构架,或者分享网游心得体会,或者弥补网游的不足,通过网游的虚拟生活展现爱恨情仇。利用网游小说推广网络游戏,同网游相互辉映,引发读者向往。代表作有雷云风暴的《从零开始》、兰帝魅晨的《高手寂寞》等。

(八)机甲流

一般认为机甲流是在借鉴了美国动画《变形金刚》、日本动画《超级机器人大战》系列及《高达》系列之后衍生出的小说作品。主要讲述操纵机器人对战的战争故事,展现作者对战争的反思。代表作有方想的《师士传说》、骷髅精灵的《机动风暴》等。

(九)国术流

国术流源自梦入神机的《龙蛇演义》,其主要讲述国术和现代火器的对撞,世界纷乱,龙蛇并起,一个平凡的少年,如何靠着国术一步步走上巅峰的位置,并将国术发扬光大的。此类小说多通过紧凑多变的故事情节展现对传统国术和现代技术的反思。代表作有梦入神机的《龙蛇演义》、蒙南故人的《兽拳》等。

(十)凡人流

凡人流是修真流的一个分支,侧重讲述凡人通过修炼以提升境界的故事。代表作有忘语的《凡人修仙传》、幻雨的《百炼成仙》等。

(十一)都市流

此类故事以现代都市为故事背景,讲述爱情、婚姻、金融、政治等各种题材的故事。因其贴近现实生活而唤起更多读者的共鸣。此类小说数量庞大,题材丰富,风格类别多样。代表作有鱼人二代的《很纯很暧昧》、烽火戏诸侯的《陈二狗的妖孽人生》等。

(十二)穿越流

穿越流讲述特定人物进入他时空而形成的文化碰撞或交流,可分为魂穿、肉穿、群穿等。穿越场景不定,可以是古代、近代、架空甚至外星。穿越者多凭借他时空生物无法拥有的知识能力而洞察先机或崭露头角,从而较轻易地得到财富、地位或爱情、婚姻。代表作有月关的《回到明朝当王爷》、桐华的《步步惊心》等。

(十三)同人流

同人流以同人的小说、电影、电视剧、动漫或其他网络小说为叙事背景,在原作故事框架或者人物性格的基础上,变化出新的故事。同人流小说创作需要对原作有较好的理解和把握,要么深入刻画,要么重塑人物。代表作有梦游居士的《颠覆笑傲江湖》、霞飞双颊的《拯救大唐 MM》等。

（十四）黑暗流

黑暗流小说重在展现人心最黑暗扭曲的一面，主角往往以最极端的方式玩弄权势和力量，犹如生活在黑暗处的野兽，无视一切法则和规范，只相信绝对的自我，而这种扭曲终将在毁灭一切的同时也毁灭自身。代表作有九把刀的《楼下的房客》、我爱罗的沙的《极道毁灭》等。

（十五）灵异流

灵异流继承《聊斋志异》等志怪小说的创作方式，把科学不可解释的自然或心理现象作为描述对象，刻画奇异的生命形态和意识形态。其中有针砭时弊、影射现实的佳作，而大部分作品仅仅追求感官刺激和满足悬疑猎奇心理，有装神弄鬼、故弄玄虚之嫌。代表作有蔡骏的《荒村公寓》、Tina 的《冤鬼路》等。

第三节　新媒体诗歌

新媒体诗歌虽然没有新媒体小说影响广泛，但依然是新媒体文学的重要组成部分，对中国诗歌的发展起到了一定作用。

一、新媒体诗歌定义

新媒体诗歌也称网络诗歌，有广义和狭义之分。"广义的网络诗歌是从传播媒介角度来说的，一切通过网络传播的诗作都叫网络诗歌，它既包括文本诗歌的网络化，即把已写好的诗作张贴在电子布告栏上，也包括直接临屏进行的诗歌写作。狭义的网络诗歌则着眼于制作方式，指的是利用电脑的多媒体技术所创作的数字式文本。这种文本使用了网络语言，可以整合文字、图像、声音，兼具声、光、色之美，也被称为超文本诗歌。"[①] 由此可见，广义网络诗歌着眼点是媒介，狭义网络诗歌落脚多媒体技术。

然而，在多媒体时代，小说可以被轻松改编成电影、电视剧，诗歌却难以实现多媒体化。诗歌是最早形成的文字艺术，甚至在文字诞生前就有了歌谣。诗歌的意境、意趣是文字独有的，诗歌保持了文字的纯粹性，多媒体技术与诗歌本体关系不大，或者说不可能改变诗歌，有时甚至是有害的。太多的音频和视频常常妨碍读者对文字的理解和领悟。自古以来，诗画不分家，所谓"诗中有画"或"画中有诗"，强调的是意境。

那么，什么是网络诗歌呢？有没有一个更准确一点的定义呢？"在当下时代语境中，'网络诗'更多指的是带有网络气息的诗歌，联系到中国诗歌界的实际情形，因为网络在当前充当着最先进、现代的文化工具（当然不仅仅只是工具，还有由这个工具符合

---

① 吴思敬. 新媒体与当代诗歌创作[J]. 诗潮. 2004(2):64.

所带来的文化生活理念),所以'网络诗'在当下有时成了先锋诗的代名词。[①]"尹小松在这里给出了第三种答案。他看到了网络诗歌的"网络气息",看到了网络带来的文化生活理念的变化,由此形成了诗歌的某些时代特征,网络诗歌成了"先锋诗"的代名词。

必须承认,网络确实带来了当代文化生活乃至理念的变化,但这种变化对诗歌的影响被过分夸大了。社会文化的流变与网络有关,但更多与经济、政治生活有关。只是,时代的发展让网络与诗歌不可避免地碰在一起,人们给它冠以"网络诗歌"。我们误把诗歌呈现出的时代特征,简称"网络诗歌"特征。我们有理由相信,终有一天,诗歌与网络不再连在一起,诗歌就是诗歌,网络只是媒体,就像从前没有竹简诗歌、纸诗歌一样。

其实,在网络出现之前,这些带有明显时代特征的诗歌是通过纸质民刊传播的,只是今天,网络来得更方便,民刊就由网络媒体取代了。

二、网络诗歌成因分析

网络发展20年,诗歌在网络上呈现出比以往任何时候更多的风貌,可以概括为流派纷呈,风格多样,泥沙俱下,良莠不齐。多年前,在总结网络诗歌十年发展时,何同彬博士就认定是"众声喧哗、群氓争锋和江湖狂欢","无不纠缠着莫可名状的游移、混杂以及永远无法化解的矛盾。[②]"

为什么会出现这样的结果呢,主要有以下几个方面的原因。

(一) 当代社会文化流变

自1978年起,改革开放已经走过了40年历程。40年来,中国经济发生了很大变化,文化的变迁也是巨大而又繁复。上个世纪末,在改革开放之初,先后出现了朦胧诗派和第三代诗人。从北岛到韩东、于坚、王家新、翟永明、崔健、杨黎等,这是当代诗歌的一次复兴。

1998年,可以说是一个转折点。这一年,亚洲出现了金融危机,中国经济发展进入了新的时期。这一年,由于新浪、搜狐、网易等门户网站的诞生,称为中国网络元年。网络诗歌由此开始,一大批70后、80后乃至90后诗人开始走上诗坛前沿。

总体来说,新世纪以来,社会文化体系出现了深层次的解构,个人主义、价值多元化成为主流。一方面,娱乐和游戏对文学的侵蚀,使诗歌呈现出粗鄙媚俗的面貌;另一方面,功利主义对诗歌精神也造成了很大的破坏。大多数人拒绝有难度的写作,简单模仿导致同质化倾向加剧。

当代社会文化的流变对于诗歌的影响是深远的,歇斯底里的解构将沿着其惯性继续下去。尽管一些有识之士已经意识到了问题的严重性,但短时间之内,难以重构有价值的诗歌精神体系。下面这首诗是最好注释:

---

① 尹小松."网络"诗歌的前世今生[J].文艺理论与批评.2003(3):83-87.
② 何同彬.空间生产与网络诗歌的瓶颈[J].当代作家评论.2010(2):178-181.

玩[①]

把一个人当木头玩

把一个人当狗屎玩
把一个人当动物玩
玩呗,玩呗,玩呗

我哪有什么思想
我哪有什么崇高、道义、责任
我哪有什么爱、情、怜
玩呗,玩呗,玩呗

我干吗还要朝前走
我干吗还要向后看
我干吗要留这恋那
玩呗,玩呗,玩呗

大家一起玩
到幼儿园里玩
到屠宰场玩
到狂欢节的夜晚玩

玩呗,玩呗不就是玩
你玩他的,他玩你的
你玩你的,他玩他的
不就是玩,不就是玩

把一生玩掉
玩掉一生
妈的,玩完了有没有玩的了
还有没有玩的了?

[①] 陈云虎.玩[EB/OL].https://mp.weixin.qq.com/s/UWDlFHMw8iuQaI-IU0_sKw,2016-09-19/2018-10-21.

(二) 后现代主义浪潮影响

后现代主义(Postmodernism)是一场发生于60年代欧美,并于70与80年代流行于西方的艺术、社会文化与哲学思潮。当代美国活跃的后现代主义者格里芬说:"如果说后现代主义这一词汇在使用时可以从不同方面找到共同之处的话,那就是,它指的是一种广泛的情绪,而不是一种共同的教条——即一种认为人类可以而且必须超越现代的情绪。①"

后现代主义理论家们认为,从20世纪60年代开始,随着科学技术的革命和资本主义的高度发展,西方社会进入一种"后工业社会",也称作信息社会、高技术社会、媒体社会、消费社会。在文化形态上称为"后现代社会"或"后现代时代"。这是欧美后现代主义产生的社会背景。

中国社会情形虽然不同于欧美社会,但随着世界经济一体化的发展,中国已经成为"世界工厂"。而互联网的普及又进一步缩短了中国与世界的距离,中国业已进入了信息社会、媒体社会、消费社会。因此,后现代主义的浪潮不可避免地影响着新的一代。

后现代的定义非常模糊,不同的人对于后现代主义的表述也常常不一样,这正体现了后现代主义的去中心化,体现了后现代主义的多元文化。后现代主义的无中心意识和多元价值取向,造成了评判价值的标准不甚清楚或全然模糊,从而使人们的思想不再囿于社会理想、人生意义和传统道德等。这与中国社会文化的流变不谋而合,同时也为中国网络诗歌乱象提供了一件漂亮外衣。

纵观中国诗歌近20年的发展,网络加速了中国后现代主义诗歌的发展,其间一些流派,如"下半身"、"垃圾诗派"、"废话体"、"白云体"、"口水诗"、"段子体",这些深深打上后现代主义烙印的诗歌都是在网上被人所知。它们虽然没法进入中国诗歌的正统体系,但在网络上却是名噪一时。一些90年代的现代主义诗人,进入新世纪后,也加入了后现代狂欢。

(三) 功利主义影响

网络文学的最初阶段,的确有一些写手在进行非功利主义的写作。然而,在一个高度物质化的消费社会,这样的时光只是昙花一现。尽管诗歌很难像小说那样被改为电影或电视剧赚钱,但由于中国自古以来诗歌繁盛,诗人似乎自带光环。因此,不少诗歌写作者渴望成名。

后现代主义在主张无中心的同时,也为我们留下了一个大大的陷阱——无中心其实就是处处都是中心。因此,每一个人在自我意识膨胀下都幻想成为中心。事实上,网络上出名的诗人也大有人在,女诗人余秀华凭借《穿越大半个中国去睡你》,借力网络和传统权威媒体的策划包装,迅速出道并进入作协工作。

正是由于功利主义作祟,诗江湖、诗圈子在网上逐渐形成。一个诗人同时加入多个

---

① 刘放桐. 新编现代西方哲学[C]. 北京:人民出版社,2000-06(616).

诗歌流派组织的奇怪现象也时有发生。此外，故意出位，以性和色情来博取眼球，以及打着先锋探索之名恶作剧般的文字游戏比比皆是。大多才华平庸的写作者，陷入了模仿重复的深渊。

然而，功利主义是诗歌的天敌。除非你能够像李白那样，用一首诗换取汪伦满船的馈赠，又能写出千古名句。否则，流派再多，终究昙花一现；活动再多，只是活动，不是诗。

三、网络诗歌特征

（一）游戏化

什么是游戏？汉语大辞典的解释是"娱乐活动，如捉迷藏、猜灯谜等"。游戏本是人类生活的一小部分，但随着电脑以及网络技术的发展，游戏在当代人生活里的比重比以前大多了。游戏不仅独自形成了庞大的产业，还开始向其他产业乃至艺术领域渗透。随着游戏进入正规电视综艺类节目并被广为传播，一种被称为"游戏精神"的精神诞生了。此外，后现代主义从一开始就有游戏的基因。后现代主义对传统解构的方法有无数种，带来了自由与狂欢。

在这样的社会文化背景之下，网络诗歌的游戏化已经不可避免。游戏的玩法很多，典型的有下面两种。

1. 内容解构，玩概念游戏

上世纪 80 年代以来，中国诗界就兴起玩概念的潮流。网络时代，玩概念的游戏甚嚣尘上。

正如 1917 年，美国艺术家把尿壶送到美术馆，取名《泉》一样，网络诗人敏感地用垃圾、下半身来进行表达。对杜尚来说，尿壶既是形式，也是内容。而对下半身、垃圾诗歌来说，更强调了诗歌内容的反叛。垃圾派反对崇高，提出崇低；下半身提出"肉体写作"。下半身诗歌不便举例，这里看一首垃圾诗派的代表作：

两个流浪汉打了起来[①]

两个流浪汉打了起来

他们打架的地方
不是路上，而是一座
臭气冲天的公共厕所
为了 睡上一个好觉
他们同时来到了这里
其中的一个，已经在这里

---

① 皮旦.两个流浪汉打了起来[EB/OL]. http://www.zgsglp.com/thread-795831-1-1.html，2018-08-24/2018-11-15.

睡上六十个长夜了

难道是他们在这里
将要做的梦
发生了冲突
两个流浪汉
先是用手互相直直地指着
对方的鼻子大骂
仅仅三分钟之后,他们就
一蹦一跳地打了起来

(我坚信其中的一个
肯定是我
然而哪一个是我呢?)

由于年龄相仿
体格相仿,精神也相仿
两个流浪汉
一时胜负难分

性急之下,一个流浪汉
一伸手抓起了一把大便

另一个的反映
比猴子还快
他也一伸手抓起了一把大便
两个流浪汉几乎
同时变成了大便发射架
他们是那样的勇敢

为了各自的梦想,他们决心
屎(不是血)战到底

(如果其中的一个
肯定是我,那么,我这是
在干什么啊
这难道就是我的初衷?)

对于这些诗歌,著名诗人、诗评家陈超的批评一针见血,"当下庸众对反文化、恶俗性的追求十分普遍,这些诗人骨子里就是对庸众的卑屈承欢。①"

2. 形式解构:玩文字游戏

不少诗评家在谈到网络诗歌特征时,都提到了诗歌的口语化,其实这是不准确的。口语诗不是网络诗歌才有的。第三代诗人里面就有不少优秀的口语诗人。再往前推,唐诗里也有不少口语诗。口语入诗不是新东西,"口水诗"才是网络时代的产物。看两首诗:

一个人来到田纳西②

毫无疑问

我做的馅饼
是全天下
最好吃的

对白云的赞美③

天上的云真白啊

真的,很白很白非常白
非常非常十分白
特别白特白
极其白
贼白
简直白死了
啊——

第一首是"梨花体"的代表作,第二首是"白云体"的代表作。20年来,除余秀华之外,"梨花体"和"白云体"是被众多官方媒体报道过的诗歌,也是社会大众最为熟悉的网络诗歌。不少媒体认为这是口语写作,显然属于误解。很多普通读者都认为把这样的分行文字称作诗是一种玩笑。这是在玩文字游戏。

90年代初,就有部分诗人玩过文字游戏,但那时是企图把文字往深奥处玩,普通读者一般没能力揭穿。如今,这个玩法,真的是皇帝的新衣,难怪读者要戏仿。

下面来看一首真正的口语诗:

---

① 陈超."泛诗"时代的诗歌写作问题[N].深圳特区报.2013-12-12(12).
② 赵丽华.一个人来到田纳西[EB/OL].http://bbs.tianya.cn/post-poem-113242-1.shtml,2006-09-21/2018-11-21.
③ 乌青.对白云的赞美[EB/OL].http://www.zgshige.com/c/2016-10-16/1929557.shtml,2016-10-16/2018-11-21.

情 侣[①]

有一对情侣

他们十八岁时相约
要做鸳鸯

三十八岁时相约
要做天鹅

五十八岁时相约
要做他们自己

（二）泛诗歌倾向

"泛诗歌"是网络诗歌的一个典型特征，然而时至今日，并未引起广泛关注。2014年10月30日跳楼自杀的著名诗人、诗评家陈超生前写过两篇文章，分别是2011年发表在《文艺报》的《"泛诗歌"时代：写作的困境和可能性》和2013年发表在《深圳特区报》的《"泛诗"时代的诗歌写作问题》，对"泛诗歌"现象进行了批判。

网络的普及，更是泛诗歌弥漫的一件大事，网络具有难以想象的高传播性、超强的时效性、无限增容性，种种类诗表述层层叠叠，的确令人瞠目结舌。我们终于注意到网络不只是一个载体，同时它会自动改写你所载的内容，它自动暗示你，你的读者可能是怎样的，你会自动按照潜在读者的诉求来写作，就像"格雷欣法则"说的，有时候好的东西可能会被大量的次的淹没，劣品吞噬良品。[②]

——《"泛诗歌"时代：写作的困境和可能性》

在我眼里，近年来对诗歌影响最大的就是"媒介语言"对诗性的蹊跷消解，为何说这种消解是"蹊跷"的？因为它不是直接解构诗性，反而还是以"泛诗歌""类诗歌"的姿态潜入诗歌，从内部稀释、软化诗歌，使我们的诗歌成为可有可无的摆设或自我麻醉术。[③]

——《"泛诗"时代的诗歌写作问题》

陈超说，上世纪90年代，不少人曾焦虑于社会生活中"诗性的流失、干涸"，文学报刊杂志也屡屡附庸风雅、矫揉造作地提醒："人，诗意地栖居"。他发现新世纪以来，"诗性的流失、干涸"这个命题，增补了新的复杂性，有了新的重要特征，那就是"泛诗歌的幽灵化"。他提醒我们，"拟诗歌话语"已像幽灵般渗透在生活中，过去向内凝重的诗意被

---

① 吉木狼格. 情侣[EB/OL]. http://book.ifeng.com/a/20151226/18382_0.shtml, 2015-12-26/2018-11-21.
② 陈超. "泛诗歌"时代：写作的困境和可能性[EB/OL]. http://www.chinanews.com/cul/2011/07-14/3183262.shtml, 2011-07-14/2018-11-12.
③ 陈超. "泛诗"时代的诗歌写作问题[N], 深圳特区报. 2013-12-12(12).

稀释、分解了。

在第一篇文章里,陈超指出了无难度、同质化倾向严重的泛诗歌写作。这些诗歌看起来符合"美诗"、"好诗"标准,用徐敬亚先生的话说,"看起来像诗"。"它们是遣兴的,遵循既成的吟弄'规范'的。因此,我宁愿将其称为'有标准却无难度'的泛诗歌幽灵化影响、暗示下的写作。"

在第二篇文章里,陈超已经看到了另一种泛诗歌写作,那就是段字体诗写。"媒介时代的文化是一种特殊意义上的商业,它不但浸渍了广大受众的心灵,而且深刻地影响了文学艺术。……体现在诗歌方面,就是追求现世现报的'明白如话','幽你一默',以恶俗和肉麻当有趣。①"

还有一种泛诗歌写作,那就是对政治性事件、灾难性事件的集体诗写。2005 年春天,连战和宋楚瑜先后来访大陆,揭开了台湾与大陆两岸关系的新一幕。与此同时,在互联网上掀起了一场大众诗歌热潮。很快,由新星出版社组织最强的编辑设计阵容,以最快的速度出版了《跨越海峡的握手》②。书中所收诗作大多从新华网、人民网、荆楚网、古城热线、新浪.搜狐、网易、TOM 等网站选出。

第四节 段子文学

段子,《现代汉语词典》的释义:"大鼓、相声、评书等曲艺中可以一次表演完的节目。"如今,大众对段子的理解,一般指能够口耳相传的当代笑话、格言等。在新媒体出现之前,段子一般只在民间口头传播,难登大雅之堂。新媒体出现后,段子在网络上流传,并形成创作队伍。段子已成为网络文学的一种体裁。

一、新媒体催生了段子文学

自古以来,诗词歌赋都有写作大家,却没一人承认是笑话大师。清代成书的著名笑话集《笑林广记》的署名是"游戏主人",显然作者不愿暴露真实身份。

包括笑话、民谣、顺口溜在内的段子文学是从手机开始公开传播的。90 年代初期,手机开始进入大众生活,段子以手机短信的形式开始流行。90 年代后期,当互联网兴起的时候,段子便开始在互联网上广为传播。2002 年,黑蚁工作室收集、整理、编辑了《绝对笑话》一书,由江苏文艺出版社出版。段子深受社会各阶层的喜爱,有非常广大的读者群。笑话调侃生活,轻松幽默;民谣针砭时弊,宣泄情绪。

大众对于段子的兴趣很快被商界捕捉到了。在手机短信时代,移动、联通等通讯企业为了让大家多消费短信,专门高价聘请段子写手为其写段子。此外,一些休闲食品的外包装上也开始印上了笑话。在商业推动下,更多的人加入了段子写作队伍,段子文学

---

① 陈超."泛诗"时代的诗歌写作问题[N].深圳特区报.2013 - 12 - 12(12).
② 互联网新闻研究中心.跨越海峡的握手[M].北京:新星出版社,2005 - 06.

也因此迎来了前所未有的发展。相关网站、论坛蓬勃发展，微博、微信公众号层出不穷。由伊光旭开的"冷笑话精选"微博有1 400多万粉丝，微信有398万粉丝，可见一斑。

毫不夸张地说，段子完全是新媒体催生的文学奇葩，没有新媒体，就没有段子文学的繁花锦绣。

（一）段子的审美趣味

段子根据内容审美趣味的高低，可分为"黄段子"（黄色笑话一类）、"黑段子"（恐怖故事）、"灰段子"（低级趣味），以及反映社会主流价值的"红段子"。红段子满足人们对积极向上精神、美好情感的追求。"黄段子"、"灰段子"低级趣味内容不登大雅之堂，不允许公开传播，一般以口头文学的形式在民间流传。民谣和顺口溜则满足了人们对社会发展变革、民风民俗流变的兴趣。

（二）段子的社会功用

1. 段子篇幅短小，幽默风趣，可以让人在碎片时间里轻松阅读，享受愉快。《绝对笑话》一书就是小开本的"口袋书"。

2. 段子是现代人交往的工具。大家聚在一起聊天喝酒，经常在餐桌上用段子活跃气氛。此外，节假日短信、微信问候，用一个顺口溜或民谣来祝福，有趣生动。

3. 各类组织宣传推广的重要工具。近年来，各级政府、事业单位、公益组织都尝试用民谣、顺口溜来写宣传文案，红段子开始流行起来。商业广告中也有用顺口溜来写的。

二、段子文体及写作

说到段子，大多人首先想到笑话。其实，段子的文体包括但不限于以下文体：笑话、顺口溜、诗歌、民谣、对联、格言、戏剧、三句半。下面简单介绍几种常见段子的文体。

（一）笑话

笑话作为一种文体，意思是引人发笑的话或事情。"笑"比较容易理解，就是反映内心快乐的外在表情。"话"的含义是什么呢？《说文》用了"会合善言"四个字来解释。要使话语具有感染力就有两个努力方向，一是采用各种修辞方法，这就形成了"文"；二是使话语具有故事性，使人爱听。

人类自从有了语言，就会说笑话。在笑话一词产生之前，此类文学作品就已经产生。不过在魏晋之前它只是以附庸状态出现。先秦时一般附在诸子和儒家经典上，两汉之时是附在史书上。像"齐人有一妻一妾"这样的笑话就出现在《孟子》之中。《史记》中也有许多笑话，像汉高祖刘邦与臣下周昌闹的一些笑话堪入笑林，但这些并非是司马迁编造，而是历史的真实记录。

魏晋时期，笑话逐渐摆脱附庸状态，成为独立文体。其标志是独立创作或搜罗笑话的著作出现了。《通志·艺文略》中载有《笑林》三卷。

直到明清两代,笑话创作与搜罗达到了高潮。用"笑话"命名这一文学体裁也是始于明代。如陈继儒(眉公)所辑的《时兴笑话》,赵南星编著的《笑赞》(即笑话赞),冯梦龙编著的《笑府》《广笑府》,清朝游戏主人纂辑的《笑林广记》等都是以笑话命名的著作。"笑话"一词通俗、易于被大众所接受,特别适合这种文体本身的特点。2008年6月7日,笑话经国务院批准列入第二批国家级非物质文化遗产名录。

笑话篇幅短小,故事情节简单而巧妙,往往出人意料,给人突然之间"笑神"来了的奇妙感觉。笑话源于生活,大多揭示生活中乖谬的现象,具有讽刺性和娱乐性。如今,笑话创作渗透人类生活的各个领域,政治、经济、军旅、学校、医院、两性,无所不包。

近年来,冷笑话开始流行。冷笑话一词据说源自台湾的一个冷笑话研究社。冷笑话的定义有多种,归纳起来,有以下几个特征:第一,不能让人哈哈大笑,最多只能会心一笑。第二,有时需要愣一愣,脑筋急转弯,才能找到笑点。第三,冷笑话大多比较无聊,常常无厘头,有点小幽默或小聪明。冷笑话大多源于人们日常对话,由于使用谐音字和省去主语,或因特殊语境、断句不当、故意违背常理说话等情况下产生的语义变化,形成歧义。

笑话的创作其实比较难,首先要有笑点,能够让人哈哈大笑;其次要能够揭示生活的乖谬,具有讽刺性。举一例:

老王有天在街上闲逛,看到不远的前方似乎发生了车祸,一群人挤着围观。老王连忙赶上去,可是人太多了,怎么也挤不进去。

老王心生一计,大喊:"让开,我是死者的父亲。"

人们一起用异样的眼神望着他,原来,地上躺着一只狗。

这是一则现代笑话,情景取自都市生活,笑点明显,讽刺也很到位。

(二)民谣和顺口溜

民指劳动人民、社会大众,谣在古代指不用乐器伴奏的歌曲。汉语大辞典对民谣的解释是"民间歌谣,多指与时事政治有关的"。今天所说的民谣有两类,一是民谣风格的歌曲,二是写作的文体。此处讨论的是后一种。

顺口溜是什么?顺口溜是民间的一种口头韵文,句子长短不等,纯用口语。汉语大辞典的定义非常具体明确。

民谣和顺口溜看起来差不多,其实从定义上来看,还是有很大区别的。顺口溜一定是口语,民谣也多用口语,但允许书面化;此外,从押韵的角度看,顺口溜一定要押韵,否则就不顺口;而民谣对于韵的要求不是那么讲究。比较一下:

小小酒杯

小小酒杯真有罪,
坏了党风坏了胃,

喝得干部天天醉，
喝得财政没经费，
喝得医院排长队，
喝得企业不纳税，
喝得老婆不让睡。

劝君莫赌博

一劝郎君莫赌博，
赌博场上是非多。
宜将醒眼看醉人，
哪个赌博好结果。

二劝郎君莫赌博，
赌博风云实难过。
输钱本从赢钱起，
输钱眼红命出脱。

三劝郎君莫赌博，
伤神劳心受折磨。
一心想发混水财，
吃不香来睡不着。

四劝郎君莫赌博，
害儿害女害老婆。
生产生活无心顾，
柴米油盐无着落。

五劝郎君莫赌博，
伤风败俗真厌恶。
东拉西骗无人理，
谁不背后指脑壳。

六劝郎君莫赌博，
娘怒妻恼家不和。
离婚服药生是非，
一家骨肉动干戈。

七劝郎君莫赌博,
身陷赌场家必破。
输钱好比水推沙,
债台高筑实难过。

八劝郎君莫赌博,
赌债逼人生邪恶。
偷摸拐骗犯罪孽,
打架斗殴起灾祸。

九劝郎君莫赌博,
法网恢恢躲不脱。
罚款坐牢不鲜见,
人财两空食苦果。

十劝郎君莫赌博,
恶习陋习害处多。
浪子回头金不换,
遵纪守法是正果。

第一首《小小酒杯》是标准的顺口溜,完全口语化和押韵。第二首则是一首民谣,因为其中有很多书面语言。其实,在段子创作时,没有必要拘于某种文体,重要的是内容。能够广为传诵的一定是内容精彩的顺口溜和民谣。

(三) 格言和对联

在段子文学里,也常见到对联和格言的形式。

格言,是指可以作为人们行为规范的言简意赅的语句,机智而有一定哲理。机智,就是要说得简单,不用复杂修辞。哲理和思想不能太深奥,否则一般读者不能理解。

对联的形式要求很严格。主要是平仄对仗,这一点比较难,在段子文学写作时,标准可以适度放宽。

只有在开水里,茶叶才能展开生命浓郁的香气。

每一个成功者都有一个开始。勇于开始,才能找到成功的路。

把简单的事做好就不简单,把平凡的事做好就不平凡。

金钱是个颇有神力的照妖镜,小人、伪君子在它面前原形毕露;爱情是个手法高超的化妆师,恋爱中的人受它影响都容光焕发。

类似上面这些格言如今是红段子的重要组成。再来看一个对联体段子,前些年,吃喝风比较严重,有人撰了一联加以讽刺:

迎宾十菜一汤,尝八宝鸡、凤凰腿、全家福,山珍海味,直吃得挺腹伸腰,花公款何必小气

陪客一桌十座,品五粮液、杏花村、味美思,佳酿名酒,喝他个天昏地暗,慷国慨干嘛伤心

(四)另类段子

近年来,随着段子的流行,出现了比较"奇葩"的写作,主要体现在对经典的重译。这类写作吸取段子"搞笑"、"戏谑"的元素,实现对经典的后现代主义解构,将其算作段子文学应该更合适。更有甚者,将经典的诗词名句或成语进行篡改重写,就更不应该提倡了。虽然写出了段子的效果,却玷污了经典文学。

2011年,新星出版社出版了《别笑,一本正经的文言文》系列图书,其中将《出师表》翻译成如下文字:

原文:臣亮言:先帝创业未半,而中道崩殂;今天下三分,益州疲敝,此诚危急存亡之秋也。然侍卫之臣不懈于内,忠志之士忘身于外者:盖追先帝之殊遇,欲报之于陛下也。……臣本布衣,躬耕于南阳,苟全性命于乱世,不求闻达于诸侯。先帝不以臣卑鄙,猥自枉屈,三顾臣于草庐之中,咨臣以当世之事,由是感激,遂许先帝以驱驰。

翻译:你亮叔我跟你讲几句:你爸当年出来混,半道上就给挂了;现在地盘又分成三块了,益州好像咱也罩不住了,这世道眼瞅着要杯具了。但是你爸留下的保镖还很忠心啊,出去砸场的那些二杆子也都不想要命了,这些都是看在你爸往日给钱给女人的份上,现在想报答罢了。……叔本来是一个种地的,在南阳有一亩二分地,在这个人砍人的时代,叔不想砍人,只希望不被人砍。你爸不嫌叔song(上尸下从),三天两头的往叔屋里跑,问我如何管理帮派,我感激得眼泪哗哗的,从此跟着你爸四处砸场子抢地盘。

第九章 企业新媒体写作实务

在所有新媒体写作中,商业化写作占了绝大的比例。新媒体写作已经广泛应用于企业品牌推广、产品营销的多个方面。企业除了有官网、微博、微信公众号之外,通常还有百度百家号、搜狐号、大鱼号、知乎号等。

第一节 企业新媒体写作与一般写作的区别

企业都有自己的新媒体部门,负责自媒体运营以及第三方新媒体平台的公关活动。企业自媒体通常包括企业网站、微信、微博以及其他新媒体平台账号,它们都是企业进行品牌传播和产品营销的通道。那么企业新媒体写作与一般新媒体写作有哪些区别呢?

一、写作目的不一样

经常会有这样的情况,曾经在报纸、杂志或新媒体平台做过记者编辑的人来到企业新媒体部门后,却不胜任写作工作。是他们不懂新闻吗?不是。是他们不会写作吗?也不是。是他们不明白企业写作目的。很多人不明白企业新闻写作与一般新闻的区别。很多人会说企业写作是为了品牌传播、宣传企业等,但很少有人能够直接说出企业写作目的是营销。

一切为了营销,这是企业新媒体写作与一般新媒体写作的根本区别。无论是关于企业创始人及其团队,还是关于品牌、产品,乃至技术研发、生产过程控制、质量管控、安全环保管控以及客户服务体系等方面,所有关于企业经营的写作,都只有一个目的,那就是营销。品牌塑造,企业形象提升,归根到底还是为了销售更多的产品和服务。

沃尔特·艾萨克森是美国著名传记作家,历任美国有线电视新闻网(CNN)董事长和《时代周刊》总编。他写过《爱因斯坦传》《本杰明·富兰克林传》以及《基辛格传》等畅销书籍。2011年10月24日,他撰写的《史蒂夫·乔布斯传》在全球发售,简体中文版也同步上市。

史蒂夫·乔布斯(Steve Jobs,1955年2月24日—2011年10月5日),出生于美国加利福尼亚州旧金山,美国发明家、企业家,是美国苹果公司联合创办人。

史蒂夫·乔布斯是一位极具创造力的企业家。他有如过山车般精彩的人生和犀利激越的性格,充满追求完美和誓不罢休的激情,创造出个人电脑、动画电影、音乐、手机、平板电脑以及数字出版等6大产业的颠覆性变革。他的性格经常让周围的人感到愤怒和绝望,他所创造出的产品也与他的性格息息相关。

《爱因斯坦传》《基辛格传》是单纯的人物传记,而《史蒂夫·乔布斯传》不仅是一个企业家的传记,更是苹果品牌的传奇故事。该书在全球的发行,实则就是苹果公司在全球发起的强势营销。《史蒂夫·乔布斯传》的写作与出版是典型的通过企业家传奇故事进行品牌营销的案例。

再举一个例子,广东康美药业有限公司曾经制作了MTV音乐电视《康美之恋》,在央视《著名企业音乐电视展播》中播出。《康美之恋》由影视明星李冰冰、任泉担纲主演,歌星谭晶演唱片中歌曲。歌词是这样写的:

> 一条路海角天涯
> 两颗心相依相伴
> 风吹不走誓言
> 雨打不湿浪漫
> 意济苍生苦与痛
> 情牵天下喜与乐
> 明月清风相思
> 丽日百草也多情
> 两颗心长相伴
> 你我写下爱的神话
>
> 一条路千山万水
> 两颗心无怨无悔
> 风吹不走誓言
> 雨打不湿浪漫
> 意济苍生苦与痛
> 情牵天下喜与乐
> 明月清风相思
> 丽日百草也多情
> 康美情长相恋
> 你我写下爱的神话

《康美之恋》的制作非常唯美,无论从词曲创作、歌唱家演唱,还是拍摄及演员表演等方面看,可以说无可挑剔。但它并非一件纯粹的艺术作品,而是穿了艺术马甲的广告片。歌词再优美,也是广告词。创作者从一开始就明白这是广告,每一秒动听的歌曲都在诉说康美药业创始人马兴田与许冬瑾夫妇的信念和情怀。这个广告片让名不见经传的康美药业在观众心中有了很好的品牌印象,不少观众一听到那个歌声、音乐、歌词就想到康美药业。一般写作是无需这些考虑的,只要内容能够吸引受众就可以了。

二、选题方法不一样

由于写作目的不一样,企业新媒体写作与一般写作的选题方法也存在差异。一般新媒体写作的选题方法通常是根据媒体平台定位选择目标受众关注的内容。在本书第二章,已经讨论了选题策划和方法,这里不再赘述。

那么,企业新媒体写作的选题方法到底有什么不一样呢?企业新媒体写作在选题时除了要遵循一般新媒体的原则之外,还需从以下几个方面选题。

(一)企业战略选题

企业战略是对企业各种战略的统称,包括竞争战略、营销战略、发展战略、品牌战略、融资战略、技术开发战略、人才开发战略以及资源开发战略等。市场营销学对企业战略的定义是企业在市场经济竞争激烈的环境中,在总结历史经验、调查现状、预测未来的基础上,为谋求生存和发展而做出的长远性、全局性的谋划或方案。

企业经常会通过对企业战略的发布与传播,让消费者了解企业的战略高度,获得对企业新的认知,从而提升对品牌的信任度,实现新业务的销售增长。企业新媒体写作者必须对企业战略有充分的理解,及时撰写相关稿件通过企业自媒体平台发布,特别是通过权威的第三方媒体进行传播,让政府、股东、消费者、内部员工等都知晓企业的发展,使其感知企业一直走在行业的前列。

例1:新鲜脑力,新鲜体力,新鲜火力——张勇时代的阿里新战略[1]

2015年5月13日,阿里巴巴集团新任CEO张勇在内部员工大会上阐述阿里新战略蓝图:未来五年将实现1万亿美元成交额,同时阿里将把旗下业务平台,升级成DT时代的未来商业基础服务设施。

● 有信心让云计算业务变成像电商、金融一样重要,甚至更重要。
● 今年一定会重兵投入去做的事情,就是国际化。
● 让阿里妈妈成为面向中国所有客户的数字营销平台。
● 菜鸟在探索利用社会化合作的方式,以及大数据、云计算的平台,帮助全中国的快递小件、运转中心和仓库更好地连接,更好地提升效率。
● 还有非常重要的一点,就是以UC、高德为基础的非电商类的移动互联网业务。

---

[1] 芭莎男士.新鲜脑力,新鲜体力,新鲜火力——张勇时代的阿里新战略[EB/OL]. http://www.vccoo.com/v/a2f4de,2015-04-30/2018-11-18.

张勇发布的阿里巴巴新战略被多家新媒体报道后,让人们对阿里未来发展有了新的了解。

例2:联想披露中国新战略愿景,聚焦智慧与服务①

2018年4月,联想集团执行副总裁兼中国区总裁刘军参加了第六届中国电子信息博览会(CITE2018)。在4月9日的展览中,工信部长苗圩、副部长罗文、广东省常务副省长林少春、深圳市委书记王伟中等多位领导前来联想展台视察,刘军及其他联想高管向领导们汇报了联想在战略转型和业务布局方面的成果,并表达了"智慧联想,服务中国"的新战略愿景。

自2005年收购IBM个人电脑业务之后,联想开启了国际化征程并获得成功,迄今为止联想已在北美、欧洲和南美等海外市场站稳脚跟,成为各国主要的IT设备供应商。但在整体PC市场的需求遭遇瓶颈,市场增速放缓的背景下,寻找PC设备之外新的需求增长点,拓展新的发展空间,从市场中锻造出新的核心竞争力,就成为摆在联想集团面前的一个深刻问题了。

此次刘军提出的"智慧联想,服务中国"是联想中国新战略的首次披露,而这八个字也将决定联想未来在中国市场的业务发展方向,与之前有了很大不同。

在大众印象里,联想就是做电脑、手机的企业。这篇文章对联想新战略及时做报道,让人们知道了联想新的战略转型。

(二) 企业文化选题

企业文化指企业的经营哲学、使命、愿景以及企业精神、价值体系等,也包括企业制度、行文准则、文化仪式、企业环境和社会责任等。企业文化是企业的灵魂,是企业的软实力。很多研究企业发展的学者认为,企业最终的竞争就是文化的竞争。

因此,企业新媒体写作者在选题时,要关注并深入研究企业文化,通过企业文化传播,彰显企业的文化竞争力。在企业文化写作时,要尽可能地将抽象的文化理念转化为具体形象的故事或事例。这样,才会感染消费者,收到好的传播效果。

例3:企业文化是华为成功的关键②

如今,华为是91家跻身福布斯全球500强的中国大陆企业中唯一一家海外收入超过本国业务收入的公司。2011年,华为海外市场收入首次超过国内市场收入。2012年,华为的销售收入和净利润均超过了爱立信,成为全球电信和网络领导者。几年来,它一直保持这一良好势头。华为2014财年销售收入为465亿美元,净利润达到44.9亿美元,均创历史新高。

---

① 葛甲.联想披露中国新战略愿景,聚焦智慧与服务[EB/OL]. http://www.vccoo.com/v/328ikq,2018-04-01/2018-12-12.
② David De Cremer,田涛.企业文化是华为成功的关键[EB/OL]. http://www.eeworld.cn/xfdz/2015/0710/article_43519.html,2015-07-10/2018-12-12.

华为如此成功的秘密是什么？像许多优秀公司一样，华为的成功源自能彰显其文化的特定价值观。我们采访了多名华为员工，阅读了华为创始人任正非先生所写的文章和主题演讲稿，了解了华为价值观驱动的企业文化。

成就客户

优秀领袖都会为其员工提出明确的奋斗目标，任正非也不例外。他将客户放在首位。许多公司都宣扬以客户为中心的理念，但又有多少公司真正把这一理念落到了实处？正因为真正做到了以客户为中心，华为才能在竞争中脱颖而出。任正非先生在华为创立之初就要求员工眼睛盯着客户，屁股对准主管。举例来说，几年前，摩根史坦利投资公司的首席经济学家 Stephen Roach 曾带领机构投资者代表团造访了华为深圳总部。任正非委派研发体系执行副总裁费敏接待了这个代表团。后来 Roach 失望地说："我们能为他带来 3 万亿美元的投资，他竟然不见我们。"任正非对此事的解释表明了他的心声，他说不论公司多小，如果是客户他都会接待，但 Roach 不是客户。

另一个能体现华为"成就客户"理念的例子也是公司初创时期的传奇故事。在中国偏远的农村地区，老鼠经常咬断电信线路，客户的网络连接因此中断。当时，提供服务的跨国电信公司都认为这不是他们该负责的问题，而是客户自己要解决的问题。但华为认为这是华为需要想办法解决的问题。此举让华为在开发防啃咬线路等坚固、结实的设备和材料方面积累了丰富经验。

华为也经历了一些需克服严峻气候挑战的项目，如在喜马拉雅山埃佛勒斯峰 6 500 米处安装全球最高的无线通信基站，在北极圈内部署首个 GSM 网络等。还有些项目也让华为积累了经验。例如，华为在欧洲拓展 3G 市场时发现，欧洲运营商希望基站能占地更小、更易于安装、更环保、更节能且覆盖范围更广。基于这些要求，华为成为首家提出分布式基站概念的公司。这种新式基站为大型网络设计的无线接入技术也同样适用于小型专用网络。这一创新降低了运营商部署基站的成本，因此迅速风靡欧洲。

艰苦奋斗

华为强调唯有艰苦奋斗才能获得机会。举例来说，华为成立初期，公司给每位新员工提供一床毛巾被和一个床垫。这样一来，许多加班到深夜的员工就可在办公室睡觉，而第二天中午他们也可在公司午休。华为一位员工曾说："过去，垫子是努力工作的象征，这一理念今天已经演变为将每项工作都做到极致的奋斗精神。"

员工艰苦奋斗能使公司更具竞争力，这一理念并不难理解。但华为要弘扬艰苦奋斗的精神，让每位员工都能接受这一价值观却并非易事。华为将价值观的落实纳入员工激励体系。华为不是一家上市公司，而是由员工持股。华为 2014 年年报显示，任正非拥有公司接近 1.4% 的股份，82 471 名员工持有剩余股份。这种员工持股机制被称为"银手铐"，它与更常见的"金手铐"——期权制度有所不同。员工持股制度背后的理念是任正非想与员工分担责任、分享利益，让大家"一起做老板，共同打天下"。然而，值得一提的是，只有绩效优异的员工才有资格获得股票。有学者认为，上市将导致小部分人变得非常富裕，而大多数员工会失去工作动力。华为坚持不上市，并长期实行目前的员工持股制度，有助于确保公司始终坚持以集体奋斗为导向的价值观。

高瞻远瞩

员工持股制度不仅能助力华为吸引并留住艰苦奋斗的员工,还能使公司作出长远规划。任正非认为这一制度能让员工朝着他们的目标和公司长远愿景不断努力。例如,华为通常制定5至10年发展方案,而爱立信和摩托罗拉等大多数华为友商则按照财政季度或财政年度制定计划。民营企业的身份让华为可以制定10年发展规划,而其友商则需竭力应对资本市场的各种短期变动。

例如,华为引入了轮值CEO制度,在此制度下,由3名副董事长轮流担任CEO,轮值期为6个月。同时,任正非扮演导师和教练的角色,在重大决策上行使否决权和弹劾权。这种创新的管理结构是从《会飞的水牛》(Flight of the Buffalo,作者James Belasco、Ralph Stayer)一书中获得的灵感。在这样的管理体系下,3位轮值CEO轮流带领常务董事会履行日常公司管理的职责,很难想象这样的制度如果用在上市公司会发生什么事情。

审慎决策

任正非一向不主张在重大战略上做快速决策,他总是迫使自己多花时间进行反思。华为公司也是如此。这样的决策风格也是由公司的员工持股制度所决定的。员工持股制度能确保决策权处于公司控制之下,任何外部投资者都无权左右公司决策。华为在制定未来规划时有更大的自由度,受市场的影响也更小。而轮值CEO制度也有助于实现更审慎、更民主的公司决策。

华为还强调"思考的力量"。它的哲学是"思考能力是一个公司最可贵的品质"。例如,华为确保知识交流成为公司的例行活动。每个办公室都陈列着各类书籍,鼓励高管阅读他们专业之外的书籍。公司会不断将任正非和高管的思想传达给每位员工,更重要的是,公司也会及时收集员工的反馈,完善高层思想和公司的各项决策。这样的举措彰显了中国本土公司的国际化特征。

许多人都知道任正非曾在部队服役。他曾是一名解放军军官。任正非认为这段经历培养了他努力奋斗的良好品质,这一品质从华为初创时期他最喜欢的口号——"胜则举杯相庆,败则拼死相救"中也能体现出来。迄今为止,华为有很多值得称赞的成功经历。

这是《哈佛商业评论》对于华为的研究文章。文中着重介绍了华为"为客户服务"的企业文化,强调"思考的力量"和审慎的决策风格,"思考能力是一个公司最可贵的品质"成为华为的座右铭。

(三)行业状况选题

企业新媒体写作者必须关注本企业所在的行业以及相关产业发展情况,结合企业自身的发展态势,及时进行相关选题策划,撰写必要的文章。借力产业发展趋势,将本企业品牌成功植入文章之中,从而收到事半功倍的效果。

例4：供应链金融，产业互联网3.0的法宝——以小6水产网为例①

供应链金融，是产业资本与金融资本融合的产物，作为产业模式升级的自然演化，"从产业中来，到金融中去"，具有深厚的行业根基，颠覆了传统金融"基于金融而金融"的范式。

B2B 3.0 时代已来

伴随着"互联网＋"这股春风，产业互联网B2B行业，仿佛一夜之间百花齐放。

2012年，找钢网出现，平台通过信息聚合帮助买卖双方解决了信息不对称的问题，并撮合交易，这标志着B2B 1.0时代的到来。

B2B 1.0时期，供需企业将信息发布在产业互联网平台上，平台撮合交易、代理报关报检、代开信用证等，我们称之为"信息撮合平台"；B2B 2.0时期，企业以自营为主，利用信息不对称的第三方垂直行业交易平台，以及利用企业自身资源，解决企业采购、销售问题，称之为"行业电商平台"；B2B 3.0时期，平台致力于构建产业生态圈，为供应链参与企业提供综合服务，从而实现物流、信息流、商流、资金流的四流合一，此时，我们称之为"供应链综合服务平台"。

所谓供应链，是指围绕某个核心企业，通过对物流、商流、信息流、资金流进行管控，从而将供应商、制造商、分销商、零售商和终端客户连成有机整体的功能网络结构。作为核心企业，只有对供应链进行有效管理，为供应链上各参与企业提供综合服务，才能降低生产成本，减少生产流程的复杂度，大幅缩短生产周期，进一步提升企业运营效率，最终使产业效能提升。

供应链金融，产业互联网发展壮大的必选之路

那么，在B2B 3.0时代，产业互联网平台应如何实现跨越式发展呢？

首先来看一组数据，据《经济》杂志：2017年，我国中小微企业有4 000多万家，中小微企业对GDP的贡献超过了65%，税收贡献占到了50%以上，出口超过了68%，吸收了75%以上的就业，在我国经济中占据举足轻重的地位。

但大多中小微企业因为运营时间较短、财务账目不清晰、信用记录空白等因素，在银行贷款比例中占比很低且贷款成功率极低，这就导致供应链上下游中小微企业融资困难。

面对这样的困境和考验，基于交易场景的互联网供应链金融恰好可以解决中小微企业的融资痛点。

再者，供应链管理的优化，自然而然驱动了核心企业对资产负债表和现金流量表的进一步深度关注，巨大的融资需求也促使核心企业为上下游中小微企业提供金融服务，让供应链金融应运而生。

那么，什么是供应链金融？供应链金融，不同于传统的银行借贷，是指供应链中的核心企业利用其在供应链上的信息优势和枢纽地位，整合上游供应商与下游客户资源，

---

① 凤凰网财经.供应链金融，产业互联网3.0的法宝——以小6水产网为例[EB/OL]. https://finance.ifeng.com/a/20180615/16342739_0.shtml, 2018-06-15/2018-12-15.

从而为相关参与方提供融资解决方案的金融模式。它依托供应链平台的运营,基于产业大数据产生金融的授信和增值,为供应链上下游的中小微企业盘活资金,解决账期问题,从而实现各参与主体的良性互动,最终促进供应链的持续健康发展。

因此,以供应链金融来推动产业＋金融的融合发展,是现阶段实现产业互联网快速发展很重要的切入点。换句话说,供应链金融,是产业互联网发展壮大、提升效能的必选之路。

……

这篇文章是"小6水产网"在推出供应链金融服务时,从产业互联网入手,将这项服务放到产业互联网发展的大背景之中分析写成的行业稿。该文通过核心媒体发表之后,得到大量媒体转载。

(四)品牌理念选题

品牌形象塑造是企业新媒体写作的一个重要职能。对品牌进行深度研究,紧扣品牌理念做文章是必不可少的工作任务。

我们同样可以从品牌营销的高度来认识企业新媒体写作。品牌营销(Brandmarketing)是通过市场营销使客户形成对企业品牌和产品的认知过程。企业如果想不断获得和保持竞争优势,必须让其品牌深深占据消费者的心。利用品牌符号,把无形的营销网络铺建到社会公众心里,把产品输送到消费者心里。

例5:泰禾集团秉承文化筑居理念,品牌影响力不断提升

2017年9月14日,由国务院发展研究中心企业研究所、清华大学房地产研究所和中国指数研究院三家单位联合举办的"2017中国房地产品牌价值研究成果发布会暨第十四届中国房地产品牌发展高峰论坛"在北京雁栖湖会议中心举行。泰禾集团凭借出色表现,品牌价值实现跨越提升,荣获"2017中国房地产公司品牌价值TOP20"称号。

文化筑居中国,品牌形象深入人心

泰禾集团秉承"文化筑居中国"的品牌理念,以精益求精的工匠精神,潜心于中国式美好人居的深度精研,将倡导的"中式元素"融入产品线中。如:泰禾·北京院子项目独创三街五巷八坊规制,青砖院墙围合精装院落,再现中式情怀建筑;泰禾南昌院子首创新中式山水院墅,创新规划四街、五坊、十七巷;杭州泰禾野风·大城小院项目师法福州三坊七巷,汲取北京恭王府等王侯官宅规制,融入传统杭州坊巷居住文化肌理。

创新新中式文化载体,品牌影响力不断提升

随着"院子系"产品的不断成熟,泰禾集团在其基础之上因地制宜延伸发展出"大院系"、"府系"、"园系"等系列新中式产品,构筑新中式文化人居空间载体,并深度导入中国传统优秀文化,引导着一座又一座城池回归中国当有的文化自信。"院子系"凭借中式定制表达了中国传统院落精髓,深受市场追捧,品牌影响力不断提升。经过20多年的经营和提升,泰禾院子已布局北京、上海、深圳、苏州、杭州、南京、无锡、厦门、福州、佛山、南昌、济南、合肥、郑州、武汉、漳州,品牌形象已经深入人心,"十六城二十六院"名动中国。

泰禾集团是一家以地产为主的上市公司,它的品牌理念是"文化筑居",营造有中国文化品位的人居环境。2017 年,在获得"中国房地产品牌价值 TOP20"称号时,他们推出的宣传文章不是简单的消息稿,而是从其品牌出发,传播其独特的建筑理念。

(五) 企业产品选题

企业终究是通过产品营销来盈利的,推销产品是最终目的。对产品的分析和研究是企业新媒体写作重要的工作之一。对于产品的研究可以从质量、技术性能、时尚性和服务等方面入手。

产品质量指产品适应社会生产和生活消费需要而具备的特性,它是产品使用价值的具体体现。它包括产品内在质量和外观质量两个方面。产品的内在质量是指产品的内在属性,包括性能、寿命、可靠性、安全性、经济性五个方面。产品性能指产品具有适合用户要求的物理、化学或技术性能,如强度、化学成份、纯度、功率、转速等。

产品寿命指产品在正常情况下的使用期限,如房屋的使用年限,电灯、电视机显像管的使用时数,闪光灯的闪光次数等。可靠性指产品在规定的时间内和规定的条件下使用,不发生故障的特性,如电视机使用无故障,钟表的走时精确等。安全性指产品在使用过程中对人身及环境的安全保障程度,如热水器的安全性,啤酒瓶的防爆性,电器产品的导电安全性等。

产品经济性指产品经济寿命周期内的总费用的多少,如空调、冰箱等家电产品的耗电量,汽车的每百公里的耗油量等。时尚性指产品对于消费潮流的追求,包括但不限于产品的外形设计、时尚功能等。而服务包括售前、售中和售后服务,很多时候,服务也是独立的产品。

下面是华为手机进行新媒体写作及其传播的实践案例。

2018 年华为手机全球出货量首次超过苹果,这跟它长期以来注重产品质量,以质量赢得口碑不无关系。长久以来,华为在各类新媒体上对"质量"这一主题进行了持续传播,在销量超越苹果的消息发布之后更是组织了集中传播。

华为质量管理体系之魂魄与形体
华为手机质量探秘:500 多条质量标准
华为:对标德国和日本,找到华为质量文化的哲学体系
华为:质量是一种习惯,质量就是符合要求
华为在"中国质量奖"现场透析其"零缺陷"质量管理体系
为什么华为能生产出高质量手机? 揭秘华为质量的背后故事
华为手机获 2018 终端质量报告多项大奖,HUAWEI P20 Pro 双料冠军
余承东:增长的重要基石是质量,华为的目标是成为行业王者
华为手机召开质量大会,余承东称:要超越所有竞争对手
华为"零缺陷"质量管理体系的演进历程
70 页 PPT 看懂华为研发质量管理

华为人都敬畏的"质量回溯"到底是什么？

这篇文章，把华为质量管理体系的演变说透了！

以上是华为手机两年内围绕质量传播做的部分文章标题，值得学习借鉴。再看一下华为在 2018 年 6、7 两个月内围绕"性能"做的文章。

华为公布"吓人技术"：性能提升 60%，功耗降 30%

华为腾讯终于强强联手：华为手机游戏性能将疯狂飙升！

华为麒麟 980 性能卓越，剑指高通骁龙下一代

华为麒麟的 AI 性能是高通的 3.5 倍？这是所有手机运行神经网络的能力

华为新手机曝光，颜值与性能杠杠的！

华为麒麟 980 确认 8 月 31 号发布！性能暴强

华为|大屏性能怪兽，荣耀 Note10 携"双 Turbo"来袭！

又一个"世界第一"！华为折叠屏手机会带来什么新功能？

余承东：华为将全球首发 7 nm 工艺，麒麟 980 遥遥领先 845

手机作为现代生活不可或缺的工具，其时尚性设计也非常重要。华为之所以能够超越其他品牌，与其产品的时尚性设计密不可分。华为的新媒体写作与传播对产品的"时尚性"同样保持了高度的敏感性。

华为 nova 3 上手体验：以时尚之名，去掉商务标签

唯颜值和时尚不可丢　华为 nova 3e 评测

越科技，越时尚：从大巴黎到大上海，华为 P20 是格调实力派

华为 P20 系列亮相上海时尚周末一场科技与时尚完美融合的饕餮盛宴

这款手机刚发售就热卖，将成手机界时尚新 ICON?!

华为 MateBook X 获设计大奖，确实被惊艳到了！

华为 nova2 发布：时尚好机的全面升级

最后，再看一下华为新媒体写作团队对产品售后服务的关注。

服务的星辰大海华为以消费者为中心给手机行业带来怎样启迪

华为服务零距离，服务体验日明天开始！

五年后再看华为"大服务"战略：多元化的生态繁荣

千店繁华　万象有为　华为服务打造差异化护城河

华为朱平：24℃服务　打造手机行业的华为标准

华为企业服务的四个关键词

（六）竞争对手选题

企业新媒体写作是一种营销手段，因此也需要对竞争对手进行相关研究并进行写作策划。对于竞争对手的直接攻击是违背商业道德的行为，但通过技术、性能、服务优

劣的客观比较通常是允许的。当然,这一方法在营销上不可多用,要适可而止,否则,伤及自身品牌形象。还以华为手机为例:

> 同为拍照高手,华为 nova3 的风头是如何盖过 vivo X21 的?
> 都是时尚拍照手机,但 vivo X21 自拍却不是华为 nova3 的对手
> 定格美好时光:比 vivo X21 更好的华为 nova3
> 同为 3 000 元内的自拍旗舰,华为 nova3 和 vivo X21 究竟谁更强?
> 从拍照核心竞争力看华为 nova3 与 vivo X21,究竟谁更胜一筹

以上这些文章是华为 nova3 上市前直接拿 vivo X21 当"靶子"发起的宣传攻势。"华为 nova3 在自拍上还带来了很多模式和全新技术,尤其是'海报级明星自拍',让华为 nova3 的自拍照可以像制作海报一样将自己的美拍照片洗出来挂在卧室。能够将手机自拍照放大,依旧很清晰,色彩也不失真,这一点 vivo X21 是做不到的。①""华为 nova3 还有 HDR Pro 技术,解决了手机逆光和暗光的一大问题,而这个技术,在 vivo X21 中也就只有后置拍照才有,前置拍照在夜间或者逆光下表现并不是很出色。可见,要说自拍能力强,华为 nova3 要比同价位的 vivo X21 更胜一筹。②"如此直接说对手的不是,恐怕也只有华为有这个底气和勇气了。

不过有一种高明的手法,倒是可以认真领会和学习的。那就是借竞争对手之势,长自己威风。文章可以写得相对客观公正,但绵里藏针,看似褒扬对手,实则是在不经意间抬高自己。

例 6:从驯鹿诞生看京东阿里的生鲜冷链的布局③

天猫投资易果生鲜

8 月 3 日,天猫宣布,向国内最大全品类生鲜运营平台易果集团投资 3 亿美元。易果生鲜将与天猫进一步全融合,全面加码天猫超市的发展。借助易果生鲜领先的冷链物流能力,天猫超市将进一步提高生鲜物流配送能力,最终实现优质食材在全国范围内的"朝发夕食"。

此前,阿里巴巴集团及天猫已先后参与易果生鲜三轮融资,此次融资将主要用于易果生鲜旗下安鲜达的冷链物流基础设施建设和扩张。

易果生鲜

上海易果电子商务公司作为生鲜电商企业,从 2005 年起开始致力于向注重生活品质的都市中高端家庭提供精品生鲜食材。

公司经营的"易果生鲜,全球精选"电商网站旗下经营水果、蔬菜、水产、肉类、禽蛋、

---

① 小都说科技. 都是时尚拍照手机,但 vivo X21 自拍却不是华为 nova3 对手![EB/OL]. http://sh.qihoo.com/pc/9e7284403e39f9dc3?cota=1&sign=360_e39369d1,2018-07-29/2018-12-12.
② Jessicaxiny. 自从送了女朋友华为 nova3 之后,从此就爱上了自拍[EB/OL]. http://www.sohu.com/a/243465747_100040033,208-07-26/2018-12-12.
③ 小雷. 从驯鹿诞生看京东阿里的生鲜冷链的布局[EB/OL]. http://www.100ec.cn/detail-6447243.html,2018-04-28/2018-12-12.

食品饮料、甜点、酒类、礼品礼券8大品类共3 200种产品以"常温、冰鲜、冻鲜、活鲜"4种形式,全程冷链运输,全年无休鲜活配送。包括常温产品在内的配送服务覆盖达367个城市。

生鲜电商行业目前已经进入最危险的洗牌淘汰阶段,大量的资本玩家会陷入瓶颈,2018年将会成为生鲜电商转亏为盈的黄金年代。经历去年的一轮洗牌后,活下来的企业有可能迎来生鲜电商的爆发式增长。阿里、京东等电商巨头的带动下,2018年将是生鲜电商整个产业链开始成熟的起点。

这是"物流参考"微信公众号以及其他新媒体平台推出的一篇文章。文章分别列出了京东、阿里的物流优缺点,并从宏观角度分析了生鲜冷链发展趋势。乍看这是一篇第三方作者撰写的财经类文章,其实是阿里投资的易果生鲜的公关文章。在电商界,大家都知道京东的物流做得比天猫好,把京东拉来站台显然比较高明。

第二节 "华为nova3"上市新媒体写作简析

华为nova系列智能手机于北京时间2016年9月1日在德国柏林国际消费类电子产品展览会发布。nova系列的发布,丰富了华为手机产品矩阵。该系列聚焦年轻消费群体,集前沿的设计美学、趣味的拍摄功能和出众的性能体验于一身,为新生代消费者提供更个性化的选择。nova系列定位为"年轻手机",专为乐活一族设计,产品主打"潮流时尚"设计,同步强化了拍照趣味性和音乐等体验。

2018年7月18日下午18时,华为在深圳市大运中心体育馆举办新品发布会,同时推出了华为nova 3以及华为nova 3i两款手机,售价分别为2999元与1999元起。

这是nova系列的第三代产品,与上一代nova相比,该款手机硬件配置更高。nova3采用了麒麟970芯片处理器、6G内存、128G存储及6.3英寸全面屏;nova3i配置相对低一些,采用麒麟710芯片、6G内存、64G存储及6.3英寸全面屏。在照相技术上,nova3采用2 400万像素高清四摄,nova3i则是前置2 400万AI双摄,后置1 600万虚化双摄。此外,两款机型均配有AI娱乐技术。在颜色上,nova3与前代产品相比,除了黑、白、蓝、紫外,增加了"樱草金"颜色。

作为新品上市,华为在营销上颇下了一番功夫。华为不仅请来了年仅18岁的偶像级歌手易烊千玺作为产品形象代言人,而且还举办了产品见面会、明星见面会等。在新媒体写作传播方面,华为表现得也非常出色,做到了全方位策划、多媒体覆盖、高频次传播,且持续不断。下面是华为手机从多方面选题所做的文章标题:

一、拍照技术

看脸的世界,聊聊华为nova3是如何让我们长脸

高清四摄海报级自拍,华为nova3 6G+64G版本开卖

体验专业拍摄何须去影楼,华为nova3实力派:手机也能控制光

华为 nova3 实力派:探究前置双摄是如何 PK 专业摄影师的?
华为 nova3 实力派技术解析:AI 拍照的原理科普
高颜值时尚拍照手机,华为 nova3 掀起年轻人换机热潮
双摄手机哪个好?华为 nova 3 苏宁易购 2 799 元

二、黑科技

有颜值更有黑科技,华为 nova3i 预售开启有好礼
华为 nova3 的黑科技,你都了解了吗?
我国华为科技再创新高,全新 nova3 黑科技,又一匹黑马横空出世
华为 nova3 又爆黑科技魔法天空趣味功能带你上抖音头条
华为 nova3 实力派解析:黑科技加持,打造年轻人的专属"游戏机"
性能为何要被硬件束缚?详解华为 nova3 的实力派黑科技:GPU Turbo

三、时尚色彩

王者至,天将明,华为 nova3 樱草金的一缕黄给夏日塞满活力!
视觉享受成为主流,华为 nova3 樱草金却是实力与美貌的并存
手机圈的时尚新秀:华为 nova3 樱草金成今夏最 in 的色彩
精雕细琢除了赞誉工匠,还能用来形容华为 nova3 樱草金
时尚色彩与科技碰撞出的高颜值旗舰手机:华为 nova3 樱草金
帝王之黄为什么轻奢而活泼?华为 nova3 樱草金给你答案
当全球时尚颜色出现在手机上,华为 nova3 樱草金是这么漂亮
土豪金已经沦落成为暴发户!华为 nova3 樱草金才是时尚指向标
有没有一款手机与夏天呼应?华为 nova3 樱草金表示:你大点声!

四、热销气氛

华为 nova3 异军突起 7 月份手机 TOP 5 排行
好评率达 99%,华为 nova3 "海报级自拍"实力解析
不知道换什么手机?看看华为 nova3 的首销场面多火爆
华为 nova3 领衔京东一周超值手机大盘点
华为 nova3i 凭高颜值+硬实力征服海外市场 热销数据增幅惊人
都火到国外去了华为 nova3i 在海外大受欢迎
颜值就是销量,华为 nova3 首销太火爆了

五、竞争者比较

华为 nova3、小米 8、一加 6 手机对比评测看看哪部更值得买
华为 nova3i 销售话术资料曝光对标 OV 联发科 P60 机型
当随手美拍时代来临华为 nova3 和 vivo X21 谁更能赢得消费者喜爱
喜欢拍短视频的看过来:华为 nova3 与 OPPO R15 谁更适合入手?
就因为这一点,华为 nova3 比 vivo X21 更吸引人

从这些文章标题上可以看出,写作者在充分研究产品、消费者、竞争者之后,做了多

种策划方向,这里列举了其中 5 种。此外,同一策划,数篇文章,从不同的角度切入,看起来似乎大同小异,但具体写作时还是有区别。

请阅读下面两篇文章,并认真分析写作技巧。

华为 nova3 实力派技术解析:AI 拍照的原理科普[①]

近几年来,AI 在科技圈和互联网上出现的频率相当之高,并且 AI 也是被公认为科技未来发展的重点方向之一,未来 AI 将无处不在,分散在全球的各个行业中。从去年开始,AI 在国产手机中的发展成了一个有着阶段性成果的研究,而在众多国产手机品牌中,华为属于一个研究成果颇丰的手机厂商,因为有着自研 CPU 的加持,在某些方面要更加得心应手,因此,麒麟 970 内置的 NPU 成为国产第一个人工智能手机芯片。但华为对于人工智能的研究并非止于此,而是从今年开始,又进入了一个新的阶段——AI 拍照。

在华为最新发布的华为 nova3 中,就采用了麒麟 970 处理器和前后 2 400 万像素高清四镜头,配以 AI 的加持,将摄像头的性能发挥得淋漓尽致,AI 影像不仅支持 AI 拍照,同时前置是 2 400 万像素主镜头和 200 万景深镜头,无论是自拍还是镜头中的人物主体和环境物体,内置的 NPU 都会分别进行优化处理,确保人美景也美。通过自拍大数据的分析,总结出八种自拍的典型场景:室内、夜景、蓝天、绿植、花朵、雪景、沙滩、舞台。

对于华为 nova3 的拍照,华为手机官方也给出了相关的原理科普。NPU 的神经网络基于人工智能方案,通过大量的数据训练和 NPU 加速,能实时识别人像和背景,将人像突出,背景虚化,同时根据人脸肤色检测进行智能面部补光,根据面部三维信息进行更自然的美肤处理。运用 AI 算法使手机对海量的人像进行学习训练,包含不同表情、装扮、姿势、环境光线等,使得手机具备能在任意场景都能精细化识别人像的计算机视觉,避免虚化不准的情况。

这些 AI 算法由于计算量巨大,运行在强大的神经元处理器(NPU)中,相比于云计算,带来实时响应、无需联网和数据隐私保护等好处。拍照时,能实时识别人像,将人像突出,背景虚化,同时根据人脸肤色检测进行智能面部补光,根据面部三维信息进行更自然的美肤处理。通过对海量图片深度学习,AI 人工智能内核能够高速识别人像轮廓,如纹理、轮廓、颜色梯度、光照、肤色等,通过 NPU 中的神经元 DNN,五层神经网络层层提取特征,从抽象到具象逐步精准识别。

同时基于 NPU 对于海量专业图像的学习,包括大师级的摄影作品,从而能够在典型的自拍场景中,运用最优的拍摄参数,记录下最美的瞬间。比如在对蓝天和绿植,以及鲜花的背景中,能够自动调整画面的饱和度、对比度和锐度,同时在色彩系统中加强色彩调优,就会让蓝天看起来更清澈蔚蓝,绿植看起来犹如春雨过后的翠绿欲滴,花朵

---

① 杉杉科技说. 华为 nova3 实力派技术解析:AI 拍照的原理科普![EB/OL]. https://baijiahao.baidu.com/s?id=1607407389751708748&wfr=spider&for=pc,2018-07-30/2018-12-13.

的色彩更加饱满鲜艳。

即便当身处室内,光线昏暗或者复杂光源下,AI能将整体画面亮度提升,均匀面部布光。或者在夜晚拍摄时,AI会自动启动四合一光融合策略,加大进光量,调整曝光参数,启动降噪系统,让画面还原为人眼视觉实际看到的亮度,保持细节,即使在暗处的细节也能被最大化记录。并且在这些场景中,AI还会自动识别出逆光场景,自动启动HDR Pro硬件级的逆光拍摄系统,并针对不同的大逆光、小逆光、正逆光或者侧逆光等情况分别配置拍摄参数,高动态范围调校,让亮处不过曝,提亮暗处并保留细节。

华为nova3魔法天空特效 易烊千玺都爱![1]

【手机中国新闻】如今抖音、快手等短视频软件大行其道,短视频俨然代替了微博等传统模式,成为当下最最火爆的新型社交渠道。短视频比起朋友圈、微博等传统图文模式,能够更加鲜活地表现自我,承载的信息量也更大。虽然年轻人很愿意尝试通过短视频来记录生活、表达自我,但最终完成拍摄、效果优秀的只是少数。

作为主打"高颜值、爱自拍"的华为nova手机,自然是听到了广大年轻人"表现自我"的呼喊。近日华为与当下最火爆的短视频平台之一抖音合作,共同打造出了"AI短视频"的功能。视频中的天空时而游过鱼儿,时而掠过黄色的闪电,效果十分惊艳,获得了无数点赞。而这些惊艳众人的"AI短视频",都是通过AR增强现实技术实现的。

这种如梦似幻的效果,可不是任何一部手机都做得到的哦!想要呈现出如此美轮美奂的效果,需要精确的抠图水准。得益于华为nova3强大的NPU人工智能引擎,它的前置相机可以识别出8类标签200+种场景,后置相机可以识别出22类标签500+种场景。无论是建筑、植物、天空它都能准确识别。此外,华为nova3最短可以实现单帧天空识别分割速度小于20毫秒/帧,完美迅速地实现魔法天空的效果。

另外基于AR增强现实技术,魔幻的画面会根据镜头的移动不断变化,文字特效也会停留在特定的位置,看起来既真实又可爱。这些都是通过陀螺仪、视频分析等多重计算得出的结果,真的是"台上一分钟,台下十年功"。目前华为nova已经在抖音上发起了"我的魔法天空"挑战,赶快拿起手机,将你的幻想变为现实吧!

---

[1] 手机中国. 华为nova3魔法天空特效 易烊千玺都爱![EB/OL]. http://bbs.zol.com.cn/sjbbs/d34130_184459.html,2018-08-08/2018-12-13.

参考文献

第一章

1. 郭涛.新媒体:所有人对所有人的传播[J].博锐管理在线,2011(5).
2. 邵庆海.新媒体定义剖析[J].中国广播,2011(3).
3. 彭兰.新媒体传播:新图景与新机理[J].新闻与写作,2018(7).
4. 单学刚,郭晶.网络舆情:自媒体的"蝴蝶效应"[J].网络传播,2011(8).
5. 李夫生.网络对文学本体的挑战及对策[J].理论与创作,2000(5).
6. 李洁非.Free与网络文学[N].文学报,2000-04-20日(6).
7. 刘振兴.浅析UGC、PGC和OGC[EB/OL].http://yjy.people.com.cn/n/2014/0120/c245079-24169402.html,2014-01-2/2018-04-20.
8. 朱敏洁.百度大脑给李彦宏新书写序,你看写得如何?[EB/OL].https://www.guancha.cn/Science/2017_04_17_404061.shtml,2017-04-17/2018-04-20.

第四章

1. 德里达.文学行动(赵国兴等译)[M].北京:中国社会科学出版社,1998.
2. 德里达.论文字学(汪堂家译)[M].上海:上海译文出版社,1999.
3. 罗兰·巴特.罗兰·巴特随笔选(怀宇译)[M].天津:百花文艺出版社,1995.
4. 陈斌蓉.语言输入理论指导下的超文本教学[J].教学与管理,2008(4).

第五章

1. 刘朋建.网络语言调查研究[EB/OL].http://www.docin.com/p-1297859326.html,2015-09-22/2018-07-12.
2. 张卫波.网络热词,平均"寿命"只有47天[N].济南时报,2015-10-20(B19).
3. 程俊.网络语言的特点及成因分析[J].信息与电脑,2013(10).
4. 马继龙.网络中的谐音字词探究[J].鄂州大学学报,2014(5).

第六章

1. 荣翌.微信时代的新闻写作嬗变——以人民日报官方微信公众号为例[J].新闻研究导刊,2017(4).

2. 邹婧. 干货|图解新闻这样做,让你无可替代[EB/OL]. http://chuansong. me/n/2211220051020,2018-02-28.
3. 黄佳念,刘书田. 当"直播+"涌入新闻业——移动新闻直播在新闻场景中的应用分析[EB/OL]. http://media. people. com. cn/n1/2017/0109/c409688-29009851. html,2017-01-09.
4. 牛光夏."说新闻"要怎么说[J]. 青年记者,2012[9].
5. 詹新惠. 网络新闻写作与编辑实务[M]. 北京:中国传媒大学出版社,2011.
6. 周怡. 新媒体环境下深度报道的现状与生存转型思考[J]. 出版广角,2016(2).
7. 龚立堂. 深度报道如何增加深度[EB/OL]. http://media. people. com. cn/n1/2018/0129/c417323-29793543. html,2018-01-29.
8. 彭训文. 新媒体如何做好深度报道,找准定位对接受众再造流程[EB/OL]. http://media. people. com. cn/n1/2016/1219/c14677-28958448. html,2016-12-19.
9. 虞伟. 从"700元买行踪"调查看新媒体时代深度报道如何"逆势而上"[J]. 中国记者,2017(1).
10. 吴晨光. 超越门户:搜狐新媒体操作手册[M]. 北京:中国人民大学出版社,2015.

第七章

1. 李光斗. 故事营销[M]. 北京:机械工业出版社,2009:7.
2. 吴晓东. 羊年:让春晚换一种笑法[N]. 中国青年报,2015-01-16(12).
3. 高了了. 网易系H5频繁刷屏背后,是一个通用的爆款模型[EB/OL]. http://www. sohu. com/a/276426309_114819,2018-11-19/2018-11-21.

第八章

1. 吴长青. 网络文学研究中的几个关键词[J]. 网络文学评论,2017(1).
2. 杨剑龙. 新媒体时代的文学创作与阅读[N]. 文汇报,2012-06-11(9).
3. (法)热拉尔·热奈特. 叙事话语,新叙事话语(王文融译)[M]. 北京:中国社会科学出版社,1990.
4. 蒋楚婷. 回眸中国网络文学20年:渊源有自 流变创新[N]. 文汇读书周报,2018-07-23(01-02).
5. 马季. 从排行榜看网络文学流变[N]. 人民日报海外版,2017-03-22(07).
6. 周光明,张钊. 略论网络小说的写作特色[J]. 写作,2010(10).
7. 苏丽君. 浅论网络小说的叙事结构[J]. 剑南文学,2015(3).
8. 翁隽婴. 基于网络小说的叙事分析[J]. 牡丹江教育学院学报,2007(4).
9. 欧阳友权,汤小红. 论网络小说的叙事情境[J]. 中南大学学报(社会科学版),2006(4).
10. 钟卫. 网络小说写作流派探究[J]. 产业与科技论坛,2013(2).

11. 李子荣. 网络诗歌辨析[J]. 文艺争鸣,2006(4).

12. 尹小松. 网络诗歌的前世今生[J]. 文艺理论与批评,2003(3).

13. 吕周聚. 论网络诗歌的观念变革[J]. 山东社会科学,2016(3).

14. 张立群,王晓燕. 论网络诗歌的知识逻辑[J]. 宁波广播电视大学学报,2011(第9卷第3期).

15. 王学泰. 作为一种文体的"笑话"[EB/OL]. http://www.sohu.com/a/152383032_114731,2017-06-27.

16. 喻季欣. 手机媒体红段子的写作特色[J]. 写作,2010(08).

17. 管仕廷. 红段子:主流文化传播的新形态[J]. 传承,2011(25).

18. 高为. 段子——另类写作之一种[J]. 文学自由谈,2010(6).